_____ 님의 소중한 미래를 위해
이 책을 드립니다.

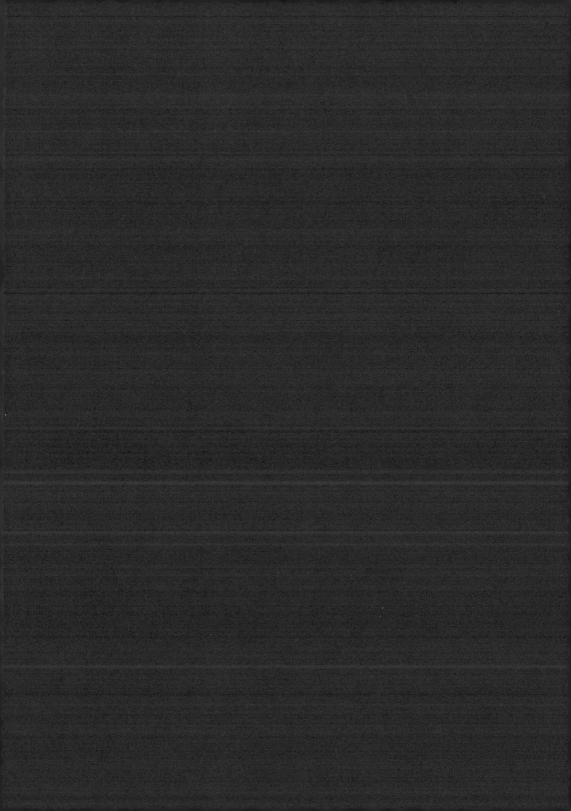

금융 초보자가 가장 알고 싶은 최다질문 TOP 80

금융 초보자라면 꼭 알아야 할 필수지식만 담았다

금융 초보자가 가장 알고 싶은 최다질문 TOP 80

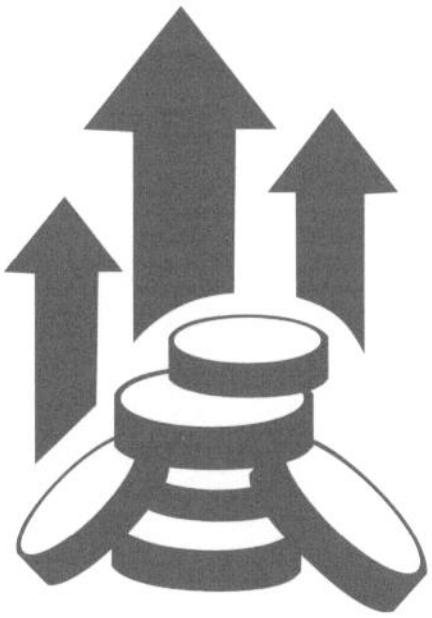

김유성 지음

메이트북스

메이트북스 우리는 책이 독자를 위한 것임을 잊지 않는다.
우리는 독자의 꿈을 사랑하고,
그 꿈이 실현될 수 있는 도구를 세상에 내놓는다.

금융 초보자가 가장 알고 싶은 최다질문 TOP 80

초판 1쇄 발행 2021년 7월 12일 | **초판 2쇄 발행** 2021년 8월 2일 | **지은이** 김유성
펴낸곳 ㈜원앤원콘텐츠그룹 | **펴낸이** 강현규 · 정영훈
책임편집 안정연 | **편집** 유지윤 · 오희라 | **디자인** 최정아
마케팅 김형진 · 이강희 · 차승환 · 김예인 | **경영지원** 최향숙 | **홍보** 이선미 · 정채훈
등록번호 제301-2006-001호 | **등록일자** 2013년 5월 24일
주소 04607 서울시 중구 다산로 139 랜더스빌딩 5층 | **전화** (02)2234-7117
팩스 (02)2234-1086 | **홈페이지** blog.naver.com/1n1media | **이메일** khg0109@hanmail.net
값 18,000원 | **ISBN** 979-11-6002-337-4 03320

첫째, 돈을 잃지 말 것
둘째, 첫째 원칙을 지킬 것

• 워런 버핏(버크셔 해서웨이 CEO) •

지은이의 말

금융 초보자가 꼭 알아야 할 돈 지식을
알차게 담았습니다!

이 책을 펼쳐든 당신에게 시간 여행을 할 수 있는 능력이 생겼다고 생각해봅시다. 아니, 10년 전으로 돌아갈 기회를 한 번 얻었다고 생각해봅시다. 10년 전 그때로 돌아가면 당신은 무엇부터 할 것인가요?

떠나간 옛사랑을 붙잡을 것인지, 혹은 돌아가신 부모님께 못다 한 효도를 할 것인지? 아니면 그때 그 틀렸던 답을 바르게 고쳐 합격의 기쁨을 맛볼 것인지.

만약 '비트코인 사야지'라고 생각했다면, 당신은 투자 감각이 있는 사람입니다. '자산은 쌀 때 사서 비쌀 때 판다'라는 기본적인 원칙을 정확히 알고 있기 때문입니다. 다만 어떤 자산이 싸고 미래에 가치가 오를지 예측하기 힘들 뿐이지요.

이래저래 해서 10년 전 그때로 돌아갔다고 가정해봅시다. 대충 2010~2011년 정도로 생각합시다. 그때는 2008년 10월 글로벌 금융위기 여파가 계속 미치고 있던 때입니다. '아파트를 사면 필패한다'는 경제이론가들의 설이 대세처럼 들렸던 때였습니다. 당시 부동산 중개업소에서는 너나할 것 없이 '곡소리'를 냈습니다. 거래가 없어 임대료조차 내지 못할 정도라고 한 곳이 많았습니다.

'하우스푸어(House Poor)'라는 단어가 심심치 않게 들렸습니다. 2008년 글로벌 금융위기 전 집값이 한창 오를 때 집을 샀던 사람들의 한숨과 함께 이 말이 유행했습니다.

만약에 (과거로 돌아간) 당신이 아파트를 산다고 했다면 주변 사람들은 뭐라고 했을까요? 뉴스에 들리는 하우스푸어들의 얘기를 하면서 적극 만류했을지 모릅니다. 아니면 '차라리 금에 투자하라'는 조언을 들었을지도 모릅니다.

그래도 당신은 과감하게 아파트 매수를 위한 대출을 알아보고, 구글로 부지런히 '비트코인'을 검색할 것입니다. 10년 뒤 세상이 어떻게 바뀔지 알고 있었기 때문입니다. 앞으로 세상이 어떻게 변화할지, 어떤 자산이 뜰지 알 수 있다면 누구나 성공 투자가가 될 수 있습니다.

문제는 아무도 우리의 미래가 어떻게 될지 알 수 없다는 점입니다. 당장 내일 증시가 폭락한다고 해도 오늘을 사는 우리는 이를 예상하지 못합니다.

그렇다면 미래는 어떻게 예측할 수 있을까요?

한 가지 재미난 사실은 인간은 똑같은 실수를 매번 반복한다는 점입니다. 이런 인간들이 모인 사회도 비슷한 실수의 패턴이 보입니다. 인간 심리에 직접적인 영향을 받는 '시장'이란 곳에서 더 극명하게 드러납니다.

이런 패턴은 대상만 바뀌었을 뿐 인간사회에서 계속 반복되고 있습니다. '저점 → 가격 상승 → 벼락부자의 등장 → 추가 가격 상승 → 고점 → 가격 하락 → 시장 공포 상승 → 투매 → 거품 붕괴 → 저점 → 다시 가격 상승'입니다. 화폐가 등장했던 고대로부터 튤립 투기 열풍이 불었던 17세기 네덜란드, 닷컴기업 투자 열풍이 불었던 1990년대 말, 부동산 투자 열풍이 거셌던 2000년대 한국과 미국 등까지 면면히 이어집니다.

이런 반복의 역사는 금융이라는 테두리 안에서 돌고 돕니다. '돈을 불리고 싶어하는 욕망'과 '떼일 수 있다는 걱정'이 양과 음처럼 작용하고 있습니다.

당신이 금융을 알아야 하는 이유는 여기에 있습니다. 금융은 돈을 빌리고 빌려주는 데서 시작했지만 근저에는 '돈을 불리고 싶어하는 욕망'과 '돈을 떼일 수 있다는 걱정'이 균형을 찾아가는 장(場)입니다. 이 균형점은 금리라는 지표로 나타납니다.

따라서 금융에 대한 이해도를 높일 수 있다면, 그렇지 않은 사람보다 훨씬 더 유리한 위치에서 투자 생활을 지속할 수 있습니다. 10년 뒤의 세계를 예측하지 못해도 어떤 자산이 유망할지, 어떤 곳에 투자를 해야 할지 짐작할 수 있다는 뜻입니다. 금융을 알면 돈의 움직임을 예상할 수 있다는 얘기입니다.

이 책은 '돈의 움직임'을 예상할 수 있도록 안내해주는 개론서와 같습니다. 투자는 하고 싶은데 금융이 어렵다고 여기는 분들을 위해 만들어진

책입니다. 전체 금융을 담았다고 볼 수 없지만, 금융을 이해하는 데 필요한 지식을 담고 있습니다.

또한 이 책은 다양한 투자 방법에 대한 모색점을 제시하고 있습니다. 시장 금리와 채권 금리, 주식시장에서의 가격 결정 과정 등을 소개하고 있습니다. 기본적인 개념 설명이 주된 내용을 이루고 있어 취업준비생이나 수험생에게도 도움이 될 것입니다.

끝으로 투자 생활의 목적은 단시간에 높은 수익을 올리는 데 있지 않다는 점을 말씀드리고 싶습니다. 우리네 인생처럼 투자는 끝을 알 수 없는 마라톤과 같습니다. 때로는 손실을 보기도, 때로는 수익을 보면서 유지해야 하는 생활의 일부입니다. 잠깐 동안의 수익 혹은 손실로 일희일비할 필요가 없다는 뜻입니다. 시행착오를 겪으면서 노하우를 쌓아가면 됩니다.

초보 투자자들에게 많은 도움이 되길 바랍니다. 이 책이 나오기까지 많은 도움을 주었던 지인들과 책을 쓸 수 있게 기회를 준 출판사 관계자 분들에게 감사의 말씀을 전합니다.

김유성

차례

1장 금융, 우선 개념부터 알아보자

2장   금융상품과 금융시장에 대해 이해하자

3장 금융기관과 금융당국에 대해 파악하자

4장 이제 투자에 대해 배우자

5장 투자 상품에는 어떤 것들이 있나?

6장 주식투자 초보자라면 꼭 알아야 할 것들

7장 이제 주식투자 모르고서는 절대 돈 못 번다

8장

주식투자로
돈 버는 방법은 따로 있다

9장 투자의 대세는 ETF(상장지수펀드)이다

10장 이제 가상화폐를 모르고서 금융을 이해할 수 없다

금융 초보자를 위한 저자 직강 차례

금융 초보자들이 꼭 알아야 하거나 이해하기 어려운 내용에는 동영상 강의를 더했습니다. 독자들의 이해를 돕기 위한 저자의 동영상 강의도 놓치지 마세요!

1장

금융,
우선 개념부터
알아보자

금융을 알기 위해서는 돈을 먼저 알아야 합니다. 돈은 실체가 없는 '돌고 도는 교환 가치'를 의미합니다. 이게 실제 형태를 갖추면 '화폐'가 됩니다. 돈은 돌고 돌면서 새로운 돈을 낳는데 이것이 바로 금리입니다. 금융업의 기본은 낮은 금리에서 조달한 돈을 운용해 높은 금리를 올리는 데 있습니다. 사회가 복잡해지고 상거래가 활발해지면서 은행이라는 조직이 생겨났고, 보험과 증권이 나타납니다.

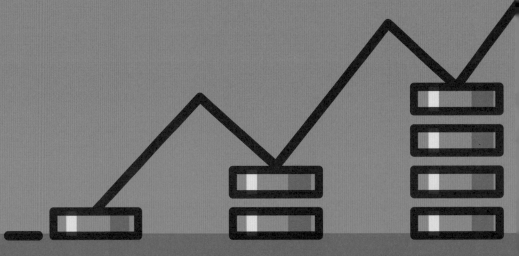

질문 TOP 01

돈이라는 단어는
정확히 어떤 뜻인가요?

▶ 저자직강 동영상 강의로 이해 쑥쑥
QR코드를 스캔하셔서 동영상 강의를 보시고
이 칼럼을 읽으시면 훨씬 이해가 잘됩니다!

　돈이란 단어는 어디에서 기원됐을까요? 먼저는 '돌고 돈다'라는 뜻에서 비롯됐다는 게 유력합니다. 혹자는 고대 중국 주화 '명도전'에서 나왔다는 설을 내밀기도 합니다. 칼 모양의 주화 '도(刀)'에서 비롯됐다는 얘기입니다.

돈은 추상적 개념,
화폐가 돈의 실체

　엄밀히 말해 돈은 추상적인 개념입니다. 형체는 없지만, 현실에 존재하는 단어라는 얘기입니다. '교환 수단'으로서 여러 사람 사이에 흘러 다닌다는 뜻입니다. 이처럼 추상적인 돈을 '눈에 보이는 실체'로 만든 게 바로 '화폐'입니다. 즉 돈은 '눈에 보이지 않는 개념'이고, 화폐는 '눈에 보이는 실체'인 셈입니다.

그런데 이런 실체가 돈으로서 힘을 가지려면 '신용'이 있어야 합니다. 언제든 원할 때 돈으로 재화나 용역을 살 수 있을 것이라는 확신이 있어야 한다는 뜻입니다. 그래야 화폐는 비로소 교환가치를 갖고 본연의 제 역할을 하게 됩니다.

실제로 정부가 힘을 잃으면 돈의 가치부터 떨어집니다. 정부가 화폐의 가치를 보증해줄 것이라는 믿음이 무너지기 때문입니다.

1990년대 아르헨티나가 하이퍼인플레이션* 에 시달리고 있을 때 사람들은 정부가 찍은 화폐보다는 이웃 간 차용증을 돈처럼 썼습니다. 정부가 보증하지 못하는 지폐보다 '일주일 뒤 빵으로 갚겠다'는 식의 약속증서가 화폐 역할을 한 것입니다.

맞습니다. 굳이 정부가 나서지 않아도 우리끼리 약속만 잘하면 무엇이든 간에 화폐가 될 수 있습니다. 심지어 프로그램 코드로 연결된 가상화폐(일명 암호화폐)도 자산으로서의 가치를 갖게 됩니다. 많은 사람이 믿을 수 있는 약속을 하고, 그 약속을 프로그램 상에서 바꿀 수 없게 만들어놓은 게 가상화폐가 되는 것입니다.

이 약속을 고상한 말로 옮기면 '신용'이 됩니다. 인간 사회가 발달하면서 이 신용에 대한 믿음이 계속 커지고, 신용을 지키면 훨씬 더 편리하게 지급·결제를 할 수 있다는 경험치가 쌓였습니다. 약속만 잘 지켜진다면, '특별하게 만든 종이인 지폐도 돈의 역할을 하게 될 것'이라는 생각에까지 이르게 된 것입니다.

신용사회가 되면서
지폐가 출현

지폐의 출현에 대해 여러 가지 설이 있지만, 금세공업자들의 금 보증서라는 설도 있습니다. 이게 무슨 얘기일까요? 부자들이 금을 금세공업자들에게 잠시 맡겨놓습니다. 금괴든 혹은 반지든 금제품을 만들어 달라는 주문을 했겠지요. 금세공업자들은 당연히 '금을 맡고 있다'는 종이를 줍니다.

그리고 그 종이는 누가 봐도 부자의 소유물이자 증서입니다. 한낱 종이에 불과했던 그 증서는 부잣집 마님이 갖고 있다는 이유 하나로 돈으로서의 교환가치를 갖게 됩니다. '설마 부잣집 마님이 내 돈을 갚지 않겠어'라는 생각인 깔린 것이지요.

이런 신용의 개념은 유럽의 중세 시대 때나 볼 수 있었을까요? 아닙니다. 인간들이 무리를 지어 살았던 부족사회에서도 이런 신용거래의 흔적을 찾아볼 수 있습니다. 설령 구두로 약속을 한다고 해도 증인이 있고, 그 약속을 지킬 것이라는 믿음이 있다면 신용거래는 어느 사회에서나 통용될 수 있습니다.

이는 현대에 와서도 마찬가지입니다. 여러분들은 매달의 월급을 어떻게 받으시나요? 아마 계좌에 월급이 숫자로 찍히지 않나요? 은행이 이런 숫자들을 보증해준 덕분에 우리는 맛있는 것도 사 먹고 인터넷 쇼핑도 하는 것입니다. 돈이라는 '눈에 보이지 않는 실체'가 세상 이리저리로 흘러 다니는 것이지요.

한 가지 분명한 것은 돈은 사회가 안정되어 있고 믿고 거래할 수 있는 신용이 확보돼 있을 때 힘을 발휘한다는 점입니다. 사회가 불안정하고 거래가 잘 이뤄지지 않는다면 물물교환에 의존할 수 밖에 없습니다. 이런 이유로 각국 정부는 최대한 사회를 안정시키면서 돈에 대한 믿음을 국민들이 잃지 않도록 노력하고 있습니다.

 금융 초보자를 위한 꿀팁!

돈은 '돌고 돈다'라는 추상적인 개념입니다. 눈으로 돈을 볼 수 있게 만든 게 '화폐' 입니다. 화폐는 '실제 상품으로 바뀔 수 있다'라는 신용이 뒷받침되면 '돈'으로서 역할을 합니다. 신용이 뒷받침되면 금속(주화)이나 종이(지폐)는 물론 프로그램 코드(암호화폐 혹은 가상화폐)도 돈으로서 가치를 갖게 됩니다.

금리는 돈의 가격이라는데 어떤 의미인가요?

금리는 여러 가지 뜻으로 쓰입니다. 대출이나 예금을 얘기할 때는 이자율을 뜻합니다. 채권 등을 얘기할 때는 이자와 함께 수익률과 혼용돼 쓰기도 합니다. 이해하기 쉽게 말하면 금리는 돈이 돈을 낳는 비율이라고도 볼 수 있습니다.

금리를 한자로 쓰면 '金利'가 됩니다. 여기서 금(金)은 돈으로서의 의미를 갖습니다. 리(利)는 '이로울 리'로 읽히는 단어입니다. 풀어 쓴다면 '돈에서 나오는 이로움'이라고 할 수 있습니다.

'돈이 돈을 낳는다' 개념은
원시시대부터 시작

금리라는 개념이 등장한 것은 꽤 오래됐습니다. 물물교환의 시대까지 거슬러 올라갈 수 있습니다. 쉽게 말해 '믿고 돈을 외상으로 빌려줄 수 있는' 신용이라는 개념이 생기면서 그에 대한 보상인 '금리'라는 개념이 뒤따르게 된 것입니다.

이를 바꿔 말하면 빌려주는 사람에게 금리는 '대가'가 되고, 빌리는 사람에게는 '비용'이 됩니다. 이는 실생활에서 '이자'라는 이름으로 흔히 통용됩니다.

이자는 어려운 말로 '자금을 대차할 때 부과되는 사용료'라고 합니다. 달리 말하면 대출 금액에 대한 '가격'이 됩니다. 이 가격은 대출받는 사람의 '신용도'와 '빌리는 기간'에 따라 달라집니다.

신용도가 낮다는 것은 그만큼 대출을 안 갚을 확률이 높다는 뜻입니다. 대출 기간이 길어진다는 것도 그만큼 돈을 떼일 확률이 올라간다는 뜻이 되기 때문입니다.

■ 신용도와 금리의 관계 ■

신용도가 낮을수록	금리 상승
빌리는 기간이 길수록	
신용도가 높을수록	금리 하락

보통 이런 금리는 연 단위로 표기됩니다. 1달 동안 100만 원을 빌리는데 1만 원을 이자(혹은 사용료)로 지급했다면 이자율은 12%(1년 기준 12만 원)가 됩니다. 이를 연리(年利)라고 합니다.

금리는 계속 고정되어 있는 것이 아니라 시대에 따라 변화합니다. 시대마다 돈의 가치가 각각 다르기 때문입니다. 여기에서도 공급과 수요의 법칙은 반영됩니다.

예컨대 돈을 빌리고자 하는 사람(수요)이 빌려주려고 하는 사람(공급)보다 많으면 금리는 높아지게 됩니다. 돈을 빌려야 하는 사람끼리 경쟁을 하면서 돈을 빌리는 비용(이자)이 높아진 것입니다.

은행은 신용도가 높은(떼일 가능성이 낮은) 사람들을 골라서 돈을 빌려줍니다. 신용도가 낮은 사람들에게는 대출 문을 아예 닫아버립니다. 저금리 시대가 된 지금은 일반 사람들도 은행에서 신용대출을 받을 정도가 됐지만, 1990년대까지만 해도 중소기업들은 은행 대출 근처에도 가지 못할 정도였습니다.

은행을 이용할 만큼 신용도가 되지 못하는 사람들은 캐피탈이나 저축은행 같은 2금융권을 찾아야 합니다. 이마저도 어렵다면 대부업 혹은 사금융을 이용해야 합니다. 싼 이자의 은행 대출을 받을 수 없는 사람들로서 상대적으로 신용도가 낮아 이들은 상당히 높은 이자를 지불해야 대출을 받을 수 있습니다.

그나마 이들이 받을 수 있는 대출금액도 넉넉하지 못할 때가 많습니다. 고금리에 짓눌려 빈곤의 악순환에 빠질 수도 있습니다.

금리를 보면
그 사회를 알 수 있습니다

여기서 한 가지를 명심해야 합니다. 금리는 그 사회상을 반영하는 바로미터가 될 수 있다는 점입니다. 바로 고금리 사회와 저금리 사회로 나눠볼 수 있는 것입니다.

고금리 사회는 이자율이 높습니다. 높은 예금이자를 받는 만큼 높은 대출이자를 지급해야 합니다. 고금리 사회에서 가장 주된 투자 수단은 저축입니다. 그 반대가 저금리 사회입니다. 예금이자가 박한 만큼 대출이자가 낮아 돈을 빌려 투자하기가 좋은 사회입니다. 저축이 외면받는 사회가 바로 저금리 사회지요.

고금리 사회에서는 경제성장률이 상당히 큰 폭으로 요동칩니다. 경기가 좋을 때는 10%대 경제성장률을 기록하다가 안 좋을 때는 경제성장률이 몇 십 %씩 떨어질 때도 있습니다. 불안정하지만 상당히 역동적이죠. 30년 전 한국, 동남아나 남미 등의 개발도상국의 모습입니다.

저금리 국가로는 일본과 유럽, 지금의 한국이 있습니다. 저금리 국가는 금리가 2% 미만이고 경제성장률도 높아야 3% 정도입니다. 이들 나라는 고

■ 저금리 사회 vs. 고금리 사회 ■

	사회 분위기	주요 국가	경제성장률	환율
저금리 사회	안정적	선진국	낮은 편	대체로 안정
고금리 사회	역동적	개발도상국	높은 편	대체로 불안정

속성장을 하지 않지만, 개발도상국과 비교해 사회가 상당히 안정되어 있습니다. 대출이 쉽고 이자도 저렴해 집이나 부동산 등 고정자산 가격도 비쌉니다.

저금리 사회와 고금리 사회를 비교한 표를 보고 생각해보기 바랍니다. 한국은 어디에 속해 있을까요?

 금융 초보자를 위한 꿀팁!

신용이 탄생하고 돈의 거래가 성립되면서 금리가 생겨납니다. 금리는 돈의 교환 가치라고 볼 수 있습니다. 돈의 가격인 셈입니다. 금리는 또 그 사회의 바로미터입니다. 안정적인 사회일수록, 금리는 낮게 유지됩니다. 우리 사회가 저금리 사회라는 얘기는 과거와 비교해 안정적인 사회가 됐다는 뜻입니다.

기준 금리를 왜 경기를 보는 거울이라 하나요?

기준 금리는 거의 모든 금리의 기본이 되는 금리라고 볼 수 있습니다. 은행의 은행이라고 할 수 있는 한국은행이 은행들에 빌려주는 돈의 이자율을 조절하면서 시장 금리의 변화를 유도합니다.

이게 무슨 얘기냐 하면, 은행들과 한국은행 간의 관계를 살펴보면 쉽게 이해할 수 있습니다. 우리가 월급을 받으면 남는 돈을 은행에 예금하듯 은행들도 한국은행에 돈을 맡겨놓습니다. 때로는 한국은행으로부터 대출을 받기도 합니다. 이 때문에 한국은행에서 제시하는 기준 금리는 은행의 대출 금리나 예금 금리에 직접적인 영향을 미칩니다. 그래서 기준 금리라고도 말을 합니다.

통화량 조절의
기본 장치입니다

이 기준 금리는 한국은행에서 그냥 결정하는 게 아닙니다. 금융통화위원회라고 해서 우리나라 금융경제 전문가들이 모여 결정을 하는 것이지요. 위원들이 의논해서 기준 금리를 올려야겠다 내려야겠다 결정을 합니다. 기준 금리를 결정하는 요소로는 경기와 물가 등락 여부 등이 있습니다. 한국은행의 역할이 물가관리와 통화정책*에 있기 때문입니다.

통화정책

한국은행은 기준 금리, 지급준비율(은행이 의무적으로 보관해야 하는 금액) 등을 통해 시중 통화량을 조절합니다. 일본의 중앙은행인 일본은행, 미국의 중앙은행 격인 연방준비제도(Fed)는 기준 금리나 지급준비율 조정 외에도 국채 등을 직접 매입해 시중 통화량을 늘리기도 합니다.

■ 기준 금리 결정 과정 ■

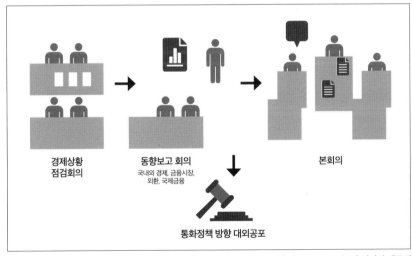

경제상황
점검회의

동향보고 회의
국내외 경제, 금융시장,
외환, 국제금융

통화정책 방향 대외공포

본회의

출처: punpun.co.kr 내 이미지 재구성

물가는 우리 생활에 있어 매우 민감한 부분입니다. 너무 급격히 오르거나 갑자기 떨어지면 안정적인 경제생활을 하기가 힘듭니다. 그래서 한국은행의 역할은 적절하게 시장의 통화량을 조절하면서 물가가 크게 움직이는 것을 막아주는 데 있습니다. 이를 위한 정책적 도구 중 하나가 기준 금리가 되는 것입니다.

기준 금리와 통화량(시장에 있는 돈의 양)과는 어떤 관계가 있을까요? 기준 금리는 한국은행이 은행에 공급하는 돈의 금리라고 할 수 있습니다. 기준 금리에 은행의 이익 등이 붙어서 대출 금리 등이 결정된다고 보면 됩니다. (아주 단순하게 본 예입니다.)

만약에 한국은행 기준 금리가 떨어지게 된다면, 은행의 대출이자나 예금이자도 떨어집니다. 이들 이자의 기준이 되는 원가가 떨어지니까요. 이렇게 대출이자가 싸지면, 대출을 얻기가 더 쉬워집니다. 반대로 예금이자가 싸지면 사람들은 구태여 은행에 돈을 맡겨놓지 않습니다. 예금은 헐고, 대출은 받아서 다른 데 투자를 하게 됩니다. 결과적으로 은행에서 돈을 찾아가는 사람들이 증가하게 됩니다. 이를 두고 '시장에 유동성이 늘어난다'라고 표현하기도 합니다.

시장에 돈이 많아지면 어디로 갈까요? 돈의 속성은 스스로 더 불리고자 하는 데 있습니다. 더 많은 돈을 벌고 싶은 인간의 욕구와 맞는 것이지요. 사람들은 대출을 받아서 주택을 사거나 주식투자를 해서 더 높은 수익을 보고자 할 것입니다. 이 때문에 기준 금리가 떨어지면 주식시장이나 부동산시장이 뜨거워집니다.

시장 금리의
기준점이 됩니다

또한 기준 금리는 채권 금리의 기준점이 되기도 합니다. 채권은 일종의 차용증 같은 것인데, 돈을 받을 수 있는 권리를 담은 증권입니다. 기준 금리가 떨어지면 자연스럽게 이런 채권의 금리도 떨어집니다.

반대로 기준 금리가 올라간다면 어떨까요? 기준 금리가 올라간다는 것은 시장에 돌아다니는 돈을 은행 안으로 모이게 한다는 의도와 맞닿아 있습니다. 은행 대출이자가 올라가게 되니, 돈을 더 빌리기 어렵습니다. 이럴 때는 빌렸던 돈을 갚아야 하지요.

예금이자가 높아지니, 그전보다 더 많은 예금 수요가 은행에 몰립니다. 시장에 있는 남는 돈이 은행으로 들어가게 되는 것입니다. 이런 기준 금리를 올릴 때는 보통 경기가 과열될 때 혹은 지나치게 물가가 상승할 때를 들 수 있습니다.

그렇다면 기준 금리와 물가는 어떤 상관관계를 가질까요? 이건 통화량과 관련이 있습니다. 통화량은 시장에 돌고 있는 돈의 양을 뜻합니다. 돈이 흔해지면 돈의 가치가 떨어지겠죠. 돈의 가치가 떨어진다는 것은 그만큼 돈을 주고 살 수 있는 물건의 양이 줄어든다는 것을 의미합니다. 20년 전 1만 원의 가치와 지금의 1만 원의 가치를 생각해보세요. 그동안 우리나라 물가가 많이 올랐다는 것을 생각해보면, 물가 상승이 곧 돈의 가치 하락과 직접적인 관련을 맺고 있다는 것을 알 수 있습니다.

전 세계의 거의 모든 중앙은행은 적당한 인플레이션을 유지하면서 경제가 성장하기를 바라고 있습니다. 이런 생각에 따라 기준 금리를 높이거나 낮추거나 합니다.

따라서 경기 상황이 좋지 않을 때 기업과 투자자들은 중앙은행의 정책에 촉각을 세웁니다. 중앙은행의 정책 결정에 따라 물가는 물론 경기 상황이 크게 바뀌기 때문입니다.

 금융 초보자를 위한 꿀팁!

기준 금리는 국가가 관리하는 정책금리입니다. 정부와 독립된 기관인 한국은행이 금융통화위원회를 열어 결정합니다. 기준 금리는 은행의 은행인 한국은행에서 시작된 금리이기 때문에 대출 등의 금리에 절대적인 영향을 미칩니다.

시장 금리를 왜
시장을 보는 거울이라 하나요?

▶ **저자직강 동영상 강의로 이해 쏙쏙**
QR코드를 스캔하셔서 동영상 강의를 보시고
이 칼럼을 읽으시면 훨씬 이해가 잘됩니다!

기준 금리는 한국은행에 있는 금융통화위원회에서 결정되는 공적 금리라고 볼 수 있습니다. 이런 기준 금리의 영향을 받으면서 한편으로는 시장의 공급과 수요에 따라 결정되는 게 있는데 그게 바로 시장 금리입니다. 시장에서 결정되는 금리니까 이름도 시장 금리입니다. 시장에서 결정되는 이자율인 셈입니다.

이자율이 시장에서 수요와 공급에 따라 결정된다는 게 도대체 무슨 뜻일까요? 쉽게 말해 돈을 빌리고자 하는 사람들(채권 발행자)과 이 돈을 빌려주려는 사람들(채권 매입자) 간에 '수요와 공급'에 따라 결정된다는 얘기입니다.

돈을 빌리고자 하는 수요는 많은데 이 돈을 빌려줄 사람들인 공급이 적다면, 자연스럽게 이자율은 올라가게 됩니다. 그 반대라면 이자율은 떨어지게 됩니다. 이 같은 시장 원리에 따라서 시장 금리는 기본적으로 결정됩니다.

단기금융시장과 장기금융시장, 금리는 각각 달라요

이런 시장 금리는 단기금융시장과 장기금융시장으로 구분됩니다. 단기금융시장은 급전이 필요한 금융사나 투자자들이 참여하는 시장입니다. 장기금융시장은 급전보다는 투자 수요가 더 많은 시장입니다.

단기금융시장의 대표적인 금리로 콜금리, 양도성예금증서(CD)금리, 기업어음(CP)금리 등을 들 수 있습니다. 콜금리는 최소 하루의 아주 짧은 기간 동안 돈을 주고받을 때의 금리입니다.

콜금리는 왜 필요할까요? 은행의 원활한 영업을 위해서인데요, 모든 은행은 하루 영업이 끝나면, 다음 날 필요한 자금을 미리 마련해둡니다. 시장 상인들이 내일 영업할 때 거슬러줄 잔돈을 마련하는 것과 비슷한 개념입니다. 그런데 이 돈이 부족하면 한국은행이나 다른 은행으로부터 하루만 쓰는 조건으로 돈을 빌려옵니다. 빌려주는 쪽도 그냥은 줄 수 없으니 아주 적게 이자를 받는데 그 이자를 콜금리라고 합니다.

"내일 영업에 쓸 300억 원이 부족한데 좀 빌려줄 수 있겠어?"

"콜~!"

양도성예금증서(CD)금리는 최근 국내에서 많이 쓰이지 않는 금리이긴 합니다. 2010년대 이후로 은행들이 양도성예금증서를 발행하기보다는 은행채 등을 발행하기 때문입니다.

기업어음(CP) 금리는 기업 경영에 있어 중요합니다. 어음도 일종의 단기채로 볼 수 있습니다. A라는 기업이 B라는 기업에 100만 원을 줘야 하는데, 현금 대신 B에게 '90일 뒤에 100만 원을 준다'라는 증서를 줄 수도 있습니다.

채권 자산 중에서도 안전자산으로 꼽히는 국채 금리는 정부가 보증해 발행한 채권이라고 할 수 있습니다. 나라 국(國)을 붙여 국채 금리라고 부릅니다. 회사채는 기업들이 사업에 필요한 자금을 조달하기 위해 발행하는 채권을 뜻합니다. 대기업들은 은행에 빌리기보다는 이런 회사채를 발행해 필요한 자금을 조달합니다. 이런 대표적인 채권자산의 금리를 볼 수 있는 곳이 e-나라지표(index.go.kr)입니다.

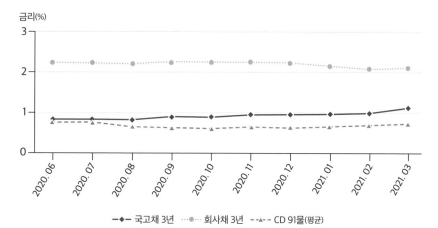

■ 주요 금리 추이 현황 ■

금리(%)

─◆─ 국고채 3년 ⋯●⋯ 회사채 3년 ─▲─ CD 91물(평균)

출처: 한국은행 경제통계시스템

내 대출 금리는
코픽스(COFIX)에 달렸습니다

시장 금리 대부분은 채권이 거래되는 자본시장에서 수요와 공급의 법칙에 따라 결정됩니다. 그런데 특수하게 다른 금리가 있으니 코픽스입니다. 코픽스는 금리보다는 금리 지표라고 하는 게 더 맞습니다.

이 코픽스는 정기예금, 정기적금, 상호부금, 주택부금, 양도성예금증서, 환매조건부채권매도, 표지어음매출, 금융채(후순위채 및 전환사채 제외), 이 8종의 금리를 가중평균해 구합니다. 은행의 자금 대부분은 예금에서 조달하기에 정기예금 금리가 코픽스에 직접적인 영향을 줍니다.

이 예금 금리가 코픽스에 미치는 영향은 양도성예금증서나 은행채 등과 비교해 절대적이라고 할 수 있습니다. 시중은행들은 대출에 필요한 자금의 70~80% 이상을 이 예금에서 조달하기 때문입니다.

따라서 예금 금리가 올라가게 되면 코픽스는 상승하게 되고 이는 내 대출 금리의 상승으로 이어지게 됩니다. 실제 한국은행이 집계하는 은행들의 예금 금리 평균과 코픽스는 0.01%p 차이를 두고 거의 동일하게 움직이고 있습니다.

예금 금리는 어떻게 결정이 될까요? 예금 금리는 은행이 자체적으로 정하지만, 절대적인 참고 요소는 한국은행 금융통화위원회가 결정하는 기준 금리입니다. 기준 금리는 은행이 한국은행에서 조달하는 돈의 금리와 동격으로 봐도 무방하기에, 이 기준 금리가 올라가게 되면 예금과 대출 금리는 따라서 같이 올라가게 됩니다.

이외 시장 단기채 금리의 움직임, 은행이 결정하는 대출 금리와 예금 금리 사이 적정 마진 등이 은행 예금 금리를 결정하게 됩니다. 혹은 예금액이 부족하다면 금리를 높여 예금을 유치하기도 합니다.

코픽스는 '잔액기준 COFIX' '신규취급액기준 COFIX' 그리고 '단기 COFIX'로 분류돼 있습니다. 주택담보대출 등의 대출을 받을 때 이 셋 중 하나를 고르면 됩니다.

- **신규취급액기준 COFIX** : 한 달간 신규로 취급한 수신상품 금액의 가중평균 금리. 시장 금리 변동 영향이 빠르게 반영.
- **잔액기준 COFIX** : 월말 보유 중인 수신 상품 잔액의 가중평균 금리. 신규취급액기준 COFIX보다 변동폭이 덜 민감.
- **단기 COFIX** : 신규 취급 만기 3개월 수신 상품 금액의 가중평균을 반영한 금리. 빠르게 최신화되는 장점이 있음.

 금융 초보자를 위한 꿀팁!

시장 금리는 돈을 빌리려는 수요(채권매도)와 돈을 빌려주는 공급(채권매수) 간의 관계에서 결정됩니다. 기준 금리가 결정적인 역할을 끼치지만 경기상황에 따라 달라지기도 합니다.

환율이란 무엇이고
어떻게 보나요?

돈은 국경도 넘나듭니다. 이때 필요한 개념이 환율입니다. 예컨대 '미국 1달러를 사려면 원화가 얼마 필요한가'입니다. 통화별 교환 비율이라고도 할 수 있습니다. 각 나라 통화 대부분은 달러를 기준으로 환율을 정합니다.

힘이 센 나라의 돈일수록
가치도 높습니다

나라마다 경제력이 다르듯 환율도 나라마다 다릅니다. 경제력이 강한 나라일수록 돈의 가치 또한 높습니다.

환율을 이해하는 첫걸음은 그 나라의 경제력과 화폐의 가치는 비례한다는 점을 아는 것입니다. 달러가 전 세계에서 통용되고 안전자산으로 불리는 이유는, 달러 발행국인 미국의 힘이 강하기 때문입니다. 망할 위험이 적은 최강국의 신용도가 화폐에 반영된 것입니다.

만약 중립적인 투자자에게 미국이 발행한 달러와 잘 모르는 개발도상국의 화폐, 둘 중 하나를 골라 투자하라고 하면 많은 수가 달러를 선택할 것입니다. 개발도상국은 성장률이 높다고 해도 외부 위기에 취약할 수 있습니다.

외부 자금의 유입이나 투자가 필요한 개발도상국은 어떻게 해야 할까요? 바로 자신들의 화폐 자산(예를 들면 채권)에 투자하면 더 많은 이자를 준다고 약속하는 것입니다. 그렇다면 해외 투자자는 개발도상국 화폐에 대해 투자해볼 생각을 하게 됩니다. 그 화폐를 갖고 있을 때 더 많은 가치(금리)를 제공하는 것이지요.

이런 전략은 미국 달러 가치가 상대적으로 약할 때 빛을 발합니다. 약달러에 만족하지 못하는 투자자들이 개발도상국들의 주식이나 채권을 사는 이유이기도 합니다.

그러나 반대로 달러 가치가 상승하는 시기에는 반대 상황이 벌어지기도 합니다. 개발도상국 내에 들어왔던 외부 자금이 한꺼번에 빠져나가는 것이지요. 그 나라는 순식간에 경제위기 상황에 빠질 수 있습니다.

'환율이 오른다' =
'통화 가치가 떨어진다'

환율 뉴스를 보면 헷갈리는 게 있습니다. '환율이 오른다'라는데 이게 무슨 뜻인지 잘 이해가 안 될 때가 많습니다. '환율이 오른다는데 좋은 건가?'

기본적으로 환율 뉴스는 달러를 기준으로 우리 원화의 액수가 오르내리는 것으로 전합니다. '1달러당 1,100원' 식으로 말이지요. 정확히는 '달러 대비 원화 환율'이라고 불러야 하는데 약칭해서 '원달러 환율'이라고 합니다.

환율이 올랐다는 것은 1달러 대비 원화의 액수가 높아졌다는 뜻입니다. 1달러에 1,000원 하던 환율이 1달러에 1,200원으로 올랐다고 가정합시다. 이때를 가리켜 '원달러 환율이 200원 올랐다'고 표현합니다. 즉 환율이 올랐다는 뜻은 어제만 해도 1달러를 사려면 1,000원만 있어도 됐는데, 오늘은 1,200원이나 필요하게 됐다는 뜻입니다. 어제보다 200원이 더 필요하게 된 것이지요. 따라서 우리 원화의 가치가 떨어졌다고 보면 됩니다. 원화 가치가 떨어졌기 때문에 '원화 약세', 혹은 '원화 평가가치 하락'이라고 말합니다.

반대로 환율이 떨어져 900원으로도 1달러를 살 수 있게 된다면 '원화 강세', 혹은 '원화 평가가치 상승'이라고 쓸 수 있습니다.

달러화 강세는 무슨 뜻일까요? 달러를 사기 위해서는 전보다 더 많은 원화를 줘야 한다는 뜻입니다. 당연히 원화 약세로 이어집니다.

이 환율은 우리나라 경제 여건과 밀접하게 연결되어 있습니다. 우리나라 경제가 건강하다면 그만큼 외국인 투자자들이 원화 자산을 사기 위해 더 많이 몰려올 것입니다. 원화를 사기 위한 경쟁이 붙는다면 수요와 공급의 법칙(수요가 많아지면 가격이 올라간다)에 따라 원화 가치가 올라가게 됩니다.

이런 환율은 두 가지 방식으로 결정됩니다. 첫 번째가 고정환율제입니다. 정부가 얼마에 우리 화폐를 바꿔주겠다고 고시를 하는 것입니다.

두 번째는 변동환율제입니다. 정부의 개입이 최소화된 채 시장의 수요와 공급에 따라서 환율이 결정됩니다. 대부분 국가에서는 고정환율제로 시작했다가 자국 시장의 개방화 정도에 따라 변동환율제로 옮겨 갑니다.

상식적으로 국가가 '가격'을 통제하는 시장은 '암시장'의 발달을 초래할 수 있습니다. 시장 실제 가격과 정부 통제 가격 사이에 생기는 괴리 때문입니다.

 금융 초보자를 위한 꿀팁!

힘이 센 나라의 화폐일수록 인기도 높아요. 미국 달러가 세계 최고 인기 화폐인 이유입니다. 환율이 오른다는 표현은 우리 원화 가치가 떨어진다는 얘기예요. 환율이 떨어지면 우리 원화 가치가 올랐다는 얘기입니다. 환율 결정은 과거에는 각국 정부가 했지만, 이제는 시장의 '수요와 공급'에 맡기는 경우가 많아졌습니다.

주가지수는 왜
투자의 기본 중 기본인가요?

　경제를 보는 또 다른 바로미터로 '주가지수'가 있습니다. 주가지수는 우리나라에도 코스피, 코스닥 등 여러 개가 있습니다. 주가지수를 환산하는 방식은 대체로 두 가지가 있습니다. 상장사 모두를 대상으로 지수를 산출하는 방법, 잘하는 선수들만 묶어놓고 그들을 기준으로 해서 지수를 산출하는 방법이 있습니다.

　이 주가지수는 시장 심리를 읽을 수 있는 주요 지표로 활용됩니다. 단순하게 봤을 때 주가지수가 크게 떨어지면 '사려고 하는' 투자자보다 '팔려고 하는' 투자자가 많다는 뜻이고, 앞으로의 시장 상황이 '떨어질 것 같다'라는 부정적인 시각이 투영되어 있다는 뜻이기도 합니다.

　이 때문에 그날의 경제 상황과 심리는 주가지수의 향방에 반영된다고 해도 무방할 정도입니다. 비슷한 맥락에서 투자자들이 미국 주가시장지수에 주목하는 이유도 미국을 비롯한 세계경제의 흐름을 읽기 위한 목적입니다.

모든 상장사를
다 포함하는 방식

상장사들의 시가총액*을 다 합친 다음에 그 변화를 놓고 지수를 계산할 수 있습니다. 우리나라의 코스피나 일본의 토픽스가 예가 될 수 있습니다. 상장 기업들을 다 담는 것보다 대표주 몇 개를 넣어놓고 그 추이를 보는 것도 있습니다. 다우존스 지수나 코스피200이 예가 될 수 있겠네요.

> **시가총액**
>
> 기업의 가치를 나타내는 하나의 기준입니다. 발행된 주식수에서 주가를 곱하면 됩니다. 만약 주가가 1,000원인데 100개 주식이 있는 기업이 있다면, 이 기업의 시가총액은 10만 원이 됩니다.

여기서 '지수'라는 표현을 주목해야 합니다. 지수는 상대적인 숫자의 움직임을 뜻합니다. 과거와 비교해 얼마만큼의 변화가 있는지 보기 위한 것인데요, 물가도 버스비, 자장면 등 소비가 많은 여러 품목의 가격을 가중치에 따라 환산해 만든 지수입니다. 예를 들면 작년에 물가지수가 100이었는데, 올해 이 지수가 102라고 한다면, 물가지수 상승률은 2%가 됩니다.

우리나라 코스피도 이런 원리에 따라 환산됩니다. 다만 코스피의 경우에는 총점 방식으로 합니다. 한국거래소를 통해 거래되는 상장 기업의 시가총액을 전부 합치고, 그 전체 가격의 변화 추이를 살펴보는 것이지요.

한국의 코스피 시장은 1980년 1월 4일 전체 상장 기업의 시가총액을

100으로 잡고 출발했습니다. 코스피 3000선이란 얘기는 그때와 비교해 상장 기업의 시가총액이 30배 늘었다는 뜻이 됩니다.

코스닥 지수는 1996년 7월 1일 시가총액을 100으로 삼고 있습니다. 코스닥지수가 900이라고 하면 1996년 7월 1일보다 9배 정도 올랐다는 뜻입니다. 다만 코스피에는 역사만큼이나 오래된 기업들이 있고, 삼성전자라는 거대 글로벌 기업이 자리하고 있지만, 코스닥은 역사도 짧고 상대적으로 작은 규모의 기업들이 모여 있습니다.

잘하는 선수들만
모아 비교하기

몇몇 잘하는 선수들만 모아놓고 보고 싶다면 코스피200을 보면 됩니다. 코스피200은 한국의 대표 종목 200개를 따로 모아놓은 지수입니다. 코스피 안에서도 1부리그 격이라고 할 수 있는데, 구성 종목은 매번 바뀌고 있습니다.

주식시장의 역사가 긴 미국에서는 이런 대표주만 모아 주가지수를 산출하는 경우가 많습니다. 대표적인 주가지수인 다우존스지수는 미국 기업 중에서도 30개만 추려서 그 지수를 환산합니다. 역사적인 측면으로 봤을 때 권위가 있지만, '전체 시장의 추이를 제대로 반영하지 못한다'는 지적이 있습니다. 그래도 뉴욕 증시 3대 지수 중 대장 격으로 여전히 존재감을 과시하고 있습니다.

두 번째가 S&P500지수입니다. 주요 500개 기업의 주가 추이를 지수로

■ 각국 주가지수 화면 ■

지수	종가	고가	저가	변동	변동 %	시간
코스피지수	2,994.98	3,092.05	2,993.46	-75.11	-2.45%	18:03:40
코스피 50	2,867.56	2,959.03	2,865.77	-59.97	-2.05%	18:03:40
코스닥	906.31	944.71	906.31	-30.29	-3.23%	18:01:00
다우존스	31,537.35	31,653.38	31,158.76	+15.66	+0.05%	07:04:14
S&P 500	3,881.37	3,895.98	3,805.59	+4.87	+0.13%	05:59:58
나스닥종합지수	13,465.20	13,526.09	13,003.98	-67.85	-0.50%	07:15:00
러셀 2000	2,230.16	2,248.42	2,169.08	-20.92	-0.93%	05:59:59
CBOE VIX	23.09	23.82	22.99	-0.02	-0.09%	19:13:11
캐나다 S&P/TSX	18,330.09	18,375.09	18,021.88	-86.65	-0.47%	06:51:00
브라질 보베스파	115,227.46	115,380.38	112,667.40	+2559.76	+2.27%	06:18:00
S&P/BMV IPC	45,268.33	45,599.01	44,397.00	+321.73	+0.72%	06:16:00
DAX	13,970.40	13,972.40	13,846.90	+105.59	+0.76%	19:13:48
영국 FTSE	6,633.66	6,634.45	6,571.15	+7.71	+0.12%	19:13:52
프랑스 CAC	5,797.08	5,797.08	5,768.73	+17.24	+0.30%	19:13:45
유로 스톡스 50	3,705.40	3,705.40	3,681.85	+16.30	+0.44%	19:13:46
네덜란드 AEX	664.27	664.99	660.88	+0.21	+0.03%	19:13:45
스페인 IBEX	8,289.00	8,310.00	8,232.00	+36.90	+0.45%	19:13:25
이탈리아 FTSE…	23,012.50	23,015.50	22,868.50	+73.12	+0.32%	19:13:52

출처: 인베스팅닷컴

환산하는 것이지요. 세계 3대 신용평가사로 손꼽히는 스탠더드앤푸어스사
(S&P)가 만들어 운영하는 지수입니다.

　물론 나스닥처럼 상장사 전체 시가총액으로 지수를 환산하는 거래소도
있습니다. 나스닥은 1990년대 이후 무섭게 성장한 미국 주요 주식시장의
지수입니다. 다우존스지수나 S&P500 같은 경우에는 외부 평가기관이 지
수를 환산한다면, 나스닥지수는 나스닥이라는 미국 주식시장에 상장된 기
업들의 시가총액을 지수화한 것입니다. 1980년대까지는 그저 그런 미국 내
주식시장 중 하나였는데, IT기업들의 성장세와 함께 전성기를 맞았습니다.

페이스북과 애플 등이 상장되어 있습니다.

국내 경제 매체에서는 다우존스지수, S&P500지수, 나스닥지수를 통틀어 '뉴욕 증시'지수라고도 부릅니다. 이들 지수가 결정되는 장(場)이 뉴욕에서 열리기에 그렇습니다.

줄곧 한국 코스피는 미국 뉴욕 증시 향방에 크게 좌우됐습니다. 세계 최대 경제 대국 미국의 증시이기 때문입니다. 그런데 중국경제의 급부상으로 중국 증시에 대한 관심도 높아졌습니다. 중국 증시는 물론 중국경제성장률 등 경제지표도 우리 증시의 향방을 가르는 주요 지표가 되었습니다. 중국 증시에 대해서는 상하이종합지수에 주목하면 됩니다. 더 넓게는 홍콩 항셍지수도 중화권 주요 증시 지수입니다.

예전만 못하다고 해도 일본 주가지수도 중요 주가지수입니다. 니혼게이자이신문이 만든 니케이225가 대표적인 일본 지수입니다. 이름에서 보듯 일본 내 225개 상장사의 주가를 이용해 만든 지수입니다.

 금융 초보자를 위한 꿀팁!

우리나라 증시는 미국 뉴욕 증시의 영향을 크게 받습니다. 주목해야 할 뉴욕 증시로는 다우존스, S&P500, 나스닥이 있습니다. 세 증시지수는 대체로 같이 움직입니다. 중국 증시도 봐야하는데 상하이종합지수를 보면 됩니다.

질문 TOP 07

정말 신용점수에 따라 은행 문턱이 달라지나요?

신용점수(신용등급)는 각 개인이 갖는 사회적 신용 정도와 맞닿아 있습니다. 국가신용등급이 그 나라의 신용도를 평가하는 기준이 되고, 돈을 빌릴 때(국채를 발행할 때) 금리가 결정되는 요인이 되는 것처럼, 각 개인의 신용점수는 대출 금리에 직접적인 영향을 줍니다.

국가신용등급이 높은 나라일수록 재정이 안정된 나라인 것처럼, 신용점수가 높은 사람일수록 안정적으로 경제생활을 잘해온 사람이라고 할 수 있습니다. 정확히는 빌린 돈을 성실하게 잘 갚은 사람이라고 할 수 있는 것이지요. 한 개인을 평가하는 절대적인 기준은 아니지만, 자본주의 사회에서 한 개인의 신용도를 평가하는 바로미터가 될 수 있습니다. 사회생활을 하는 데 있어 관리해야 하는 부분입니다.

민간 신용평가사에서
내 신용점수를 환산

이 신용점수는 민간 신용평가사(나이스, 올크레딧(KCB))에서 환산합니다. 주된 평가 기준은 대출 여부와 상환의 성실성입니다. 0점부터 1,000점으로 구분되어 있고, 2020년까지는 이 점수를 기준으로 1등급부터 10등급까지 나눠놓았습니다.

일시적으로 대출을 받았다면 신용점수는 내려가고, 성실하게 상환한다면 신용점수는 차곡차곡 쌓입니다. 그런데 연체 기록이 생긴다면 신용점수는 급전직하로 떨어지곤 합니다.

신용점수는 높으면 높을수록 좋습니다. 필요할 때 대출을 쉽게 그리고 싸게 받을 수 있기 때문입니다. 1금융권이라고 할 수 있는 은행에서는 신용등급 1~2등급자 정도가 쉽게 대출을 받을 수 있습니다. 신용등급 4등급 밑부터는 2금융권을 찾거나 그렇지 않으면 대부업체나 사금융을 이용해야 합니다. 은행에서 멀어질수록 부담하는 금리도 높아지기 때문에 가계에 부담이 커집니다.

그래서 이 신용점수는 악순환의 고리를 타기가 무척 쉽습니다. 가령 1금융권에서 대출을 못 받아서 어쩔 수 없이 2금융권에서 대출을 받은 건데, 신용평가사에서는 이를 갖고 점수를 더 깎곤 합니다. '돈이 그만큼 급하구나'라고 여기는 것이죠.

통상적으로 6등급까지는 2금융권 대출이 가능하고, 7~8등급은 신용카드 발급이 어려울 수도 있습니다. 9~10등급은 사금융 아니면 돈을 빌리기 힘든 경우가 많습니다.

본인의 신용점수를 관리하기 위해서는 우선 카드론 등 급전 대출을 가능하면 이용하지 않는 게 좋습니다. 긴 시간이 걸리겠지만, 빌렸던 돈을 성실하게 갚는다면 신용점수도 더디지만 꾸준하게 올라가게 되고, 1금융권 이용이 가능한 점수까지 올라가게 됩니다. 대출금 상환 연체는 신용점수에 직접적인 악영향을 주니 피해야 합니다.

최근에는 전체적인 국민의 신용도가 좋아지면서 상대적으로 저신용자 수가 예전보다 줄었습니다. 금리가 떨어지면서 상대적으로 대출 연체 빈도가 낮아진 덕분입니다.

사회초년생을 위한
대안신용평가

신용점수는 금융사와의 거래 정보를 통해 산정됩니다. 대출을 꼬박꼬박 잘 갚았다는 기록이 신용점수를 올리는 주된 방법입니다.

문제는 사회초년생처럼 금융사 이용 이력이 없는 사람들은 신용점수가 낮게 책정되는 경우가 많다는 점입니다. 게다가 이런 사회초년생들은 사업을 하기 위해 대출을 받으려고 해도 마땅한 담보가 없을 때가 적지 않습니다. 돈을 못 갚았거나 부도를 낸 적이 없어도 신용점수가 낮게 나타나는 것이지요. 이들을 금융권에서는 씬파일러(thin flier, 금융이력부족자)라고 합니다.

은행 대출을 못 받은 씬파일러들은 저축은행에 가거나 대부업체로 가서 고금리 대출을 받아야 합니다. 이 대출 때문에 신용점수가 떨어지고, 신용점수가 떨어지니 은행 대출을 영영 못 받게 되는 악순환의 고리에 빠질 수 있습니다.

그래서 등장한 게 대안신용평가입니다. 인터넷전문은행이나, P2P금융사, 핀테크* 기업들이 새로운 대안적 신용평가 시스템을 내놓고 있습니다. 우리나라에서 사용자들의 데이터가 가장 많은 기업인 네이버도 자신들이 소유한 데이터로 신용도를 평가합니다.

핀테크

금융(finance)과 기술(tech)의 합성어입니다. 모바일뱅킹, 모바일송금 등이 대표적인 핀테크 기술의 구현 예입니다.

예를 들면 이렇습니다. '쇼핑몰을 시작하는 사장님이 신용점수는 낮지만, 장사를 잘해 손님들의 댓글 평이 좋다.' 그러면 싼 금리로 대출을 해주는 것입니다. 이 사람의 사업 성공 가능성을 데이터로 분석하고 이를 토대로 돈을 빌려주는 것입니다. 이 분야에서는 알리페이 등 중국 핀테크 기업들이 앞서 있습니다.

신용점수는 각 개인의 금융 이력을 분석해 점수화한 것입니다. 예전에는 등급별로 나눴지만 2021년부터는 점수제로 바뀌었습니다. 나 자신의 신용을 평가한 점수이기 때문에 각별히 관리를 할 필요가 있습니다. 습관적으로 신용카드 현금서비스를 쓴다거나 대부업체 등에서 고리의 대출을 받는 일은 되도록 피해야 합니다.

■ 신용점수 등급과 표 ■

등급	나이스	올크레딧(KCB)
1	900점-1000점	942점-1000점
2	870점-899점	891점-941점
3	840점-869점	832점-890점
4	805점-839점	768점-831점
5	750점-804점	698점-767점
6	665점-749점	630점-697점
7	600점-664점	530점-629점
8	515점-599점	454점-529점
9	445점-514점	335점-453점
10	0점-444점	0점-334점

2장

금융상품과
금융시장에 대해
이해하자

금융상품은 내가 갖고 있는 돈을 불리는 상품이라고 요약할 수 있습니다. 혹은
필요할 때 돈을 융통해 쓸 수 있게 해주거나, 미래 리스크를 헤지할 수 있게 해주
는 상품까지 포괄합니다. 이런 금융상품에는 은행 예금, 주식이나 채권 등이 있
습니다. 달러나 원자재 같은 상품의 가격 움직임에 따라 수익을 배분하는 파생
상품 등도 있습니다.

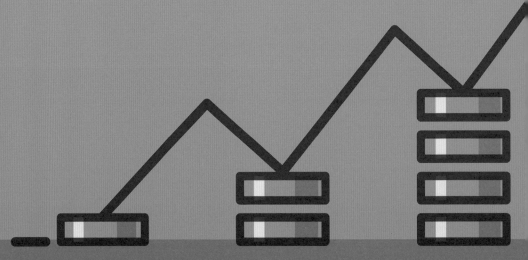

예금과 적금은 왜 투자의 첫 시작인가요?

예금과 적금 등의 저축은 투자의 첫 시작이며, 가장 오래된 금융상품이 기도 합니다. 별달리 투자할 곳이 마땅치 않던 시절 서민들의 자산증식 수 단으로 활용됐습니다. 특히 적금은 소액을 적립식으로 모아 목돈을 만든다 는 점에서 인기가 높았습니다.

지금 한국이 저금리 사회가 됐다고 하지만 예금과 적금의 중요성은 여 전히 큽니다. 경제생활을 막 시작한 사회초년생들에게 안정적으로 종잣돈 을 마련할 수 있는 발판이 되기 때문입니다. 수익률은 낮지만 원금 안전성 이 높습니다. 5,000만 원까지 국가에서 예금자 보호를 해줍니다.

언제나 빼서 쓴다,
요구불예금

예금은 일정 기간 내 돈을 은행에 맡겨놓는 것을 의미합니다. 예금 방법에 따라 보통예금, 당좌예금, 정기예금 등으로 나뉩니다.

은행 보통예금은 입출금이 자유롭고, 예치 금액에 제약이 없습니다. 언제든 돈을 넣고 뺄 수 있습니다. 우리가 생각하는 급여통장이 주로 보통예금에 개설됩니다. 언제든 요구해서 돈을 뺄 수 있어 '요구불예금'에 속하고 이자는 낮은 편입니다.

당좌예금은 개인이 아닌 기업이 사용하는 예금입니다. 은행이 예금자를 대신해 수표나 어음으로 입출금을 해줍니다. 저축을 통한 이자 수익보다 기업 운영에 필요한 자금 보관과 위탁이 주목적입니다.

시장 금리부 수시입출식예금(MMDA)도 있습니다. 은행이 기업어음과 같은 단기 금융상품에 투자하고 여기에서 나오는 이자를 지급합니다. 일반 예금보다 이자가 조금 높습니다. 증권사의 CMA에 대항해 은행이 운영하는 금융상품이긴 하지만 최근에는 MMDA나 정기예금이나 이율에 있어 큰 차이가 없습니다.

외화보통예금은 원화 대신 달러나 유로화, 엔화 등 외화를 사서 예금을 하는 것입니다. 외화보통예금은 이자보다는 환차익을 거두는 것이 목적입니다. 환율이 올라가면(원화 가치 하락) 수익이 나고, 환율이 떨어지면(원화 가치 상승) 손해를 보는 구조입니다.

협의통화(M1)

통화량 구분은 한국은행에서 실제 찍어낸 본원통화(M0), 현금처럼 쓸 수 있는 협의통화(M1), 유동성은 좀 떨어지는 광의통화(M2)로 크게 구분합니다. M1은 사실상 우리가 쓰는 현금을 의미합니다.

이런 요구불예금은 언제든 빼서 쓸 수 있어 통화량 구분에서 협의통화*(M1) 범주에 넣습니다. 현금은 아니지만, 현금처럼 쓸 수 있는 통화입니다.

자산증식의 수단,
저축성예금

저축성예금은 어떻게 넣는가에 따라서 거치식 예금(정기예금)과 적립식 예금(적금)으로 나뉩니다.

정기예금은 연이자를 정해놓고 만기에 받는 확정 금리형과 기간에 따라 이자를 재산정하는 방식으로 나뉩니다. 모바일에서 비대면으로 가입하는 정기예금의 경우에는 확정 금리형이 대부분입니다.

적립식 예금은 흔히 적금이라고 합니다. 일정 기간을 정해놓고 정기적으로 금액을 입금해 이자를 받는 상품입니다. 아무 때나 넣을 수 있는 자유적금이 있고 정해진 날에 적립하는 정기적금이 있습니다.

보통 적금의 이자율은 정기예금의 이자율과 비슷하다고 해도 받는 이자는 절반 정도라고 보면 됩니다. 예컨대 정기예금 1% 이자율에서 나오는 수익이나 적금 2% 이자율에서 나오는 수익이 큰 차이가 없다는 뜻입니다. 이건 이자율 계산법에서 차이가 있기 때문입니다. 정기예금과 정기적금의 성격 차이라고도 할 수 있습니다.

정기예금은 예금자가 은행에 돈을 빌려주는 것이라고 보면 됩니다. 은행은 그 돈을 약속된 기간 동안 굴렸으니, 그에 맞는 대가(이자)를 지급하는 것이지요.

정기적금은 목돈을 모으는 데 목적이 있습니다. 정해진 기간 동안 은행은 예금자가 목돈을 모을 수 있도록 보관해주고, 보관된 기간에 따라 이자를 지급하는 것입니다.

3% 이율 정기적금으로 생각해볼게요. 정기적금은 1월에 100만 원을 내면 3% 금리 이율이 12월 내내 적용받지만, 2월에 100만 원을 내면 3% 이율이 11개월만 적용받게 되고, 3월에 100만 원을 내면 3% 이율이 10개월만 적용받게 됩니다. 이런 식으로 마지막 달에 내는 100만 원은 결국 한 달 동안만 금리의 영향을 받게 됩니다. 금리는 3%이지만 정작 실질 수익은 원금 대비 1.625% 정도입니다.•

각 은행마다 예적금 금리를
한번에 보고 비교할 수 있어요

은행들의 대표 단체인 은행연합회 홈페이지에는 예적금와 대출 금리를 비롯해 환전 수수료 등 꽤 쏠쏠한 정보가 많습니다. 각 은행의 금리를 한꺼번에 비교하고 골라서 가입할 수도 있습니다.

• blog.ibk.co.kr/1377 IBK기업은행 블로그

■ 예금상품 금리 비교 ■

| 예금금리 | 적금금리 | 장병내일준비적금금리 | 맞춤상품검색 |

| 정기예금 | 상호부금 | 개인MMDA | 법인MMDA |

☑ 전체
☑ KDB산업은행　☑ NH농협은행　☑ 신한은행　☑ 우리은행　☑ 스탠다드차타드은행　☑ 하나은행
☑ IBK기업은행　☑ KB국민은행　☑ 한국씨티은행　☑ SH수협은행　☑ DGB대구은행　☑ BNK부산은행
☑ 광주은행　☑ 제주은행　☑ 전북은행　☑ BNK경남은행　☑ 케이뱅크은행　☑ 카카오뱅크

· 이자 계산방식　◉ 단리　◯ 복리

· 정렬방식　[12개월 ∨]　[오름차순으로 정렬 ∨]

[검색]

검색결과

[엑셀 출력하기]

은행 ▼	상품명 ▼	기본금리(단리이자 %)				최고우대금리(단리이자 %)				상세정보
		6개월▼	12개월▲	24개월▼	36개월▼	6개월▼	12개월▼	24개월▼	36개월▼	
우리은행	두루두루정기예금	0.40				0.50				▼보기
우리은행	시니어플러스우리예금(회전형)		0.30				0.70			▼보기
우리은행	WON예금	0.40	0.45	0.48	0.50	0.80	0.90	0.96	1.00	▼보기
제주은행	사이버우대 정기예금(만기지급식-일반)	0.45	0.50	0.55	0.60	0.55	0.80	0.85	0.80	▼보기
제주은행	제주Dream 정기예금(개인/만기 지급식)	0.45	0.50	0.55	0.60	0.55	0.60	0.65	0.70	▼보기
하나은행	리틀빅정기예금		0.50				1.30			▼보기
전북은행	JB주거래예금		0.55	0.60	0.65		1.15	1.20	1.25	▼보기

출처: 은행연합회 예금 금리 비교 페이지(portal.kfb.or.kr/compare/receiving_deposit_3.php)

🐷 금융 초보자를 위한 꿀팁!

저금리 시대에 예금 수익성은 낮아졌습니다. 그러나 원금 손실 우려가 없다는 점에서 은행 예금은 내 자산의 피난처 혹은 종잣돈의 기반이 될 수 있습니다.

증권과 주식은 같은 건가요?
아니면 다른 건가요?

증권은 돈과 관련된 권리를 담은 증서로 풀이할 수 있습니다. 그 권리에는 정해진 날짜에 정해진 이자와 돈을 받는 것(채권), 기업 경영권의 일부를 갖고 있을 수 있는 것(주식), '외상 돈을 곧 갚겠다'는 약속(어음) 등이 담겨 있습니다.

사실 많은 분들이 증권과 주식을 헷갈리곤 합니다. 증권사에서 주식을 중개하면서 생겨난 해프닝이긴 한데, 증권사는 주식 외에도 채권을 비롯해 여러 가지 파생증권 등 다양한 금융상품을 팝니다. 이런 중개 거래를 하면서 증권사라는 이름이 붙게 됐습니다.

증권은
내 재산의 일부입니다

앞서 언급했다시피 증권은 권리를 담은 증서입니다. 이 증권을 사고팔수 있다면 '유가증권'이라는 단어를 붙일 수 있습니다. 가격이 있는 증권이라는 뜻이지요.

우리가 문자를 쓰기 시작하면서 증권의 역사가 시작됐다고 해도 틀린말은 아닙니다. 서로 간의 약속을 문자로 문서에 옮기고 누군가 보증을 해주면 되기 때문입니다.

'돌고 도는' 추상적인 개념의 돈이 화폐가 되어 사람들이 쓸 수 있게 된것처럼 증권은 '우리끼리 하는 약속' 같은 것을 문서에 적으면서 가치를 갖게 된 것입니다. 이런 증권도 신용이 기본적으로 뒷받침되면서 비로소 재산으로서 인정받을 수 있게 됐습니다. 금융시장이 발달하면서 이런 증권이 사고팔리게 됐습니다.

실제 고대에도 노비 문서나 집문서 같은 게 거래되기도 했습니다. 오늘날 증권 거래의 일종입니다. 다만 지금처럼 공개된 시장에서 활발하게 팔리는 정도는 아니었습니다. 경제가 발달하고 자본시장이 본격적으로 형성되기 시작하면서 증권 거래도 활발해집니다.

주식회사의 등장은 이런 증권 거래를 활발하게 만드는 데 크게 일조했습니다. 토지나 집처럼 거액이 드는 재산과 달리 여러 개로 나눠 팔 수 있고, 시세에 따라 큰돈을 벌 수도 있었습니다.

유가증권의
종류

  증권은 크게 유가증권과 무가증권으로 나뉩니다. 가격이 매겨지고 유통까지 되면 유가증권, 가격이 없는 증서라고 하면 무가증권이라고 합니다.

  증권은 기본적으로 증권에 담긴 재산의 성격에 따라 크게 세 가지로 나뉩니다. 어음이나 수표처럼 화폐에 대한 청구권이 담긴 화폐증권, 창고증권처럼 상품의 소유권을 담은 상품증권, 주식이나 채권처럼 주주나 채권자의 권리가 담긴 자본증권이 있습니다.

  '자본시장과 금융투자업에 관한 법률'에 따르면 증권의 종류는 채무증권, 지분증권, 수익증권, 투자계약증권, 파생결합증권, 증권예탁증권으로 나뉩니다.

- 채무증권 : 국채*, 지방채*, 특수채*, 사채권, 기업어음 등. 이외 지급청구권(정해진 날짜에 정해진 돈을 받을 수 있는 권리)이 있는 증권
- 지분증권 : 기업과 같은 법인이 발행한 출자* 증권. 주권*과 신주인수권* 등
- 수익증권 : 원금 또는 신탁재산 운용에서 발생하는 이익을 분배받을 권리가 표시된 증권
- 투자계약증권 : 타인에게 투자운용을 맡기고 그 수익을 얻는 권리가 적힌 증권
- 파생결합증권 : 주가, 원유 가격, 금 가격 등 기초자산의 가격과 이자율, 지표 등을 기초로 지수 변동에 따라 수익을 지급하거나 회수하는 등의 권리가 적힌 증권. DLS 등
- 증권예탁증권 : 일명 주식예탁증서(Depository Receipts, DR). 내 증권을 한국예탁결제원*과 같은 예탁기관에 맡겼다는 사실과 이를 받을 수 있다는 권리가 적힌 증권

국채

정부가 발행한 채권입니다. 예산보다 써야 할 돈이 더 많을 때 국채를 발행해 이를 메웁니다.

지방채

지방자치단체가 발행한 채권입니다. 국채와 마찬가지로 지방자치단체 살림에 돈이 부족할 때 발행합니다.

특수채

특별법에 의해 설립된 법인이 발행하는 채권입니다. 공기업이나 공공기관이 발행한 채권입니다. 예컨대 한국토지공사가 발행하는 토지개발채권, 한국전력공사가 발행하는 한국전력공사채권, 한국전기통신공사가 발행하는 전신전화채권 등이 있습니다. 산업은행이 발행하는 산업금융채권 등 각종 금융채권은 특수채로 분류되고 있습니다.

출자

회사나 조합 혹은 영리 법인 등의 종잣돈(자본금)에 내 돈을 태우는 것입니다. 대부분은 돈이지만 집이나 토지 등의 유형자산도 출자 대상이 될 수 있습니다.

주권

주식증권의 줄임말. 주식이라고 보면 됩니다.

신주인수권

새 주식을 받을 수 있는 권리를 뜻합니다. 돈을 빌려주고 원금을 대신 주식으로 받는 경우도 포함됩니다.

한국예탁결제원

유가증권을 대신 맡아주고 보관하는 기관입니다. 유가증권 거래 시 일일이 증권을 주고받아야 하는 번거로움을 덜 수 있습니다.

최초의 증권거래소는?
네덜란드 동인도회사

오늘날 '증권=주식'으로 생각될 정도로 증권 거래에 있어 주식이 차지하는 부분은 큽니다. 주식회사가 나타나고 그 회사의 주식을 거래하는 사람들이 많아지면서 큰 시장이 열리게 됩니다. 곧이어 중개를 해주는 거래소와 거래를 붙이는 증권사가 나타나게 됩니다.

한국은 조선말 개화기와 더불어 주식회사라는 개념이 들어오고 주식 거래가 시작됐습니다. 이때는 지금의 장외거래처럼 개인별로 거래가 진행됐습니다. 일제강점기였던 1920년 '경성현물주식취인시장'이 조선총독부의 허가를 받아 설립됐고, 1932년 인천취인소와 합병해 조선취인소가 됩니다.

20세기 초를 살았던 조선인 중에는 주식 거래에 관심이 많았던 사람도 있었습니다. 한 예로 1928년 7월 14일 조선일보 경제면을 보면 도쿄와 오사카, 서울의 주식시장 시황이 자세히 소개되어 있기도 합니다. 투자 원리를 설명하는 코너도 인기였다고 합니다.

 금융 초보자를 위한 꿀팁!

증권은 권리를 담은 증서라고 합니다. 돈으로 사고팔 수 있으면 유가증권이라고 부릅니다. 유가증권을 줄여서 흔히 증권이라고도 부릅니다. 주식은 수많은 증권 중의 하나인데 가장 많이 거래되는 증권입니다.

채권이란
무엇인가요?

 ▶ 저자직강 동영상 강의로 이해 쑥쑥
QR코드를 스캔하셔서 동영상 강의를 보시고
이 칼럼을 읽으시면 훨씬 이해가 잘됩니다!

차용증이 개인 간 채무를 담은 증서라면 채권은 채권 보유자에게 정해진 날짜에 정해진 금액을 지급하겠다고 약속한 증권입니다. 채권은 주식과 달리 앞으로 얼마를 받게 될지 수익이 정해져 있어 고정수익증권이라고 합니다.

채권은 정부나 큰 기업들이
발행합니다

차용증은 가족 간에도 쓸 수 있지만, 채권은 그렇지 않습니다. 증권으로서 거래가 되고 그 규모도 큽니다. 발행자들도 정부나 지방자치단체, 공공기관, 은행, 대기업 등으로 대규모 자본이 필요한 주체들입니다.

대기업들은 싸게 목돈을 마련할 수 있다는 장점에 채권을 발행합니다. 이들 회사가 발행한 채권을 회사채라고 부릅니다. 은행 대출보다 많은 금액을 쉽게 조달할 수 있다는 장점이 있지만, 전문 신용평가사의 신용평가 과정을 거쳐야 합니다. 기업의 신용도가 높으면 낮은 금리로, 기업의 신용도가 낮다면 높은 금리의 회사채를 발행하게 됩니다. 신용도는 낮지만, 이자율이 높은 채권을 '정크본드' 혹은 '하이일드본드'라고 합니다.

채권투자자들로는 자산운용사나 보험회사, 은행 등 기관 투자자 등이 있습니다. 국민연금과 같은 연기금도 주요 채권투자자입니다. 국채의 경우 원금 손실 우려가 적고 미래 수익이 확정적이라서 안정적인 수익이 필요한 투자자들에게 환영받는 게 채권입니다.

채권 수익은 크게 두 가지 방법으로 얻을 수 있습니다. 첫 번째가 만기 때까지 이자를 받으면서 보유하고 있는 것입니다. 또 다른 하나는 주식처럼 사고파는 경우입니다. 만기 전 매도로 수익을 올리는 방법입니다. 싸게 채권을 사서 비싸게 판다면 수익을 올리게 됩니다.

채권이
주식이 되기도 합니다

채권이 주식으로 변할 때도 있습니다. 회사 사정에 따라 원리금을 갚는 게 아니라 자신의 주식으로 전환해주는 것이지요. 크게는 전환사채(CB, Convertible Bond)와 교환사채가 있습니다.

전환사채는 일정한 조건이 충족되면 발행회사의 주식으로 전환할 수 있습니다. 교환사채는 발행회사가 보유 중인 다른 회사의 주식으로 교환됩니다. 이런 사채를 발행하는 기업들의 경영상황을 유심히 살펴봐야 합니다. 원리금(원금+이자)을 갚을 능력이 안 되어 별 수 없이 주식으로 주는 경우가 많기 때문입니다.

원리금 대신 새로운 주식으로 받는 채권도 있는데 이를 신주인수권부사채(BW, Bond with Warrent)라고 합니다. 이 채권은 회사가 자본금을 확충하기 위해 발행하는 채권입니다. 추후 기업이 신주를 발행할 때, 이를 살 수 있습니다.

이런 종류의 채권 수익은 주가에 따라 달라집니다. 주가가 낮을 때는 회사채 성격을 유지하면서 이자를 받으면 됩니다. 회사채 만기가 됐을 때 그 기업의 주가가 높다면, 주식으로 교환하면 됩니다.

선수들은 채권 매매로
수익을 올립니다

채권자의 신용도는 때에 따라 크게 변화합니다. 마찬가지로 시장 금리도 출렁이곤 합니다. 이때를 잘 활용하면 돈을 벌 수 있습니다. 안전자산이라고 할 수 있는 채권도 투기자산이 됩니다.

어떻게 가능한 것일까요? 채권은 처음 발행된 가격이 있습니다. 이를 액면가라고 봤을 때 실제 채권의 가격은 채권의 가치에 따라 결정됩니다. (채권은 가격이 올라가면 수익률, 즉 금리가 떨어집니다. 반비례로 움직이는데 이번 편에서는 편의상 가격만 갖고 설명하겠습니다.) 발행 액면가와 시장 가격이 다르게 갈 수 있다는 얘기입니다. 이 차이를 포착하면 채권에 투자해 큰 수익을 올릴 수 있습니다.

예컨대 만기 100억 원의 채권이 있다고 가정해봅시다. 이 채권의 액면가는 100억 원이지만, 발행자가 부도가 났다면 실제 가격은 0원에 가까워집니다. 부도 가능성이 50%라고 하면 시장에서는 그 확률에 근거해 가격이 결정될 것입니다.

■ 그리스 10년물 국채 금리 ■

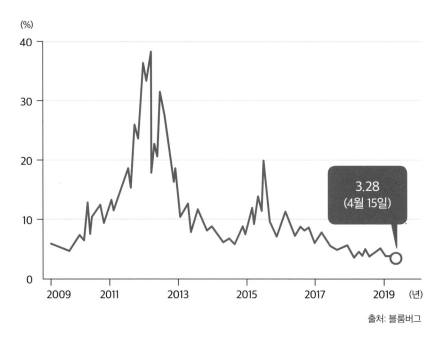

출처: 블룸버그

그리스 국채 금리. 금리(수익률)와 가격은 반대로 움직입니다. 국채 금리가 가파르게 치솟았다는 얘기는 국채가격이 가파르게 하락했다는 얘기입니다.

만약에 이 채권을 실제로 50억 원에 매입해서 갖고 있다고 가정해봅시다. 채권 발행자의 신용도가 좋아지면 100억 원을 온전하게 받을 수 있습니다. 50억 원의 추가 수익을 올리게 됩니다. 50%의 리스크 확률이 있지만, 과감히 베팅해서 100%의 수익률을 얻게 된 것이지요.

실제 댄 로엡이라고 하는 미국 헤지펀드* 매니저는 2012년 초 그리스 국채를 사들였습니다. 당시 그리스는 국가 부도 위기에 몰릴 만큼 경제위기를 겪고 있었습니다. 그리스 정부가 발행한 국채는 부도 위기에 빠지자 가격이 폭락했습니다.

로엡은 이 국채를 사들입니다. 그리스의 신용도가 좋아질 것이라고 여긴 것입니다. 실제 그리스는 그해 유로존*을 탈퇴하지 않기로 결정합니다. 추가 구제금융을 받기로 하면서 위기를 넘겼습니다. 그리스 국채의 가격은 올랐고 로엡은 5억 달러의 수익을 올렸습니다. 수익률로 치면 20%였습니다.

헤지펀드

주식, 채권, 부동산, 파생상품 등 각종 투자 상품에 공격적으로 투자해 높은 수익을 올리는 펀드를 일컫습니다. 투자자들은 펀드 매니저에게 돈을 맡기고 투자를 일임합니다.

유로존

유로화라는 공동 화폐를 쓰는 유럽국가들을 일컫습니다. 한 화폐를 쓰기 때문에 나라는 다르지만, 경제적으로는 공동체로 묶여 있습니다. 정치 공동체 유럽연합(EU)과는 구별됩니다.

 금융 초보자를 위한 꿀팁!

채권은 안정적인 자산입니다. 정부나 지자체, 공공기관, 대기업 등 망할 위험이 상대적으로 적은 곳에서 발행되기 때문입니다. 채권은 그 자체만으로도 이자 수익을 기대할 수 있고, 시장에 팔아서 차익을 남길 수 있습니다.

장기채와 단기채는
무엇인가요?

장기채는 장기채권을, 단기채는 단기채권을 뜻합니다. 이름에서 보듯 장기채는 긴 시간에 걸쳐 돈을 갚는 채권이고, 단기채는 짧은 기간 동안 빌리는 돈입니다. 기간에 따른 채권 분류라고 할 수 있습니다.

채권, 채무에 있어서 차주(돈을 빌리는 사람)의 신용도와 함께 빌리는 기간도 금리를 결정하는 중요 요소입니다. 장기채와 단기채를 굳이 구분하는 것도 이런 시간이 금리를 결정하는 요소이기 때문입니다.

일반 투자자는 장기채와 단기채 간 차이를 크게 체감할 일은 없습니다. 다만 주택담보대출을 받을 때 20년 주택담보대출 금리가 30년 주택담보대출 금리보다 저렴한 정도입니다. 그러나 채권이 거래되는 자본시장에서 장기채와 단기채의 차이는 중요합니다.

단기채는
급전 수요가 반영됩니다

단기채 시장은 1~2년 이하 채권이 거래되는 시장을 의미합니다. 하루 단위 혹은 일주일 단위가 될 수도 있습니다.

종류도 다양합니다. 금융사끼리 하루치 급전을 빌리는 콜금리·환매조건부채권(RP)시장부터 상환기간이 6개월에서 1년 정도인 은행채 시장까지가 단기채 시장에 포함됩니다.

단기채 시장은 상대적으로 금리가 저렴한 면이 있습니다. 여기서 금리라고 하는 것은 채권에 따른 이자율을 뜻합니다. 빌리는 시간이 짧을수록 떼일 확률이 낮아 단기채 시장 금리는 낮게 유지됩니다.

이런 단기채 시장은 단기 급전 시장 위주로 운영되고 있습니다. 금융사가 자산 운용에 필요한 자금을 그때그때 빌리는 시장이 바로 단기채 시장이라고 할 수 있는 것이지요.

장기채는
사고팔 수 있는 자산입니다

장기채 시장은 상환까지 5년 이상인 채권시장을 뜻합니다. 장기채 시장이 중요한 점은 투자 자산으로서 인식되는 시장이란 점입니다. 만기까지 10년, 길게는 20년에서 30년까지 가면서 상환 원금보다 정기적으로 지급되는 이자에 대한 관심이 많습니다.

금융시장이 상대적으로 안정된 미국이나 유럽, 일본과 같은 선진국 시장에서는 장기채 종류가 우리나라보다 다양합니다. 시장 규모도 큽니다. 반면 환율 변동성이 높고 물가 상승률이 높은 신흥국에서는 장기채 시장이 발달하기 힘든 경향이 있습니다. 물가 상승률이 높다는 것은 다른 말로 화폐 가치 하락률이 높다는 얘기가 됩니다. 장기채 투자자들이 싫어하는 것도 바로 인플레이션입니다.

만약에 물가 상승률이 7%인 나라가 있다고 가정해봅시다. 매해 7%씩 물가가 상승한다면 10년이면 원금의 가치는 절반으로 줄어듭니다. 투자자들은 이런 나라의 장기채에 투자하는 것을 피할 수도 있습니다.

그런데 물가 상승률이 2% 밑이거나 거의 0%라고 하면 이자율이 1~2%

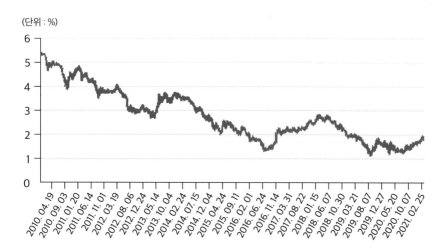

■ 10년 만기 국채 금리(수익률) ■

(단위 : %)

출처: 인베스팅닷컴

최근 10년간 10년 만기 국채 수익률 그래프. 꾸준히 하락하고 있는 게 보인다.

인 경우 투자 매력도가 높아집니다. 원금 가치가 크게 하락하지 않기 때문입니다. 따라서 물가 상승률이 낮고 상대적으로 안정되면서 경제력이 있는 미국과 같은 나라가 자신 있게 30년짜리 국채를 팔곤 하는 것입니다.

그렇다고 해도 장기국채에 있어 원금은 단기채보다 중요성이 낮습니다. 30년 만기 국채의 경우, 만기까지 30년이나 기다려야 합니다. 아무리 인플레이션이 작다고 해도 원금이 갖는 가치는 시간이 갈수록 떨어집니다. 따라서 이런 장기채는 원금 자체보다는 이자를 얼마 주는가가 더 중요합니다. 이게 곧 장기채의 수익입니다.

최근 들어 우리나라도 장기채 발매에 많이 나서고 있습니다. 물가 상승률이 하락하면서 우리 원화에 대한 가치절하 정도도 줄었기 때문입니다. 이제 한국도 선진국처럼 안정적인 선진국 경제에 접어들었다고 볼 수 있습니다.

금리 변화로 알아보는
장기채의 가치

금리 변화에 따라 채권의 가격이 달라집니다. 특히 동일 이자율을 장기간 보장하는 장기채는 금리 변화에 따라 가격이 변화합니다.

예컨대 기준 금리가 5%였다가 기준 금리 1%로 급전직하했다고 가정해봅시다. 기준 금리 5% 때 발행됐던 채권의 금리는 대부분 5% 이상에서 형성돼 있습니다. 만약 기준 금리가 1%로 떨어졌다고 하면, 그 이후 발행되는 채권 금리 또한 떨어집니다. 이렇게 되면 기준 금리가 5% 시절 발행된 채권의 가격이 올라가게 됩니다. 더 많은 이자를 주는 채권을 사려는 수요가 몰리기 때문입니다.

이 때문에 금리가 떨어지면 기존 채권가격이 더 올라가게 됩니다. 반대로 기준 금리가 높아진다면 기존 채권가격은 하락합니다.

채권 전문 펀드들은 채무자의 신용도와 함께 이런 금리의 움직임을 살펴가면서 채권에 투자하고 운용합니다. 미리 선도적으로 매매해야 손실을 줄이고 더 나아가 이익을 볼 수 있는 것이지요.

 금융 초보자를 위한 꿀팁!

단기채는 급전 성격이 강합니다. 개인도 그렇고 금융사도 그렇고 단기간 급전으로 돈을 빌릴 때 단기채 시장에 손을 뻗곤 합니다. 장기채는 장기투자 자산의 성격이 강합니다. 연기금처럼 원금 손실을 절대적으로 피해야 하는 기관 투자자는 장기채를 장기 보유하겠지만, 채권 전문 펀드나 투자자들은 금리에 따른 채권가격 차이, 경기에 따른 채권가격 변동을 살펴보면서 수익을 올립니다.

질문 TOP 12

원자재 관련 상품에는 어떤 것들이 있나요?

원자재는 원유를 비롯해 구리, 철광석, 알루미늄 등 제조업에 필요한 재료를 뜻합니다. 밀, 대두, 돼지고기, 옥수수 등의 농산물까지 포함되어 실로 방대한 규모라고 할 수 있습니다.

이 원자재는 경기를 선행해 움직이곤 합니다. 경기가 좋아진다고 여기면 기업들은 더 많이 생산하기 위해 원자재를 사들일 것이고, 원자재 가격도 올라갑니다. 반대로 경기 위축이 우려되는 때에는 생산을 줄이고, 자연스럽게 원자재 소비가 감소해 원자재 가격은 하락으로 이어집니다.

그만큼 중요하기 때문에 글로벌 투자자들은 원자재 시황에 주목합니다. 파이낸셜타임스(FT)나 월스트리트저널(WSJ) 등 글로벌 경제지들은 사이트 전면에 commodity라고 해서 그날의 주요 원자재 가격을 올려놓곤 합니다.

원자재 시장은
국제 큰손들의 놀이터

원자재는 주로 국제 원자재 시장에서 선물로 거래됩니다. 거래되는 단위와 액수가 큽니다. 일반 개인 투자자로서는 감히 접근하기 힘든 게 바로 원자재 시장입니다.

원자재 시장은 각기 전문화된 거래소에서 열립니다. 예컨대 런던 금속거래소(LME)는 알루미늄이나 납, 니켈 같은 비철금속들이 주로 거래되고 미국 시카고거래소(CBOT)에서는 옥수수 등 곡물이 국제적으로 거래됩니다.

원자재 종류에는 에너지, 금속, 농산물, 육류, 곡물 등이 있습니다. 원자재 시황에 대해 살펴보려면 에너지 부문에서는 WTI(서부텍사스산 원유)와

👨‍🏫 주요 거래소 현황

- 뉴욕상업거래소(NYMEX, 미국 뉴욕) : 알루미늄, 구리, WTI 원유, 전기, 휘발유, 금, 난방유, 천연가스, 팔라듐, 백금, 프로판 가스
- 뉴욕상품거래소(COMEX, 미국 뉴욕) : 금, 은, 구리, 알루미늄
- 시카고상품거래소(CME, 미국 시카고) : 육류, 버터, 우유, 화폐, 목재
- 시카고거래소(CBOT, 미국 시카고) : 옥수수, 에탄올, 귀리, 쌀, 콩, 밀, 금, 은
- 런던금속거래소(LME, 영국 런던) : 알루미늄, 구리, 납, 니켈, 주석, 아연
- 인터콘티넨탈거래소(ICE, 미국 애틀란타) : WTI 원유, 전기, 천연가스, 농산물
- 도쿄상품거래소(일본 도쿄) : 알루미늄, WTI 원유, 휘발유, 금, 은, 등유, 팔라듐, 백금, 고무
- 인도상품거래소MCX(인도 뭄바이) : 금, 은, 구리, WTI 원유

브렌트유가 주요 지표로 쓰이고 금속에서는 금과 구리를 주로 주목합니다. 금은 인플레이션 우려가 커질 때나 경기가 불안해 안전자산을 찾을 때 가격이 올라갑니다. 구리는 제조업에 많이 쓰이는 비철금속이라서 경기에 선행해 가격이 오릅니다. 곡물 중에서는 대두(콩)와 옥수수의 가격이 많은 주목을 받습니다. 둘다 동물 사료를 비롯해 가공식품에 많이 쓰여 식료품 가격에 직접적으로 영향을 끼칩니다.

에너지	WTI, 브렌트유, 난방유, 가솔린, 천연가스, 에탄올, 석탄, 탄소배출권
금속	금, 은, 구리, 납, 니켈, 백금, 아연, 알루미늄, 주석, 팔라듐, 우라늄, 철광코일
농산물	설탕, 커피, 코코아, 목재, 원면(솜), 오렌지주스, 팜유, 카르다몸 등
육류	돼지고기, 생우, 육우, 우유 등
곡물	쌀, 귀리, 소맥, 대두(콩), 대두유(콩기름), 옥수수, 현미, 카놀라 등

원자재에 투자하고 싶다면
ETF

개인 투자자는 원자재를 간접투자로 투자해야 합니다. 원자재 가격 지수를 따라가는 ETF 상품에 투자하거나, 이들 자산의 가격을 추종하는 DLS(Derivative Linked Securities, 파생결합증권)나 DLF(Derivative Linked Fund, 파생결합펀드) 상품을 사면 됩니다. 이들 상품의 특징은 가격 변동을 지수화한다는 점입니다.

예컨대 내가 원유 ETF나 농산물 가격 DLS 등을 산 시점에서 이들 자산의 가격이 올라가면 수익을 보는 것이고 떨어지면 손해를 보는 식입니다. 2019년 국제 원자재 경기가 하강하면서 일부 DLS와 DLF 상품에서는 손실을 기록하기도 했습니다.

만약 국제 경제 흐름을 읽을 수 있다면 원자재 ETF 등에 투자해 수익을 올릴 수 있습니다. 경기 회복기라면 구리나 원유 등의 국제 선물 가격이 오른다는 게 이미 상식처럼 되어 있습니다. 세부 정보를 알기 힘든 종목 투자보다 더 나을 수 있는 부분입니다.

 금융 초보자를 위한 꿀팁!

원자재 투자는 국제 큰손들이 주로 합니다. 개인 투자자들은 쉽사리 엄두를 내기 힘듭니다. 하지만 원자재 가격은 경기를 선행해 움직입니다. 투자 전망을 하는 데 있어 원자재 시황은 도움이 됩니다. 개인이 원자재에 투자하고 싶다면 ETF나 ETN 등의 상품을 추천드립니다.

달러화 등 외환 투자 상품에는 무엇이 있나요?

▶ **저자직강 동영상 강의로 이해 쏙쏙**
QR코드를 스캔하셔서 동영상 강의를 보시고
이 칼럼을 읽으시면 훨씬 이해가 잘됩니다!

달러는 국제 공신력이 높은 화폐입니다. 금과 함께 자산가들이 많이 보유하는 주요 자산으로, 예전에는 직접 달러를 사서 금고에 쌓아놓곤 했습니다. 웬만한 자산은 다 전자 거래가 되는 요즘, 달러 투자 방법도 다양합니다.

우리가 달러에 투자하는 이유는 무엇일까요? 달러는 세계 최대 경제대국인 미국이 발행하는 화폐이기 때문입니다. 미국이 만들어놓은 국제결제 시스템을 통해 우리가 사고 싶은 물건을 수입하거나 팔고 싶은 물건을 수출합니다. 그 자체만으로 달러가 갖는 영향력은 다른 화폐를 압도합니다.

이 같은 맥락에서 달러는 세계경제가 위기에 빠질 때 선호되는 자산입니다. 특히 무역에 대한 의존도가 높은 우리나라에서는 이런 달러 선호 현상이 극명하게 나타나곤 합니다.

달러 예금을 만드는 게
가장 쉽습니다

달러를 직접 사는 방법이 첫 번째입니다. 은행에서 외화예금통장을 개설하면 됩니다. 시중은행 창구에 가서 직접 외화예금통장을 개설한다고 말하거나 아니면 모바일로 신청하면 됩니다. 달러 예금으로 예치해놓을 수도 있고, 달러 적금으로 가입해 다달이 적립할 수도 있습니다. 예전에는 은행에서 달러 예금에 대한 이자를 지급했지만, 최근에는 많이 사라졌습니다. 환율에 따른 환차손 위험이 있는 데다 저금리 상황에서 은행들이 이자를 줄 여유가 줄었기 때문입니다.

달러 예금에서 기대할 수 있는 수익률은 환차익입니다. 달러 가치가 쌀 때(원화 강세) 샀다가 달러 가치가 비쌀 때(원화 약세) 때 파는 식입니다. 만약에 1달러 원화 환율이 1,100원일 때 사서 보유하고 있다가 1달러 원화 환율이 1,200원으로 올라갔을 때 팔면 100원의 이익을 봅니다.

반대로 원·달러 환율이 1,200원일 때 달러를 샀다가, 원화 강세(달러 가치 하락) 현상으로 달러값이 1,100원으로 떨어지면, 100원의 손해를 보게 됩니다. 미국의 통화정책이나 국제 경제 환경 변화에 따른 환율 리스크가 존재하는 것입니다.

다만 이때 고려해야 하는 부분이 있습니다. 은행마다 살 때와 팔 때 환율이 다르다는 점입니다. 같은 날 고시하는 은행 환율이라고 해도 이용자는 비싸게 사야 하고, 싸게 팔아야 합니다. 은행이 수수료를 붙이기 때문입니다. 따라서 원화 가치가 소폭 올랐다고 해서 달러를 팔면 오히려 손해일 수 있습니다.

■ '팔 때 환율'과 '살 때 환율' ■

기준일 : 2021년 02월 26일   고시회차 : 476회차   고시시간 : 17시 07분 00초   조회시각 : 2021년 02월 26일 17시 12분 24초

통화	현찰				송금		T/C 사실때	외화수표 파실때	매매 기준율	환가 로율	미화 환산율
	사실 때		파실 때		보낼 때	받을 때					
	환율	spread	환율	spread							
미국 USD	1,142.65	1.75	1,103.35	1.75	1,134.00	1,112.00	1,136.47	1,111.39	1,123.00	1,96513	1.000
일본 JPY(100)	1,077.51	1.75	1,040.45	1.75	1,069.35	1,048.61	1,069.56	1,048.11	1,058.98	1,89917	0.9430
유로 EUR	1,390.62	1.99	1,336.36	1.99	1,377.12	1,349.86	1,383.94	1,349.34	1,363.49	1,39643	1.2141
중국 CNY	182.11	5.00	164.77	5.00	175.17	171.71	0.00	0.00	173.44	4.94200	0.1544
홍콩 HKD	147.64	1.97	141.94	1.97	146.23	143.35	0.00	143.28	144.79	2.09500	0.1289
태국 THB	38.90	5.00	34.83	6.00	37.42	36.68	0.00	36.66	37.05	2.52500	0.0330
대만 TWD	45.57	13.10	37.48	7.00	0.00	0.00	0.00	0.00	40.30	2.37500	0.0359
필리핀 PHP	25.41	10.00	21.21	8.20	23.33	22.87	0.00	0.00	23.10	2.87600	0.0206
싱가포르 SGD	862.56	1.99	828.90	1.99	854.18	837.28	0.00	836.81	845.73	2.28500	0.7531
호주 AUD	896.63	1.97	861.99	1.97	888.10	870.52	892.49	869.97	879.31	2.31500	0.7830
베트남 VND(100)	5.45	11.80	4.31	11.80	4.92	4.84	0.00	0.00	4.88	3.07500	0.0043
영국 GBP	1.593.72	1.97	1.532.16	1.97	1.578.56	1.547.32	1.586.38	1.546.46	1.562.94	2.01863	1.3918

출처: 하나은행 홈페이지 내 환전 검색 서비스 창

위의 그림에서 보듯 '팔 때 환율'과 '살 때 환율'이 다릅니다. 이유는 매매 기준율에서 스프레드(1.75%)를 가산해서 넣고 뺐기 때문입니다. 스프레드는 은행이 갖는 수수료라고 할 수 있습니다. 환율이 1~2% 올랐다고 해서 수익을 보려고 판다면 별로 남는 게 없거나 오히려 더 손해를 볼 수도 있습니다.

이 수수료율(스프레드)은 각기 은행마다 다릅니다. 그림에서 보듯 어떤 외화냐에 따라서도 다릅니다. 달러나 엔화처럼 빈번하게 거래되는 외화일

수록 저렴한 편입니다.

달러 예금 외에 달러보험도 있습니다. 달러로 보험료를 납입하고, 중도 인출이나 보험계약 대출, 만기 환급금, 보험금도 달러로 지급해주는 방식입니다. 이들 상품은 미국 국채나 회사채에 투자합니다. 다만 저축성 보험이라는 특성 탓에 10년 이상 장기간 내야 하는 경우가 많습니다.

간접투자도
쉬운 방법의 하나입니다

달러투자를 간접적으로 한다면 ETF나 파생상품 달러보험은 보험료 납부와 자산 운용, 지급 등을 모두 달러로 하는 상품입니다.

달러 가치를 추종하는 금융상품도 있습니다. 그것은 바로 달러 ETF나 달러 ELS 등입니다. 달러 ETF는 달러 가치에 연동이 되어 수익이 결정됩니다. 비교적 소액으로도 가입해 구매할 수 있습니다. 미국 국채 ETF에도 투자할 수 있습니다.

달러 ELS는 달러의 가치 향방에 따라 수익이 결정됩니다. 계약 조건에

달러 ETF 예

KODEX 미국달러선물 / KOSEF 미국달러선물

KODEX 미국달러선물레버리지 / TIGER 미국달러선물레버리지

KODEX 미국달러선물인버스 / KOSEF 미국달러선물인버스 2X

따라 다를 수 있는데 만약 달러 가치가 오르면 이익을 얻을 수 있습니다. 그러나 달러 가치가 떨어지면 손실을 보거나 돈을 찾는 시간(상환)이 오래 걸릴 수 있습니다.

미국 주식에 투자하는 것도 달러자산에 투자하는 효과를 거둘 수 있습니다. 만약 투자한 종목의 주가가 오른다면 시세 차익도 기대할 수 있습니다. 증권사 대부분에서 미국 주식 직접투자를 중개하고 있습니다. 다만 거래 수수료가 증권사마다 다르지만, 국내 종목을 거래할 때보다 높은 편(0.25%)이고 환율의 변화에 따라 수익이 변동될 수 있습니다.

 금융 초보자를 위한 꿀팁!

달러 자산 투자 방법에는 직접 달러를 사서 은행(외화예금)이나 금고에 넣어놓는 방법이 있습니다. 수익률은 높지 않지만 내 자산의 일부를 안전자산에 넣어놓는 다는 의미가 있습니다. 좀 더 공격적으로는 미국 주식이나 채권에 직접투자하거나 관련 ETF나 펀드 상품에 투자하는 것입니다.

질문 TOP 14

파생상품은 어떤 목적으로 만들어진 상품인가요?

 ▶ 저자직강 동영상 강의로 이해 쏙쏙
QR코드를 스캔하셔서 동영상 강의를 보시고
이 칼럼을 읽으시면 훨씬 이해가 잘됩니다!

파생상품은 금융상품 중에서 가장 늦게 출시된 상품입니다. 금융업계가 고도화되면서 나온 것이지요. 쉽게 말해 기존에 존재했던 금융상품에서 한 번 더 파생되어 나온 상품입니다. 이 파생상품은 종류가 다양합니다. 복잡한 구조의 상품도 많습니다. 시장 상황에 따라서 수익률도 크게 달라지는 상품은 위험 상품으로 분류되기도 했습니다.

그렇다면 사람들은 왜 파생상품을 만들었을까요? 파생상품의 기본적인 기능은 미래 리스크 관리에 있습니다. 내가 가진 자산 혹은 내가 사야 할 자산의 가치나 가격이 미래에 어떻게 변화할지 모르기 때문에 변화에 따른 손실을 줄이기 위함입니다. 따라서 파생상품은 금융시장 내 변동성을 줄여주면서 원자재 등 상품 시장 내 거래를 원활하게 해주는 역할을 합니다.

■ 금융투자상품의 분류 ■

금융투자상품
- 증권
  - 채무증권 — 국채, 회사채, ELD 등
  - 지분증권 — 주식, 신주인수권 등
  - 수익증권 — 신탁, 집합투자증권
  - 투자계약증권
  - 파생결합증권 — ELS, ETN 등
  - 증권예탁증권 — DR(Depositary Receipts)
- 파생상품
  - 선도(선물) — 장내파생
  - 옵션 — 장외파생
  - 스와프

파생상품의 본래 목적은
손실 회피에 있었습니다

파생상품의 시작은 미래 예기치 못하는 손실을 회피하고자 나왔습니다. 본래 목적 자체가 '투기'가 아니라 '헤지'(위험회피)를 위한 목적이라는 얘기입니다. 이렇게 봤을 때 파생상품 거래의 원형은 상업의 발달에서 찾아볼 수 있습니다.

예를 들면 '선물거래'에서 찾아볼 수 있습니다. 선물에서의 '선(先)'은 '먼저, 우선'이라는 뜻입니다. 앞선 물건이라는 뜻인데, 영어로는 'future contract'라고 합니다. 직역하면 '미래 계약'이라는 뜻이지요. 미래 특정 시점에 '얼마만큼의 양'을 '얼마의 가격'에 사겠다는 약속(계약)의 뜻입니다.

이런 선물거래에서 거래를 성사시키기 위해 상대방에게 이점을 주는 경우가 있으니 옵션입니다. 옵션은 이후 장에서 자세히 설명하겠습니다.

파생상품을 설명하는 중요 개념이 또 하나 있습니다. 바로 '스와프'(swap)라는 개념입니다. swap은 '바꾼다'라는 뜻의 영어단어입니다.

스와프은 일정한 지수나 가격에서 두 자산을 교환하는 거래를 뜻합니다. 선물, 옵션과 함께 파생거래 3형제로 꼽힙니다. 선물거래가 미래 특정한 시점에 미리 거래할 내용을 약속한 것이라면, 스와프은 미래 특정한 시점에 특정 가격과 기준에 따라 자산을 교환하는 것을 뜻합니다. 이 계약도 양 거래자가 위험도를 낮추기 위한 목적으로 성립됩니다.

이 스와프의 한 예로 통화스와프을 들 수 있습니다. 한국이 미국과 250억 달러 스와프 계약을 체결했다는 뉴스 등인데, 이것은 필요할 때 미국으로부터 250억 달러를 언제든 원화로 바꾸겠다는 계약입니다. 환율 변동에 대비해 미리 특정 환율에 달러와 원화를 바꾸겠다고 계약을 체결하고 이를 실행하는 것이지요.

일반 투자자도 참여 가능한
파생상품들이 있습니다

일반 투자자들이 참여할 수 있는 금융파생상품도 있습니다. 코스피200 지수선물이나 코스피200 옵션과 같은 주식 · 주가 연계형 상품, 국채선물이나 국채선물 옵션과 관련된 상품, 미국, 달러, 엔, 유로 등에 대한 선물 혹은 옵션 상품 등입니다.

　이들 상품 선물을 기초자산으로 하는 금융파생상품은 수익과 손실의 격차가 일반 주식 거래보다 큰 편입니다. 초보 투자자라면 되도록 하지 않고 지수의 움직임만 보는 것을 추천합니다.

■ 상품파생상품과 금융파생상품 ■

구분		종류
상품파생상품		원유, 밀, 금, 돼지고기 등에 대한 선물, 옵션
금융파생상품	주식, 주가	코스피200 지수선물, 스타(KOSDAQ) 선물 코스피200 옵션, 개별 주식 선물
	금리, 채권	(3년, 5년) 국채선물, 국채선물 옵션
	외환	미국 달러, 엔, 유로 등에 대한 선물 혹은 옵션

 금융 초보자를 위한 꿀팁!

파생상품의 시작은 미래에 있을 위험회피에서 비롯되었습니다. 이 과정 중에 선물, 옵션, 스와프이 생겨났습니다. 이를 또 파생상품으로 연결한 게 금융파생상품입니다. 코스피200 선물이나 옵션은 개인 투자자들도 투자할 수 있는 금융파생상품입니다.

질문 TOP 15
금융시장이란 무엇이고 어떤 역할을 하나요?

▶ 저자직강 동영상 강의로 이해 쑥쑥
QR코드를 스캔하셔서 동영상 강의를 보시고
이 칼럼을 읽으시면 훨씬 이해가 잘됩니다!

금융은 영어로 파이낸스(finance), 한자로는 금전융통(金錢融通)에서 비롯된 말입니다. 말 그대로 돈(금전)을 빌리고 갚는다는 의미입니다. finance의 어원은 라틴어인 파이니스(finis)에서 비롯됐습니다. '끝' 혹은 '종결'의 의미인데, '부채가 상환되어 끝났다'라는 의미입니다.

동서양의 유례에서 보듯 금융은 돈을 빌리고 갚는 행위가 가장 기본이 됩니다. 다른 말로는 돈의 공급과도 관련이 있습니다. 돈을 빌리고 갚는 과정에서 신용이란 개념이 생기고 이 신용을 토대로 채권과 주식 등의 증권이 파생됐습니다. 이 증권은 자산으로서의 가치를 갖게 됩니다. 금융은 우리가 경제생활을 하는 데 있어 기본이 됩니다. 금융이 없다면 우리는 물물교환에 의존해 살아야 할지도 모릅니다.

금융은
모든 산업의 핏줄입니다

기업이 생산하기 위해서는 자금이 필요합니다. 공장을 지을 부지를 확보하고 기계 등의 설비를 갖추고 근로자를 고용해야 합니다. 개인으로서는 감당하기 힘든 막대한 돈입니다. 이런 돈을 공급해주는 역할을 바로 금융이 합니다.

기업은 은행으로부터 대출을 받고, 증권사를 통해 주식을 팔아 투자 자금을 마련합니다. 또 기업은 투자를 해서 매출을 올리고 이익을 냅니다. 이 이익으로 대출이자를 내고 배당을 합니다. 은행 예금자들은 이자 수익을 얻게 되고 증권사 중개로 주식을 산 주주들은 배당 이익을 얻습니다. 은행과 증권사 등 금융사는 이 중간에서 수수료 수익을 얻습니다. 이들은 정부에 세금을 냅니다. 정부는 받은 세금으로 나라 살림을 합니다.

생산과 소비가 활발해지면서 경제 전반이 활력 있게 돌아갑니다. 경제가 성장하면서 각 개인의 소득이 늘게 되고 이는 다시 소비 증가로 이어집니다.

따라서 금융은 우리 경제에 있어 중요한 역할을 합니다. 금융이 제 역할을 못 하거나 금융이 신뢰를 잃으면 자금 융통이 원활해지지 못하게 됩니다. 기업, 정부, 가계가 필요로 하는 돈을 제때 투입하지 못하게 됩니다. 경기가 가라앉는 경기 침체가 오게 됩니다.

이 때문에 정부에서도 금융사들을 특별히 관리합니다. 은행은 더 엄격한 건전성 규제를 받습니다. 2008년 글로벌 금융위기 때 미국을 비롯한 세계 각국이 은행이 망하지 않도록 방치하지 않은 것도 이 같은 맥락에서 비롯됐습니다.

리스크는 금융시장에 있어
숙명입니다

만기 불일치

빌려온 돈의 만기는 6개월인데 빌려준 돈의 만기가 1년인 상황입니다. 돈을 받으려면 6개월이 더 남았는데 당장 갚아야 한다면 부도가 날 수도 있습니다.

조달과 운용의 불일치

조달한 자금은 현금인데 이를 갖고 투자한 운용자산은 그렇지 않을 때 발생합니다. 예컨대 5년 뒤에나 수익이 날 자산에 투자했는데, 돈을 빌려준 사람이 '당장 갚으라'라고 하거나 만기가 5년 이내라면 부도가 날 수 있습니다.

통화 간 불일치

환율에 따른 리스크입니다.

고정금리와 변동금리 간 불일치

대출 자산에서 나오는 이자는 일정한데 빌려온 돈의 금리가 널뛰기 한다면 금융사 입장에서는 부도 위험에 처할 수 있습니다.

그러나 금융사에 있어 리스크는 숙명과 같습니다. 돈이 떼일 수 있다는 리스크입니다. 금융사들은 저리로 돈을 빌려와 자신들의 이익을 붙여 기업과 가계에 빌려줍니다. 유동성 높은(현금화가 쉬운) 현금이 얼마간의 시간이 지나야 수익과 원금을 받는 대출 자산으로 바뀌는 것입니다.

이 와중에 만기 불일치*, 조달과 운용의 불일치*, 통화 간 불일치*, 고정금리와 변동금리 간 불일치*, 안전자산과 위험자산 간의 불일치가 일어납니다. 운용하던 돈은 원래 주인에게 이자와 함께 돌려줘야 하는데 예상했던 시기보다 빨리 갚아야 할 때가 오기 마련입니다. 혹은 빌려줬던 돈을 받지 못하거나 적게 받게 되는 일도 있습니다.

그렇다고 해도 이런 불일치를 회피한다면 금융회사는 이익을 거둘 수가 없습니다. 이런 불일치가 있을 수 있는 상황에서는 신용을 지켜야 합니다. 금융사들이 도심지에 크고 화려한 건물에 들어가 있는 것도 '우리는 떼어먹고 도망가지 않습니다'라는 메시지일 수도 있습니다.

최근 들어 금융의 양상이 바뀌고 있는 것도 사실입니다. 예금을 받고 대출을 해주는 전통적인 은행업, 증권 거래를 중개하고 수수료를 받는 증권업의 모습이 바뀌고 있는 것입니다. 미국 투자은행들을 중심으로 금융사가 직접 자산을 사고팔면서 차익을 올리는 일이 흔해졌습니다. 수익 극대화로 주주들에 돌아가는 이익은 많아졌지만, 동시에 자산시장 가격 하락에 따른 손실 위험도 커졌습니다.

 금융 초보자를 위한 꿀팁!

금융은 경제의 핏줄과 같습니다. 기업이나 가계, 정부에 돈이 원활하게 공급될 수 있는 역할을 합니다. 다만 금융은 '떼일 수 있다'라는 리스크를 항시 안고 있습니다. 이 리스크가 커지면 금융위기가 되고 실물경제에까지 파급되면 경제위기가 되는 것입니다.

3장

금융기관과
금융당국에 대해
파악하자

금융기관에 대한 구분은 1금융권, 2금융권, 사금융 등으로 구분지을 수 있습니다. 1금융권은 은행이, 2금융권에는 보험사나 증권사, 카드사, 저축은행, 상호신용금고 등이 있습니다. 1금융권과 2금융권이 잘 유지되고 금융소비자에게 피해가 발생하지 않도록 기능을 하는 곳이 있으니 바로 금융당국입니다. 금융위원회, 금융감독원이 대표적입니다. 한국은행은 통화량 조절을 통해 금리와 물가에 영향을 미칩니다.

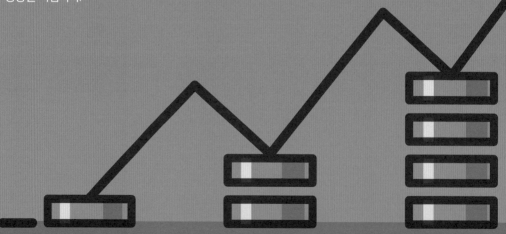

1금융권 – 은행은 어떤 개념이고 어떤 장점을 가지고 있나요?

▶ **저자직강 동영상 강의로 이해 쑥쑥**
QR코드를 스캔하셔서 동영상 강의를 보시고
이 칼럼을 읽으시면 훨씬 이해가 잘됩니다!

    금융사의 대표주자는 뭐니 뭐니 해도 은행입니다. 규모로 보나 우리 경제에 미치는 영향으로 보나 다른 금융사를 압도합니다. 이들을 1금융권이라고 해서 은행의 위상을 높여주는 부분도 여기에 있습니다.

    우리의 금융 생활에 있어서도 은행은 중요합니다. 여러분이 받는 급여도 기본적으로 은행 계좌로 이체됩니다. 은행 계좌가 없이는 정상적인 경제활동이 불가능하다는 얘기입니다.

    따라서 은행이 망하게 되면 우리나라 경제는 물론 각 개인의 생활에 막대한 영향을 미치게 됩니다. 그만큼 은행의 역할은 중요합니다.

은행은 한국은행의
손과 발 역할을 합니다

은행의 주요 역할 중 하나는 시장에 직접 개입해 통화량을 늘려주거나 줄여준다는 점입니다. 대출과 예금을 통해서입니다. 중앙은행은 지급준비율과 기준 금리를 조절하면 이에 맞춰 은행들은 대출과 예금 금리를 조절합니다. 그래서 중앙은행의 통화량 조절에 있어 은행들이 손발 역할을 한다는 것입니다.

은행은 어떻게 시장의 통화량을 늘려주는 역할을 할까요? 우선 통화의 개념부터 살펴볼 필요가 있습니다.

첫 번째는 본원통화라고 합니다. M0라고 읽습니다. 한국조폐공사가 찍어낸 지폐와 동전의 양을 뜻합니다. M1은 협의통화라고 해서 물리적으로 찍어낸 통화에서 요구불예금, 기타 수표로 찍어낼 수 있는 예금 등이 포함됩니다. 우리가 '유동성'이라고 부르는 현금의 구분은 M1까지입니다.

M2는 광의의 통화라고 해서 M1에서 정기예금과 같은 저축성 예금이 포함된 통화입니다. 당장 현금으로 쓰기 힘든 통화가 포함되어 있습니다. 그래도 여기까지는 '유동성'의 범주에 넣을 수도 뺄 수도 있습니다.

M3에는 머니마켓펀드(MMF) 같은 자산이 포함됩니다. 이것도 팔면 현금처럼 쓸 수 있긴 합니다. 우리나라에서는 LF(금융기관 유동성)로 분류됩니다.

은행들은 M0에서 M3까지 모두 관여합니다. 대출을 통해서입니다. 만약 은행이 100만 원을 한국은행으로부터 빌려왔다고 가정해봅시다. 10만 원을 지급준비금(지급준비율 10%일 때)으로 남겨놓고 90만 원을 대출해줍니다. 이 돈은 돌고 돌아 다시 은행 예금으로 돌아옵니다. 90만 원을 받아서 다시 9만 원 지급준비금을 놓고 81만 원을 대출합니다. '은행 예금 → 대출 → 예금 → 대출' 과정을 반복하면서 시중의 통화량은 늘어나는 효과를 누리게 됩니다.

은행의 기본 역할은
예금과 대출

은행의 주요 역할은 예금을 받아서 대출해주는 데 있습니다. 여기서 나오는 금리 차이가 은행의 이윤이 되는 것입니다. 이를 예대마진이라고 합니다. 1% 금리를 주고 예금을 받아서 3% 대출을 내줬다면, 2%가 은행 몫이 되는 셈입니다.

때로 은행들은 은행채를 발행해서 모자란 예금을 벌충하기도 합니다. 예금만으로 대출해주기 어려울 때 많이 합니다. 보통 은행 대출 자금의 80%는 예금에서, 나머지 20%는 은행채에서 조달합니다.

은행의 또 다른 역할 중 하나는 기관 투자자로서 해야 할 역할입니다. 특히 채권시장에서 큰손 역할을 하는데, 정부에서 발행하는 국채의 주요 매입자(사는 주체)이기도 합니다.

우리나라에서는 은행의 역할 구분이 예금을 받아 대출해주는 본원적인 역할에 집중돼 있지만, 미국 등 금융선진국에서는 은행이 더 다양한 역할을 하기도 합니다. 투자은행(Investment Bank, IB)의 역할입니다. 투자은행은 일반 은행보다 공격적으로 자본시장에 개입해 채권이나 주식을 거래하면서 수익을 올립니다. 기업 인수·합병 시장에서 중개자로 나서 수수료를 수익으로 올리기도 합니다.

우리나라 은행들도 이런 IB 역할을 하고 싶어 합니다. 기준 금리가 0.5%
정도로 낮아지면서 은행이 기대할 수 있는 수익의 폭(예대마진)이 줄어들어
서입니다. 투자자들도 수익이 박한 은행 예금보다는 증권사가 내놓는 투자
상품에 더 관심이 높습니다.

우리가 자주 가는 은행은
시중은행입니다

우리나라에서는 은행을 역할에 따라 시중은행, 특수은행, 국책은행, 지
방은행으로 분류합니다. 시중은행은 KB국민은행, 신한은행, 하나은행, 우리
은행, SC제일은행, 씨티은행처럼 일반 금융소비자들을 대상으로 예금을 받

■ 1금융권 vs. 2금융권 vs. 3금융권 ■

1금융권	2금융권	3금융권*
일상생활과 밀접한 예금은행	대출이나 예금 등 일부 은행 업무 담당	
전국 곳곳에 지점망	전문적인 금융 수요 충족	제도권 밖 대부금융이나 사금융
국민은행, 신한은행 같은 시중은행 전북은행 같은 지방은행 산업은행 같은 특수은행 카카오뱅크 같은 인터넷은행	증권사, 보험사, 신탁회사, 여신금융사, 농협, 수협, 새마을금고, 저축은행 등	

고 대출을 해주는 역할을 하는 은행입니다. 특수
은행은 특수 목적에 따라 설립된 은행입니다. 농
민들을 위해 만들어진 NH농협은행, 어민들을
위해 만들어진 SH수협은행 등이 있습니다. 국책
은행은 IBK기업은행, 산업은행, 수출입은행이
있습니다. 기업은행은 중소기업 대출을 위해서,

3금융권

공식적으로 3금융으로 부르며
분류하지는 않습니다. 사용자
편의상 3금융이라고 부를 뿐입
니다.

산업은행은 우리나라 산업 진흥을 위해서, 수출입은행은 수출 기업들을 돕
기 위해 설립됐습니다. 이들 국책은행은 정부가 출자해 설립한 은행으로
대주주는 기획재정부입니다.

 금융 초보자를 위한 꿀팁!

은행은 각 나라 경제에서 중요한 역할을 합니다. 한국은행의 손과 발이 되어 통화
량을 조절하고 국내 채권시장의 '큰손' 역할도 합니다. 자금이 원활하게 잘 돌도록
돕는 역할을 합니다. 은행의 주 수입원은 예대마진(예금으로 들어온 돈을 대출해
줘 버는 이자 수익)입니다. 우리나라도 금리가 낮아지면서 예대마진으로는 부족
해진 상황입니다.

질문 TOP 17

저축은행과 상호신용금고는 어떤 곳인가요?

▶ 저자직강 동영상 강의로 이해 쑥쑥
QR코드를 스캔하셔서 동영상 강의를 보시고
이 칼럼을 읽으시면 훨씬 이해가 잘됩니다!

　은행은 역사도 길고 중요성도 매우 높습니다. 정부 관련 기관에서 직접 감독을 합니다. 누구나 은행에서 대출을 저금리로 받고 싶어 합니다. 하지만 은행들도 원하는 모든 이들에게 대출해주기 어렵습니다. 신용도가 낮은 이들은 은행 대출에서 배제됩니다. 이른바 빈틈이 있을 수밖에 없습니다. 그 빈틈을 또 다른 민간 금융사들이 메워줘야 합니다. 은행이 아닌 2금융권이 필요한 이유입니다.

　만약 2금융권이 존재하지 않는다면, 혹은 2금융권이 정부의 감시를 받지 않는다면 우리의 금융생활은 어떻게 될까요? 은행에서 소외된 이들이 부담해야 하는 이자율은 매우 높아지게 될 것입니다. 이를 '금리 절벽'이라고 합니다. 2금융권은 금리절벽의 골을 메워주는 역할을 합니다.

106

2금융권의 대표주자는
저축은행

2금융권의 대표주자 중 하나는 상호저축은행입니다. 줄여서 저축은행이라고 합니다. 저축은행은 예금으로 받은 돈만 대출로 내줄 수 있습니다. 예금 이자율이 높은 만큼 대출이자율도 높습니다.

저축은행은 본래 상호신용금고라는 이름이었습니다. 2001년 상호신용금고법이 상호저축은행법으로 개정되면서 '상호신용금고'라는 이름이 '상호저축은행'으로 바뀌었습니다. 2009년부터 이름을 줄여 쓸 수 있게 되면서 '저축은행'이라는 명칭을 사용할 수 있게 됐습니다.

▪ **2금융권의 발달 과정** ▪

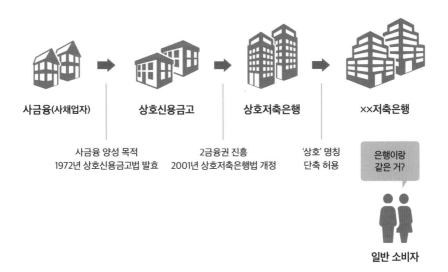

이들 저축은행은 예금을 받는 수신과 대출을 해주는 여신 활동을 합니다. 환전과 같은 외환업무를 제외하면, 일반 은행 업무랑 하는 게 비슷합니다. 이러다 보니 종종 저축은행과 1금융권 은행을 헷갈리는 사람도 있습니다.

은행은 주인이 없고 주주들과 이사회의 지배를 받습니다. 저축은행은 이와 달리 소유주가 있는 경우가 많습니다. 2010년대 대형 굵직한 건설 프로젝트에 돈을 댔다가 큰 손실을 보기도 했습니다. 저축은행 업계에 대한 신뢰가 크게 떨어진 사건입니다. 2011년 2월 부산저축은행 등 17개 저축은행은 영업정지라는 중징계를 받기도 했습니다. 이들 은행은 예금을 불법적으로 대형 건설공사에 대출해주고 자금을 지원했다가 막대한 손실을 봤습니다. 2000년대 저축은행에 대한 규제 완화 이후 대형 부동산 프로젝트에 돈을 댔다가 2008년 글로벌 금융위기의 여파로 부실이 쌓였고, 이를 숨기다가 수많은 피해자를 낳았습니다. 저축은행판 뱅크런으로 평가할 수 있습니다. 일부 소비자들은 부산저축은행과 부산은행을 혼동하기도 했습니다. 아무런 관련이 없는 부산은행에 문의가 빗발치기도 했다고 합니다.

끼리끼리 모이자,
새마을금고와 신용협동조합

은행이 없던 시절 우리 조상들은 '계'를 활용해 목돈을 모으곤 했습니다. 동네 단위 사금융은 이미 전통이 깊었던 것이지요. 이런 동네 중심의 금융사 중 대표적인 게 바로 새마을금고입니다. 같은 동네 혹은 같은 직업이나 모임과 같은 공통점으로 모인 사람들이 조합을 만들고, 이 조합이 조합원들을 대상으로 예금도 받고 대출도 해주면 상호금융기관이라고 합니다. 농협, 수협, 신협, 산림협동조합 등이 있습니다. 조합으로 묶여 있고 조합원만 되면 은행 못지않은 금리의 예금과 대출을 받을 수 있다는 점에서 '서민들의 은행'이라고도 할 수 있습니다.

이 중에서도 새마을금고는 2금융권 중에서 유일하게 전국에 지점이 있습니다. 동네 단위로 새마을금고가 있고 출자금만 내면 조합원 자격을 주기 때문입니다. 농업에 종사하는 사람만 가입 가능한 '농협', 수산업 종사자만 대상인 '수협'과 달리 조합 진입의 문턱이 낮은 편입니다.

흔히 '신협'이라고 해서 볼 수 있는 상호금융도 있습니다. 같은 직장이나 단체에서 100명이 모이면 만들 수 있습니다. 예컨대 특정 지역 상인회처럼 조합원들의 이익을 도모한다는 게 설립 목적이다 보니 아무나 가입할 수는 없습니다.

이런 상호신용기관은 각 지역과 단체의 개별 법인들이 모여 중앙회를 이룹니다. 새마을금고 중앙회, 신협중앙회, 수협중앙회 등입니다. 이들 중앙회는 금융 외 다른 사업도 하곤 합니다. 목적과 취지는 어디까지나 조합원들의 이익을 도모한다는 데 있습니다.

 금융 초보자를 위한 꿀팁!

1금융권 은행을 이용할 수 없는 사람들(저신용자들)을 위해 정부가 활성화한 게 저축은행과 상호금융기관입니다. 두 금융기관 모두 예금과 대출을 담당한다는 점에서 은행과 비슷한 역할을 합니다. 예금 금리가 높지만 대출 금리도 높은 편입니다.

카드사와 캐피탈은
어떤 특징이 있나요?

카드사는 신용카드업을 하는 기업을 뜻합니다. 예금은 받을 수 없지만, 대출을 해주거나 외상을 내주는 게 가능합니다. 이를 통한 대출이자나 결제 수수료가 이들 카드사의 주 수익원이 됩니다.

캐피탈사(할부금융사)는 할부와 같은 외상 등 대출을 전문으로 하는 기업입니다. 금리 수준은 은행보다 높은 수준입니다.

카드사와 캐피탈사를 합쳐서 여신전문기업이라고도 합니다. 여신은 대출을 의미합니다. 대출 전문기업이라는 뜻이지요. 대출에 필요한 자금은 채권 등을 발행해 조달합니다. 이들 업체가 발행한 채권을 여전채(여신전문채)라고 부릅니다.

카드사의 주 수입원은
이자와 수수료입니다

　직장인들의 생활필수품이 된 '카드'를 우리는 흔히 줄여서 카드라고 하지만 '체크카드'와 '신용카드'를 함께 의미합니다. 결제해야 하는 곳에서 현금을 내지 않게 한다는 점에서 체크카드와 신용카드가 같습니다. 그런데 그 안에 돈이 흐르는 과정은 완전히 다릅니다. 체크카드는 계좌이체의 형태로, 은행 통장에서 돈이 직접 나가는 형태라고 한다면 신용카드는 일종의 외상입니다.

　결제한 날짜와 장소, 액수 정보가 전송되고 이 정보는 신용카드사에 갑

■ 신용카드 수수료 구성 ■

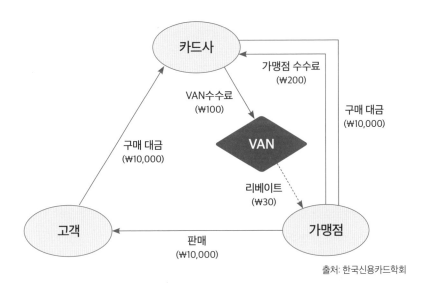

출처: 한국신용카드학회

니다. 이를 중개해주는 업체가 따로 있을 정도로 비교적 산업 규모가 큽니다. 이 정보를 보고 신용카드사에서 대금을 입금해줍니다. 쉽게 말해 신용카드사가 외상이란 형태로 카드 가입자에게 단기 대출을 내준 것입니다.

사실 카드사들의 가장 큰 수익원은 이런 지급 결제에 따른 수수료보다 할부나 현금서비스, 카드론에 있습니다. 할부 수수료는 쉽게 말하자면 할부 기간에 대한 이자라고 볼 수 있습니다. 6개월 할부로 100만 원짜리 핸드폰을 산 사용자가 있다고 칩시다. 신용카드사는 핸드폰 판매 회사에 100만 원을 먼저 지급합니다. 그러고 나서 사용자에게 원금과 이자를 6개월에 걸쳐 받습니다. 이때 이자는 은행보다 높은 편입니다.

할부 외에 카드론과 현금서비스가 있습니다. 카드사에서 직접 단기 신용 대출을 해주는 것을 의미합니다. 이들 단기 대출은 이자율이 꽤 높다는 데 있습니다. 급전이 급한 서민들이 현금서비스를 이용하곤 하는데, 신용점수 하락에 직접적인 영향을 미칠 수 있습니다.

할부금융과 대출전문인
캐피탈사

같은 맥락에서 캐피탈사가 있습니다. 신용카드사들처럼 지불결제업을 하는 게 아니지만, 할부 원금을 대신 내준다거나 단기 신용대출을 내주고 이자로 이익을 얻곤 합니다. 카드사 대출이 비교적 소액이고 급전이 위주라면 캐피탈의 대출은 장기 할부일 때가 많습니다.

예컨대 4,000만 원짜리 자동차를 산다고 합시다. 이때 캐피탈사들이 대신 자동차 값을 치러주고 3년 혹은 5년에 걸쳐 할부 서비스를 해줍니다. 이때도 이자율은 은행 대출이자율보다 높은 수준에서 형성됩니다.

이들의 금리가 높을 수밖에 없는 이유는 카드사와 캐피탈사도 누군가로부터 자금을 빌려와서 이를 다시 빌려주기 때문입니다. 예컨대 2% 이자를 주고 100억 원을 빌려와서 5% 이자를 받고 100억 원을 일반 소비자들에게 빌려주는 셈이지요.

이외 다른 여신전문금융회사로는 시설대여업*, 신기술사업금융업* 등이 있습니다.

시설대여업

자동차 등의 물건을 새로 취득하거나 대여받아 거래 상대방에게 일정기간 이상 사용하게 하고, 그 기간에 걸쳐 일정대가를 정기적으로 분할하여 지급받습니다. 그 기간 종료 후의 물건의 처분에 대해서는 당사자간의 약정으로 정하는 방식의 금융업입니다. 일명 리스라고 부릅니다.

신기술사업금융업

신기술사업자에 대한 투자, 융자, 경영 및 기술의 지도, 신기술사업투자조합의 설립, 신기술사업투자조합 자금의 관리, 운용 업무를 종합적으로 하는 것을 말합니다.

 금융 초보자를 위한 꿀팁!

카드사와 캐피탈사 등을 여신전문기업이라고 합니다. 할부, 대출 등 여신업무를 전문으로 하기 때문입니다. 이들 회사는 채권 등을 발행해 외부에서 조달한 자금을 대출해주기 때문에 금리가 높은 편입니다.

보험회사는
어떤 역할을 하나요?

은행과 함께 실생활과 밀접하게 관련된 금융사가 보험사입니다. 보험사들은 우리에게 보험상품을 팔기도 하지만 대출도 해주고, 채권시장에서 큰손으로 활동하기도 합니다. 자본시장에서 빼놓을 수 없는 게 보험사입니다.

보험은 생명보험, 손해보험,
재보험으로 나뉩니다

보험업법 구분에서 보험 분야는 생명보험업, 손해보험업, 재보험업(제3보험업)으로 나뉩니다. 생명보험은 사람의 사망과 상해 등과 관련해 약속한 액수를 보상하는 보험업입니다. 예컨대 '사망하면 3억 원' 혹은 '암에 걸리면 1억 원' 이런 식으로 약정을 합니다.

손해보험업은 자동차보험이나 화재보험업을 예로 들 수 있습니다. 사고로 자동차에 손상이 가게 되어 목돈이 들게 되면 피해액만큼 보상을 받는 구조입니다. 실손보험도 바로 손해보험사에서 파는 상품입니다.

재보험은 제3보험이라고도 불립니다. 보험사들의 보험사라고 할 수 있습니다. 예를 들면 1,000억 원짜리 A 건물이 화재보험에 들었다고 가정해봅시다. 실제 불이 나서 1,000억 원의 보상금을 지급한다면, 보험사가 전부 1,000억 원을 지급할 수도 있습니다. 그런데 보험사 입장에서는 큰 부담이 아닐 수 없습니다. 이럴 때 필요한 게 재보험사입니다. 재보험사는 전체 보험금 1,000억 원 중 일부를 부담합니다. 보험사 입장에서 부담을 덜게 됩니다.

보험은 우리 사회의
민간 안전망입니다

보험은 사망이나 상해 혹은 노후 빈곤을 대비할 수 있는 금융상품입니다. 우리 사회가 건강하게 유지될 수 있도록 해주는 역할도 합니다.

예를 들어보죠. 자동차 교통사고는 차(車)라는 고가의 재산이 손상되거나 사라지게(폐차) 되는 손실을 일으키지만 사람의 경우 평생 후유장해를 겪게 될 수 있습니다. 재산과 건강 모두를 잃을 수 있습니다.

보험사는 보험금을 지급해 개인이 부담해야 하는 손해를 줄여줍니다. 결과적으로 재기할 수 있는 발판이 됩니다. 우리 사회의 소중한 인적 자원을 지켜주는 역할을 하는 것이지요.

다만 전쟁이나 지진, 홍수처럼 구성원 대부분이 피해를 입는 재난 상황에서 보험사는 역할을 못 합니다. 보험사의 지급 능력을 넘어서기 때문입니다. 보험사는 사회 다수의 구성원이 모아서 낸 보험료를 재난 상황을 입은 소수의 구성원에게 지급하는 역할을 합니다. 이는 보험사 약관상에도 잘 나타나 있습니다.

자본시장에서
큰손 역할을 하는 보험사

보험사는 자본시장에서 큰손 역할을 합니다. 채권과 주식시장 등에서입니다.

보험사는 가입자들이 낸 보험료를 운용해서 이익을 내야 합니다. 이 보험료는 보험사들이 궁극적으로 가입자들한테 돌려줘야 해서 부채로 분류됩니다. 따라서 최대한 원금을 잃지 않는 안정 지향적인 투자를 합니다. 채권은 이런 보험사들에 있어 투자하기 딱 좋은 자산입니다.

오른쪽의 표는 금융투자협회에서 집계한 2020년 11월 26일부터 2021년 2월 26일까지 국내 주요 투자자들의 채권매수 현황입니다. 국채나 회사채 매수 규모에서 다른 금융사보다 많습니다. 대형 플레이어인 은행과도 비견될 정도입니다. 회사채 시장만 놓고 봤을 때는 은행보다도 큰손으로 군림하고 있습니다.

■ 국내 주요 투자자들의 채권매수 현황 ■

(단위: 1억 원)

매매 유형	채권 종류	전체	투자자별 거래현황 장외									
			대고객 매매									
			은행	자산운용 (공모)	자산운용 (사모)	보험	종금 /상호	기금 공제	외국인	국가/ 지자체	기타 법인	개인
매수	국채	1,489,410	454,724	306,063	3,292	250,262	15,798	181,229	211,302	31,934	21,461	250
매수	지방채	14,866	3,044	1,066	81	2,384	100	7,708		197	168	118
매수	특수채	303,813	127,115	71,173	859	45,251	5,212	44,515	500	4,111	4,522	19
매수	통안 증권	616,262	274,867	153,073	2,132	15,042	17,816	16,738	113,109	11,111	8,367	
매수	은행채	700,246	242,446	332,057	7,954	31,495	9,621	20,404	19,665	2,858	31,864	281
매수	기타 금융채	383,729	28,138	208,929	5,175	28,356	6,636	32,990		15,003	54,235	2,963
매수	회사채	160,346	13,613	50,878	1,076	33,053	5,563	18,050	2	7,465	24,639	5,904
매수	ABS	123,836	4,126	13,848	1,123	4,174	3,137	18,174	1	353	76,653	2,246
매수	합계	3,792,507	1,148,074	1,137,088	21,690	410,017	63,884	339,807	344,580	73,033	221,910	11,781

그러나 저금리 여파는 보험사에도 밀어닥쳤습니다. 기준 금리 인하로 채권시장 금리가 떨어졌고 예전만큼 수익을 올리기 어려워졌습니다. 채권 등 안전자산에 투자해야 하는 보험사의 특성상 공격적인 투자로 수익을 올리기도 쉽지가 않습니다.

 금융 초보자를 위한 꿀팁!

보험사는 약속된 보험금을 받는 생명보험과 피해액에 따라 받는 손해보험으로 나뉩니다. 보험의 본질적 기능은 미래 리스크 대비입니다. 보험사는 채권 등 자산시장에서 큰손 역할을 합니다. 자본시장의 중요 플레이어입니다.

금융투자회사는
어떤 곳을 말하는 건가요?

    증권사, 금융투자회사, 자산운용사, 투신사, 투자자문회사. 한국 금융의 중심지라고 할 수 있는 여의도에 가면 흔히 볼 수 있는 기업들의 이름입니다. 증권사야 워낙에 많이 알려졌으니 알겠는데, 금융투자회사, 자산운용사 등은 무엇을 의미하는 것일까요?

    사실 10여 년 전까지만 해도 이런 회사들이 각각 존재해 일반 투자자들은 헷갈리기 일쑤였습니다. 한 곳에서 거의 모든 금융서비스를 이용할 수 있으면 좋지 않을까요?

    이렇게 해서 나온 것이 바로 금융투자회사입니다. 금융투자업무의 전부 또는 일부를 담당하는 회사입니다. 우리가 가장 흔하게 접할 수 있는 금융투자회사는 증권사입니다.

지금의 증권사와
과거 20년 전 증권사는 다릅니다

예금과 대출에서 시작됐던 금융업은 증권 중개업으로까지 시장이 커집니다. 해외 금융사들은 증권 중개업과 증권 투자업이 더 주류로 자리잡았습니다. 금융사들은 기업 인수·합병의 거간꾼 노릇도 합니다. 하는 일로 봤을 때는 사모펀드나 투자은행(IB) 등과 큰 차이가 없어 보일 정도입니다.

증권 중개업, 금융 투자업의 발달은 달리 보면 잉여 자본의 증가와 관련이 있습니다. 남는 돈이 있으니 이 돈을 각종 증권에 투자하면서 돈을 굴려야 하기 때문입니다. 자연스럽게 돈을 불려달라고 하는 수요가 늘었습니다. 이왕이면 돈을 더 잘 불릴 수 있는 전문가나 펀드에 맡기려는 것입니다.

이들 투자자의 돈을 모아 투자하는 회사가 '투자신탁회사'입니다. 투자를 신탁(일임한다)한다는 뜻입니다. 이들 돈을 또 전문적으로 불려주는 회사가 필요한데 이들 회사가 자산운용사입니다.

2009년에 '자본시장과 금융투자업에 관한 법률'(자본시장법)이 제정되면서 여러 개로 흩어져 있던 투자사 관련 법률이 하나로 통합됩니다. 종합적인 증권투자·중개회사가 생길 수 있는 근거가 마련된 것이지요.

> **종합금융사**
>
> 종금사로 줄여 부르기도 합니다. 증권중개업무와 보험업을 제외한 거의 모든 업무를 할 수 있습니다. 예금과 대출을 받는 업무도 가능했습니다. 1990년대 단기자금회사(단기대출회사)를 정규 금융사로 키우기 위한 목적으로 증권사나 은행으로 변모시켰습니다. 1994년 남아 있던 단자회사를 종합금융사로 일괄적으로 전환됐습니다. 이들 회사는 종합금융사가 됐어도 예전 전공 그대로 대출 업무에 몰두했습니다. 1997년 12월 외환위기의 주범 중 하나로 지목돼 상당수가 퇴출당하거나 합병됐습니다. 2021년 현재 유일하게 남아 있는 종금사는 우리금융그룹 밑에 있는 우리종금뿐입니다.

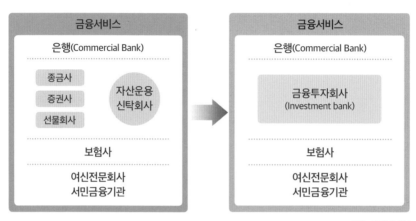

■ 자본시장통합법 제정에 따른 금융법 체제 변화 ■

금융서비스

은행(Commercial Bank)

종금사
증권사
선물회사

자산운용
신탁회사

보험사

여신전문회사
서민금융기관

금융서비스

은행(Commercial Bank)

금융투자회사
(Investment bank)

보험사

여신전문회사
서민금융기관

출처: 재정경제부

선물회사

지금은 증권사에서 할 수 있지만, 선물 등의 파생상품을 거래했던 회사입니다. 2010년 자본시장법 통과 이후 증권사들도 선물 등 파생상품 거래를 할 수 있게 되면서 선물회사 고유의 사업 영역이 무너졌습니다. 증권사와의 통합이 활발하게 이뤄졌고 종금사와 마찬가지로 많이 사라져 2021년 현재는 3곳만 남아 있습니다.

여기서 금융투자회사라는 이름이 나옵니다. 신한금융투자나 하나금융투자 같은 이름으로 볼 수 있는 회사입니다. 이들 회사는 과거 증권사, 종합금융사*, 선물회사*, 자산운용사, 신탁회사 등이 합쳐진 종합 회사로 보면 됩니다. 예금과는 다른 개념이지만, 이용자가 돈을 맡기고, 그 돈을 운용합니다. 은행과 다른 점이 있다면 대출이 아니라 투자한 데에서 이익을 얻는 것이지요. 그러다 보니 원금 손실의 위험이 있습니다.

일반 금융소비자로서는 증권사랑 크게 다를 게 없어 보입니다. 실제 신한금융투자도 신한증권에서 신한금융투자로 이름을 바꾸고 여러 운용사나 신탁사를 밑으로 거느린 셈이니까요.

　그러면 왜 NH투자증권, 삼성증권, 한국투자증권 등의 이름은 그대로 남아있는 것일까요? 증권사란 이름이 더 익숙하기 때문입니다. 영업에 큰 지장이 없다면 그냥 그대로 써도 된다는 생각입니다. 이 때문에 대형 증권사와 금융투자사는 동일시됩니다. 금융투자사는 증권사까지 포괄한 큰 회사 개념이라고 보셔도 무방합니다.

 금융 초보자를 위한 꿀팁!

대형 증권사는 주식 현물은 물론 선물과 옵션 등 다양한 금융상품을 취급하는 금융투자회사라고 볼 수 있습니다. 증권 투자자들은 증권사 한 곳만 이용해도 됩니다. 신한금융투자나 하나금융투자처럼 이름이 바뀐 곳도 있고 삼성증권, 한국투자증권처럼 그대로인 곳도 있습니다. 삼성증권 같은 곳은 워낙에 오래 써온 이름이다 보니 그대로 둔 것이라고 보면 됩니다.

한국은행은 왜 '은행들의 은행'인 건가요?

은행 중의 은행은 한국은행입니다. 한국은행은 이후에 소개할 금융위원회와 금융감독원과는 전혀 다른 성격의 금융기관입니다. 행정부와 독립되어 통화량 조절에 관한 결정을 합니다. 한국은행은 쉽게 생각해 은행들의 은행이라고 할 수 있습니다.

한국은행의 주요 역할 중 하나는 통화량 조절입니다. 통화량은 시중에 도는 돈의 총량을 뜻합니다. 돈의 양이 너무 많아지면 돈의 가치가 떨어지고 물가가 오르게 됩니다. 이를 인플레이션이라고 합니다. 반대로 돈의 양이 적어지면 물가가 떨어지는 디플레이션이 일어나게 됩니다.

한국은행은 인플레이션과 디플레이션 사이에서 적정하게 균형을 유지하면서 우리 경제가 안정적으로 성장할 수 있도록 합니다.

지급준비금과 기준 금리로
통화량을 조절합니다

만약에 돈이 더 필요하다면 은행들은 한국은행으로부터 돈을 빌려오기도 합니다. 한국은행은 은행들에 대출해주는 돈에 대한 이자율을 통해 은행들의 통화량을 조절하기도 합니다. 지급준비금을 갖고도 통화량 조절이 가능합니다.

한국은행의 통화량 조절 방법

a. 지급준비율 조절: 지급준비율을 올리면 은행들은 대출에 쓸 돈 일부를 한국은행에 예치하게 됩니다. 결과적으로 대출액이 줄어들게 됩니다. 우리나라에서는 법정지급준비율로 7%를 잡고 있습니다. 예를 들면 예금 100조 원이 있다면 7조 원 이상은 항상 한국은행에 예치해놓고 있어야 한다는 뜻입니다.

b. 기준 금리 조절: 기준 금리는 한국은행이 은행들에 빌려주는 단기자금의 이자율을 뜻합니다. 만약 이 이자율을 낮춘다면 은행은 더 싸게 대출용 자금을 한국은행으로부터 빌리는 격이 됩니다. 자연스럽게 은행들은 더 싼 대출 금리로 개인이나 기업들에게 돈을 빌려줄 수 있습니다. 결과적으로 통화량(돈의 양)이 늘어나는 효과를 기대할 수 있게 됩니다.

통화량, 즉 시장에 있는 돈의 양 조절은 왜 필요할까요? 1920년대 독일 바이마르공화국의 예를 보면 알 수 있습니다.

1차 세계대전 후 극심한 경제 혼란을 겪었던 당시 독일은 엄청난 인플레이션을 겪었습니다. 가난한 독일 정부가 써야 할 돈을 그냥 찍어서 풀다

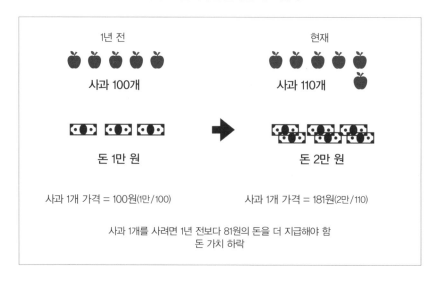

■ 돈의 양이 늘어나면 물가는 왜 오를까? ■

1년 전

사과 100개

돈 1만 원

사과 1개 가격 = 100원(1만/100)

현재

사과 110개

돈 2만 원

사과 1개 가격 = 181원(2만/110)

사과 1개를 사려면 1년 전보다 81원의 돈을 더 지급해야 함
돈 가치 하락

보니 돈의 가치가 엄청나게 떨어지게 되고 결과적으로 연 1,000% 이상의 물가 상승률을 겪게 된 것입니다.

통화량 조절은 물가에 직접적인 영향을 미치기 때문에 중앙은행이 매우 중요시해야 하는 책무입니다. 이런 통화량 조절에 실패해서 물가가 널뛰듯 한다면 극심한 사회 혼란을 겪을 수 있습니다. 아르헨티나나 브라질 등 남미 국가들의 경제가 안정을 찾지 못하는 것도 중앙은행의 통화량 조절 실패에서 상당 부분 기인합니다. 1920년대 독일도 극심한 인플레이션에 따른 경제 혼란을 잡지 못했습니다. 히틀러라는 희대의 살인광이 등장하는 계기가 됩니다.

경기 침체의 방어막 역할까지
하게 된 중앙은행

통화량 조절과 물가 안정이 전통적인 중앙은행의 역할이었다면 2008년 글로벌 금융위기는 이런 역할을 송두리째 바꿔놓습니다. '경제안정'이라는 책무 하나가 더 붙은 것입니다. 미국에서 중앙은행 역할을 하는 연방준비제도*가 이를 구체화시켰습니다. 경제가 어려워지자 바로 기준 금리를 낮추고, 시장에 돈을 푸는 정책을 펼쳤던 것입니다. 당시 연준 의장이었던 벤 버냉키는 연준의 기준 금리를 0.25% 이하로 낮춥니다.

그래도 큰 효용이 없자 파격적인 자산매입 정책*을 펼칩니다. 연준이 직접 미국 정부의 국채를 매입하면서 시장에 돈을 뿌린 것입니다. 채권을 실제 현금으로 바꿔주는 아이디어로 미국에서 유통되는 달러 통화량은 늘어나게 됩니다. 시중의 돈의 양을 늘려 대출을 쉽게 받을 수 있게 했고, 이로 인해 돈의 양이 더욱 늘게 됩니다.

연준에 이어 일본의 일본은행(BOJ)과 유로존의 유럽중앙은행(ECB)도 이 같은 기조를 이어받게 됩니다. 시장에 유통되는 채권을 중앙은행이 직접 사들여 시중에 유통되는 돈의 양을 늘린 것입니다. 물가가 하락하는 디플레이션을 막

연방준비제도

Federal Reserve System을 그대로 직역해 옮겨 '연방준비제도'라고 합니다. 연준이라고 하고 영어로 'fed(페드)'라고 읽습니다. 경제전문가들은 주로 연준 혹은 '페드'라고 말합니다. 연준은 미 연방정부와는 별개의 기관으로 1913년 미국 연방의 각 은행이 모여서 설립했습니다. 달러를 발행하는 막대한 권한을 갖고 있어 세계 금융시장에서 막강한 영향력을 행사하고 있습니다.

자산매입 정책

중앙은행의 자산매입 정책은 2000년대 일본은행이 먼저 했던 정책입니다. 통화량을 늘려 디플레이션(물가 하락)에서 벗어나고자 했는데, 2008년 글로벌 금융위기를 맞아 연준이 시도했고 결과적으로 성공합니다.

기 위해 '통화량을 일부러 늘리는' 극약처방을 한 것입니다.

다만 이들 나라는 물가 상승률이 0%에 가까울 정도로 물가가 안정되어 있고, 이들의 통화도 국제적으로 결제 화폐로 쓰이는 특징이 있습니다. 해외에서도 이들 통화를 사서 보유하려는 수요가 있습니다. 만약 신흥국이 돈을 찍어내 시장에 푸는 방식을 쓴다면 당장 인플레이션에 시달리게 됩니다. 만성적인 인플레이션에 시달리는 남미 국가들이 대표적인 예입니다.

 금융 초보자를 위한 꿀팁!

한국은행은 은행의 은행 역할을 합니다. 은행은 한국은행에 돈을 예치하곤 합니다. 돈이 부족할 때는 한국은행에서 대출을 받기도 합니다. 한국은행은 은행과 거래할 때 받는 이자(기준 금리)와 지급준비금 등을 통해 통화량을 조절합니다.

질문 TOP 22

주식시장에서 한국거래소는 어떤 역할을 하나요?

한국거래소는 사실 기업입니다. 공공기관의 성격이 있어 보이는 민간기업이라는 뜻입니다. 코스피와 코스닥, 코넥스 등의 거래시장을 보유하고 있고, 그 안에 있는 기업들의 활동(예컨대 공시) 등을 모니터링합니다.

반은 기업 성격, 반은 기관 성격인
시장감시자

정확히는 정부가 해야 하는 시장 감시 기능을 일부 위탁받아 수행하고 있다고 보면 됩니다. 민간기업이 된 건 지난 2015년입니다. 국내에서 영업

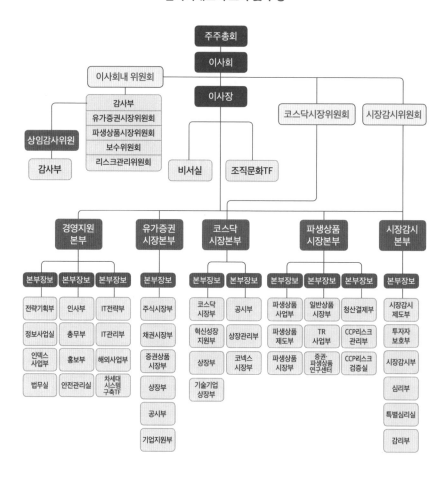

■ 한국거래소의 조직 및 구성 ■

주주총회

이사회

이사회내 위원회

이사장

감사부
유가증권시장위원회
파생상품시장위원회
보수위원회
리스크관리위원회

상임감사위원

감사부

코스닥시장위원회

시장감시위원회

비서실

조직문화TF

경영지원본부 / 유가증권시장본부 / 코스닥시장본부 / 파생상품시장본부 / 시장감시본부

본부장보 / 본부장보 / 본부장보

전략기획부 / 인사부 / IT전략부
정보사업실 / 총무부 / IT관리부
인덱스사업부 / 홍보부 / 해외사업부
법무실 / 안전관리실 / 차세대시스템구축TF

본부장보

주식시장부
채권시장부
증권상품시장부
상장부
공시부
기업지원부

본부장보 / 본부장보

코스닥시장부 / 공시부
혁신성장지원부 / 상장관리부
상장부 / 코넥스시장부
기술기업상장부

본부장보 / 본부장보 / 본부장보

파생상품사업부 / 일반상품시장부 / 청산결제부
파생상품제도부 / TR사업부 / CCP리스크관리부
파생상품시장부 / 증권·파생상품연구센터 / CCP리스크검증실

본부장보

시장감시제도부
투자자보호부
시장감시부
심리부
특별심리실
감리부

중인 증권사 등 증권 관련 금융사들이 십시일반(0.07%~5%) 한국거래소의 지분을 갖고 있습니다. 이들은 한국거래소의 주주이자 회원사로 있습니다.

한국거래소의 주요 업무는 코스피와 코스닥 등 주식시장을 운영하는 것입니다. 주식시장 내 증권의 거래나 파생상품 결제, 비상장 주식회사의 주식

상장을 관장하고 있습니다. 상장된 기업들이 정확한 투자 정보를 제공할 수 있도록 주시하고 있습니다. 시장 감시 기능 일부를 정부에서 위탁받았기에 한국거래소도 공직자윤리법상 공직유관단체로 지정되어 있고, 금융위원회로부터 관리 감독을 받고 있습니다. 금융감독원과 비슷합니다.

조직은 5개 본부로 이뤄져 있습니다. 코스피 시장으로 대변되는 유가증권시장본부, 코스닥시장본부, 파생결합증권 등이 거래되는 파생상품시장본부, 경영지원본부, 시장감시위원회 등이 있습니다.

시장감시위원회는 증권시장에서 발생하는 불공정거래 행위를 예방하고 회원과 투자사 간 분쟁을 조정합니다. 자본시장과금융투자업에 관한 법률에 따라 한국거래소 내에 설치되어 있습니다. 주요 업무는 이상 거래 종목을 찾아내고 지분변동 신고 등을 받습니다. 주인 없는 민간기업의 성격을 띄고 있어 한국거래소 내 최고 의사결정권자는 이사장이라고 불립니다.

한국거래소 홈페이지,
네이버금융 못지 않아요

한국은행 홈페이지도 그렇지만 한국거래소 홈페이지에도 꽤 중요한 정보가 많이 담겨 있습니다. 홈트레이딩시스템(HTS)이 없거나 보기 힘든 사람도 한국거래소 홈페이지에 들어오면 여러 정보를 볼 수 있습니다.

이 중에서도 집중적으로 관심을 두고 봐야 하는 두 가지가 있습니다. 바로 상장기업들의 공시가 올라오는 카인드(kind.krx.co.kr)와 증권가 애널리스트가 만든 시장 보고서입니다.

공시 공유 사이트라고 하면 흔히 DART를 생각합니다. 웬만한 상장기업 공시와 비상장 주식회사들의 연간 보고서 등이 올라옵니다. 특허권 취득이나 실적 자료 등도 대부분 공유됩니다. 그러나 DART에서는 불성실공시법인 지정 등 부정적인 기업 공시 정보를 따로 보기 힘듭니다. 수많은 공시 속에 묻히곤 하는데, 카인드는 '시장조치' 카테고리를 따로 만들어서 '불성실공시' '매매거래정지' '관리종목' '투자주의환기종목' 등을 별도로 볼 수 있게 해놓았습니다.

시장감시위원회 홈페이지(moc.krx.co.kr)에 들어가면 투자경고종목 등을 조회할 수 있습니다. 특히 코스닥 기업 투자 전에 이 기업이 경고를 받았거나 투자유의 처분을 한국거래소로부터 받았는지 확인하는 게 필요합니다.

한국거래소의 '정보데이터시스템(data.krx.co.kr)'은 여느 증권사 HTS와 비교해도 될 정도로 깔끔하고 일목요연하게 정리되어 있습니다. 주가지수는 물론 파생 및 기타지수, 종목 시세, 채권 시세 등을 볼 수 있습니다. 전체 시장에 대한 추이를 엿볼 수 있는 것이지요. 이밖에 증권사 애널리스트들이 제공하는 종목별, 산업분야별 보고서도 볼 수 있습니다.

 금융 초보자를 위한 꿀팁!

한국거래소는 금융투자사들이 십시일반 주주로 있는 민간기업입니다. 자본시장 감시 기능을 정부로부터 일부 위탁받은 것입니다. 한국거래소 홈페이지 내부에는 전체 시장 상황을 볼 수 있는 다양한 정보 데이터가 있습니다. 종목과 분야 분석 보고서 등이 잘 갖춰져 있습니다.

4장

이제
투자에 대해
배우자

투자의 기본은 종잣돈을 모으는 데 있습니다. 이후 종잣돈을 불려가는 과정을 투자활동이라고 할 수 있습니다. 단기 수익에 치우쳐 리스크를 지나치게 무시하는 게 투기입니다. 장기 투자생활을 하는 데 있어 득보다는 실이 많은 게 투기입니다. 내 생활을 유지하면서 건강한 투자를 하기 위해서는 리스크 위험을 줄이는 분산투자가 선행되어야 합니다.

질문 TOP 23 저축보다 투자가 좋다는 이유가 뭔가요?

투자는 나의 자산을 증식시키는 수단입니다. 지금은 흔한 말이 됐지만, 불과 20여 년 전까지만 해도 투자란 단어는 일반 대중에게 낯설었습니다. 그때는 저축이라는 말이 더 빈번하게 쓰였습니다. 남는 돈을 투자한다는 개념보다는 없는 돈을 모아 목돈을 만든다는 생각이 더 많았습니다.

투자에 대한 관심이 높아진 것은 우리나라 경제가 성숙기에 접어들면서 '남는 돈'이 많아졌기 때문입니다. 우리 경제가 커지면서 '자산가'들이 많이 나타나게 된 것이지요.

여기에 은행이 주는 예금 금리가 낮아지고 있는 맥락도 있습니다. 남는 돈을 더 불리고 싶은데 은행 예금이 낮다 보니, 보다 수익률을 높일 수 있는 투자에 관심을 갖게 된 것입니다.

투자 이전에
저축이 있었습니다

저축은 말 그대로 '돈을 모아 쌓아놓는다'라는 뜻입니다. 저축이란 말은 동양에서는 16세기 문헌에서도 볼 수 있는데, 양식을 비롯해 제물이 될 물건을 창고에 넣어놓고 있다는 뜻으로 풀이됩니다.

현대에 들어와서 저축은 은행과 만나 예금, 적금과 같은 개념이 됩니다. 영어로도 saving이라고 해서 '아껴 모아놓는다'라는 뜻이 예금으로까지 이어집니다.

저축은 옛적 우리 어머니들의 모습에서도 발견할 수 있습니다. 부엌 한

■ 가계순저축률 ■

(단위: %)

출처: 한국은행, 「국민계정」 가계순저축률

쪽에 놓인 돈 항아리 등입니다. 빠듯한 살림살이에도 옛 우리 어머니들은 자식 교육비 등을 따로 넣어놓곤 했습니다. 우리나라에 현대적인 은행이 설립되면서 돈 항아리가 은행 금고 안으로 옮겨간(?) 것이지요.

기업들에 대출을 해주고 이 기업들이 수출을 해서 외화를 벌어야 했던 고도성장기에는 정부 차원에서 저축을 전 국민에게 강조했습니다. 그래서 1997년 IMF 구제금융을 받기 전까지 우리나라의 가계저축률*은 세계 최고 수준이었습니다.

자산증식 수단이 별달리 없었던 2000년대 이전까지 저축은 최고의 자산증식 수단이기도 했습니다. 전 국민의 열렬한 저축 열기를 은행들

> **가계저축률**
>
> 가계저축률은 '가계순저축률'을 뜻합니다. 가계순저축률은 '[가계순저축÷(가계 순조정처분가능소득+연금기금의 가계순지분 증감)]×100'으로 계산합니다. 세금과 이자 등을 제외하고 개인이 쓸 수 있는 모든 소득(처분가능소득) 가운데 소비지출에 쓰고 남은 돈의 비율을 의미합니다.

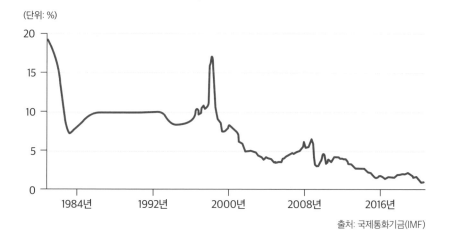

■ 예금 이자율 통계 ■

(단위: %)

출처: 국제통화기금(IMF)

은 높은 이자율로 화답했고요. 경제성장률과 비교해 시중에 돈이 모자랐던 시기라서 은행 이자율은 매우 높았습니다.

서민들의 자산증식 수단이었던 저축은 2000년대로 접어들면서 바뀌게 됩니다. 우선은 상대적으로 예금 이자율이 낮아졌기 때문입니다.

저축보다 투자가
더 유리한 시대

2000년대 이후에서야 우리 국민은 저축보다 투자가 더 유용하다는 것을 깨닫게 됩니다. 1997년 외환위기 이후 우리 경제가 가파른 성장세를 타기 시작한 데다 벤처 붐까지 일어나면서 주식투자 붐이 일어납니다. 초고속 인터넷망이 깔리고 인터넷 비즈니스가 신산업으로 생겨나면서 주식시장의 규모는 더 커집니다.

1996년부터 시작한 코스닥 시장이 이때 빛을 봅니다. 성장세가 가파른 벤처 기업들이 코스닥에 상장하기 손쉽게 된 덕분입니다. 시장에 돈이 몰리면서 우리 주식시장은 첫 번째 중흥기를 맞습니다. 이른바 벤처 붐입니다.

초고속 인터넷은 벤처 붐뿐만 아니라 직접 주식투자 붐도 일으킵니다. 이른바 홈트레이딩시스템(HTS)의 보급입니다. PC가 있고 인터넷만 연결되면 집에서 누구나 주식을 손쉽게 사고팔 수 있게 된 것입니다. 혹자는 'HTS가 개인 투자자에는 기관총과 같다'라고 비유하기도 했습니다. 매도 주문과 매수 주문을 실시간으로 속사포처럼 할 수 있었기 때문이겠지요.

이때 HTS를 통해 거래에 참고가 되는 뉴스와 공시 정보 서비스가 제공

됐습니다. HTS에 투자 전문정보를 제공하던 머니투데이나 이데일리 같은 증권전문 매체는 훗날 종합경제 매체로 성장하기도 했습니다. 1998년 말에 시작된 HTS 거래는 2000년에 이미 전체 거래량의 50%를 차지할 정도로 커졌습니다. 우리 국민도 '투자'를 안방에서 하게 된 것이지요.

 금융 초보자를 위한 꿀팁!

저금리 시대가 되면서 고금리 시대 때나 통하던 자산증식 방법은 더이상 소용이 없게 됐습니다. 저금리 시대에 맞는 자산 관리 방법을 고민해야 합니다. 그게 바로 '투자'입니다.

종잣돈 만들기는
왜 모든 투자의 기본인가요?

종잣돈은 내 자산을 증식시켜줄 첫 출발점이 됩니다. 종잣돈이 크고 많을수록 빨리 더 큰 자산을 모을 수 있습니다. 과거에는 저축이 종잣돈을 모으는 수단이었습니다. 부동산은 이 종잣돈을 불려주는 주된 수단이었습니다.

종잣돈을 모으기 위한
이론적 조언

종잣돈을 모으기 위한 기본은 지출을 줄이고 저축을 늘리는 데 있습니다. 저금리 시대를 맞아 저축은 빛이 바랬지만 종잣돈을 모으는 데는 여전히 유용한 수단입니다. 저축이 지출을 줄이는 수단이 되기 때문입니다.

사회초년생이라면 월급이 종잣돈을 모으는 수단이 됩니다. 따라서 매달 들어오는 급여부터 관리하는 게 중요합니다. 급여 통장에서 생활비로 쓰이는 돈을 제외하고 모든 돈을 종잣돈 만들기에 활용한다는 계획을 세워야 합니다.

사람들이 잘못 알고 있는 것 중 하나가 푼돈에 대한 것입니다. '푼돈 모아 푼돈'이라는 말이 있지만 자산가들은 푼돈조차 소홀히 여기지 않습니다. 평소보다 커피 한 잔만 덜 마셔도 한달에 10만 원 정도의 돈이 남습니다. 1년이면 120만 원이고, 10년이면 1,200만 원입니다.

종잣돈에 대한 뚜렷한 기준은 없습니다. 다만 종잣돈이 모이는 동안 투자와 관련된 지식을 쌓는 게 중요합니다. 소액으로 주식투자를 해보면서 관심을 가져보는 것도 좋습니다.

종잣돈을 모으기 위한
현실적 조언

실제 자산가들이 생각하는 종잣돈의 기준은 어떨까요? 2020년 말 KB 경영연구소가 펴낸 '2020 한국 부자보고서'에 따르면 자산가(금융자산 10억 원 이상)들이 생각하는 최소 규모 종잣돈의 중간값은 '5억 원 이상'이었습니다. 총자산 50억 원 미만 부자 중 60.8%, 50억 원 이상 부자 중 88%가 '5억 원 이상'을 종잣돈의 기본으로 봤습니다.

자산가들이 생각하는 종잣돈 마련 시기는 40대가 많았습니다. 평균

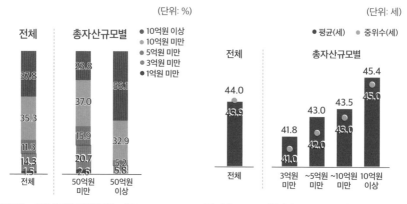

■ 종자돈 인식(전체, 총자산규모별) ■

(단위: %)

전체 / 총자산규모별

● 10억원 이상
● 10억원 미만
● 5억원 미만
● 3억원 미만
● 1억원 미만

전체
- 37.8
- 35.3
- 11.3
- 14.3
- 1.5

50억원 미만
- 23.8
- 37.0
- 15.9
- 20.7
- 2.6

50억원 이상
- 56.1
- 32.9
- 5.2
- 5.8

주) 전체 n=400, 총자산 50억원 미만 n=227,
50억원 이상 n=173

■ 최소 종자돈을 마련한 나이 ■

(단위: 세)

● 평균(세) ● 중위수(세)

전체
- 44.0
- 43.9

총자산규모별
- 3억원 미만: 41.8 / 41.0
- ~5억원 미만: 43.0 / 42.0
- ~10억원 미만: 43.5 / 43.0
- 10억원 이상: 45.4 / 45.0

주) 전체 n=400, 3억원 미만 n=63, ~5억원 미만 n=45,
~10억원 미만 n=141, 10억원 이상 n=151

출처: KB금융경영연구소, '2020 한국부자보고서'

44세였습니다. 최소 종잣돈 규모가 클수록 이를 마련하는 시기가 늦어지긴 했지만 대부분 41~45세, 40대 전반대에 종잣돈을 마련한 것으로 나타났습니다.

자산가들은 부의 원천으로 삼는 1순위를 '부동산 투자'로 삼았습니다. 사업소득이 그 뒤를 이었습니다. '근로소득'과 '금융투자'는 상대적으로 적었습니다. 상속과 증여가 아니라면 부동산 투자나 사업이 부를 축적하는 데 도움을 줬습니다.

엄밀히 말하면 우리가 생각하는 '부자'가 되기 위해서는 종잣돈이 많아서 부동산 투자를 할 수 있는 충분한 재원이 있었거나, 본인 사업을 일궈서 소득을 높여야 한다는 뜻입니다. 이후 부동산 투자로 자산 규모를 키우고 금융투자를 조금씩 확대하는 경향을 보였습니다.

금융 지식을 늘리고
월급과 가외 수입 규모를 키워야 합니다

부모로부터 물려받은 유산이 없는 사회초년생은 종잣돈에 대한 희망이 없는 것일까요? 그렇지 않습니다. 장기 계획을 세우고, 종잣돈을 모으는 동안 꾸준한 저축을 하면서 때를 기다려야 합니다. 월 급여를 늘리고 부수입을 얻을 수 있다면 더 좋습니다. 자산가들도 40대 초중반에 종잣돈을 모았습니다. 사회초년생이라면 조급할 필요가 없습니다. 20~30대는 투자 공부를 하면서 근로 수익과 부수입 증대에 더 집중해야 할 때라는 얘기입니다.

예를 들어보죠. 만약 한 달에 20만 원의 추가 수입을 얻을 수 있다면, 연 1%의 저축성 자산 2억 4천만 원을 확보한 것이나 다름없습니다. 투자 수익률을 5%로 잡는다면 4,800만 원의 자산이 확보된 셈이지요.

부수입은 어떻게 얻을까요? 자기 전문분야가 확고하다면 의외로 쉽게 찾을 수 있습니다. 예컨대 엑셀이나 PPT를 잘한다면 강의나 유튜브, 블로그 활동 등으로 부수입을 얻을 수 있습니다. 크몽이나 탈잉 같은 직장인 재능 공유 플랫폼을 통해 과외 활동도 할 수 있습니다.

 금융 초보자를 위한 꿀팁!

종잣돈은 자산을 모으는 데 있어 출발점입니다. 현재 부자들은 40대 중반 전에 종잣돈을 모았다고 합니다. 20~30대에게 충분한 종잣돈 축적의 기회가 있다는 얘기입니다. 이때는 월 급여와 부수입을 늘려 종잣돈 저축의 규모를 늘려야 합니다.

투자와 투기는
어떻게 구별하나요?

투자와 투기의 경계는 모호합니다. 혹자는 투자와 투기를 자본시장에 있어 선과 악으로 구분하기도 합니다. 투자는 건전한 자산시장의 성장을 불러오지만, 투기는 거품을 일으킨다고 보는 거죠. 투기는 무조건 나쁠까요?

투기에 대한 정의는
다양합니다

투기에 대한 정의는 여러 곳에서 발견됩니다. 애덤 스미스는 자신의 저서 『국부론』에서 '일확천금은 투기거래를 통해 이뤄진다'라고 말했습니다.

스미스는 투기꾼을 '이익을 얻을 기회를 재빠르게 포착할 준비가 되어 있는 사람'이라고 정의했습니다. 투기는 시장가격이 급변하는 틈을 이용해 이익을 얻으려는 행위로 볼 수 있습니다. 이와 비교하면 투자는 수동적으로 보이기까지 합니다.

오스트리아 경제학자 슘페터는 투기와 투자는 요동치는 주가를 이용해 얻으려는 의도가 있는가 없는가에 따라 구분된다고 했습니다. 투자는 성공한 투기라고 구분하기도 합니다.

『시골 의사의 부자경제학』 저자로 유명한 박경철 원장은 투자와 투기의 관계성을 저축에서 따져 보기도 했습니다. 저축이라는 든든한 기반이 있는 상황에서 잉여 자산을 투입한다면 투자가 되고, 그렇지 못하다면 투기라고 봤습니다. 투자 실패에 따른 위험을 투자자가 온전히 감당할 수 있는지를 놓고 본 것이라고 할 수 있습니다.

■ 투기와 투자의 차이 ■

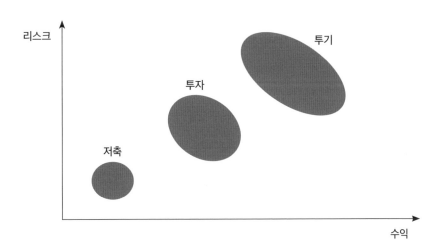

같은 맥락에서 벤저민 그레이엄은 '투기와 투자의 차이는 원금을 보존할 수 있는지 없는지'로 보기도 했습니다. 투기는 선과 악으로 구분할 수 없는 인간 본성에서 비롯된 것이라고 보는 견해도 있습니다. 무엇인가를 교환하고 이로 인해 이득을 높이려는 본성이 원시 경제사회 때부터 있었다는 뜻입니다. 이는 도박의 형태로 나타나기도 합니다.

일각에서는 투기꾼들이 자산 가격의 거품을 키운다고도 합니다. 실제로 투기꾼들이 몰려든 곳에는 자산 가격이 가파르게 올라가고 본래 유통되던 가격 이상으로 거래되곤 합니다. 17세기 초에 나타났던 네덜란드의 튤립 거품이 한 예입니다.

당시 신흥 무역의 중심지로 떠올랐던 네덜란드 암스테르담에는 신흥 부자들을 중심으로 튤립을 키우는 수요가 늘었고, 튤립은 부의 상징이 됩니다. 당시 식민지의 발견, 대서양 항로의 발견에 따라 대항해시대가 열리면서 암스테르담은 신흥 무역도시로 발돋움합니다. 지중해 무역에서 대서양 무역으로 바뀌는 시대적 전환기에 많은 변화가 있었고 새로운 형태(주식회사 투자)의 투자 열풍이 일어났던 것입니다.

튤립값이 오른다는 소문에 사람들이 달려듭니다. 최고급 튤립의 가격은 목장 하나 가격으로 거래되기도 했습니다. 1637년 2월 3일 원인 불명으로 튤립 거래시장은 붕괴됩니다. 너무나 높게 올라간 가격에 더 이상 살 사람이 없었기 때문으로 추정됩니다.

갑작스러운 시장 붕괴로 많은 튤립 투자자들이 파산을 하거나 회복하지 못할 경제적 손실을 보았습니다. 이런 튤립 거품 이야기는 현대에 와서 대표적인 자산 거품의 사례로 회자되곤 합니다.

투기가 만들어낸 거품이
새 비즈니스를 창출하기도

그러나 이 거품은 시대가 변화하는 과정에서 나타나는 필연적인 현상일 수 있습니다. 거품이 생기고 걷히는 과정을 겪으면서 새로운 시대의 패러다임이 정착되는 것입니다.

대표적인 예로 2000년대 초에 벌어졌던 닷컴버블을 들 수 있습니다. 인터넷의 발전과 PC 가격의 하락은 인터넷 비즈니스의 발전을 불러왔습니다. 검색과 인터넷 쇼핑, 인터넷 커뮤니케이션 등 이전에 없던 새로운 형태의 비즈니스가 생겨났습니다. 당장 매출이 나오지는 않아도 미래 비즈니스라는 기대감에 투자금이 몰려듭니다.

미국에서는 나스닥 상장기업들의 주가가 치솟았고, 한국에서는 코스닥 기업들의 몸값이 뛰었습니다. 개중에는 넘치는 투자금을 흥청망청 쓴 기업가가 있었고, 또 어떤 이는 기업 성장을 위한 투자에 쓰기도 했습니다. 그 결과는 닷컴버블이 사그라진 후 극명하게 나옵니다.

2000년대 초에 닷컴버블이 붕괴되면서 한국에서는 네이버와 다음(현재 카카오)과 같은 인터넷기업이 남았고, 미국에서는 구글과 아마존 같은 기업이 남았습니다. 이들 기업은 우리의 생활을 바꿨고, 이 기업들에 투자한 투자자들은 큰돈을 벌었습니다. 그런데 만약 1990년대 말에서 2000년대 초에 나타났던 투기 광풍이 없었다면 이들 기업들은 쉽사리 생겨나지 못했을 수도 있습니다.

투자에 있어 전제할 부분은 '최악의 상황'에 대한 부분입니다. 반드시 투자에 성공한다고 볼 수 없고 생활에 있어 예측이 어려운 변수 또한 많기 때문입니다.

장기간 투자를 하려면 투자 손실에 대한 대비가 있어야 합니다. 예컨대 2020년 3월 전 세계 주식시장이 폭락했을 때 많은 사람이 투매했습니다. 급하게 꺾이는 손실에 놀랐기 때문입니다. 투자자 대부분이 절망에 빠졌습니다. 그러나 자기 자산에 대한 헤지(위험회피)가 되어 있던 투자자들은, 이때를 기회로 삼아서 저평가주에 투자했고 손실을 만회했습니다.

 금융 초보자를 위한 꿀팁!

투자와 투기에 대한 구분은 쉽지 않습니다. 다만 수익에 대한 맹목적인 추종만 있다면 투기로 변질될 가능성이 큽니다. 최악의 상황에서도 버틸 수 있는 여유를 항상 두는 게 필요합니다. 투자 생활의 기본입니다.

수익률과 리스크는
왜 동전의 양면과도 같나요?

투자에 있어 리스크는 반드시 고려해야 할 요소입니다. 은행이라면 대출자가 채무 불이행을 할 수 있다는 게 리스크가 되고, 자산운용사라면 자산 가격 하락에 따른 손실이 리스크가 될 수 있습니다.

이런 리스크는 투자가 업(業)인 금융사나 펀드들에 피할 수 없는 숙명과 같습니다. 수익률이 높으면서 리스크는 낮은 투자는 이 세상에 존재하기 힘들다는 뜻입니다.

10% 예금 이자율을 주던 고금리 시대에도 알고 보면 이 같은 원칙에 따라 움직였습니다. 지금 기준으로 보면 원금 손실 위험이 없는 고수익 재테크 수단인 것 같지만, 그때는 물가 상승률이 매우 높았습니다. 돈 그 자체가 가치를 잃는 시대였기에 10% 이자율도 결코 높은 수익률이 아니었습니다.

리스크는
무엇일까요?

리스크를 보는 관점에는 여럿이 있습니다. 첫 번째로 재무학 이론에서는 변동성을 봅니다. 숫자상으로 측정될 수 있는 영역입니다. 짧은 시간에 매우 급하게 움직인다면 변동성이 큰 것이고, 이는 '리스크가 크다'로 이해됩니다.

예컨대 1천 원짜리 주식의 가격이 올라 1,500원이 됐다고 가정하면 변동성(상승폭)은 500이 되고 변동률은 50%가 됩니다. 1천 원에 주식을 산 사람은 50% 수익을 본 셈입니다. 만약 이 주식을 공매도한 사람은 반대로 50%의 손실을 볼 수 있습니다.

이처럼 단순히 변동성만으로 리스크를 규정하기에는 모호한 부분이 있습니다. 누군가는 이익을 보고 누군가는 손해를 보기 때문입니다. 관점에 따라 해석이 달라지는 것입니다.

두 번째가 리스크를 손실로 보는 시각입니다. 리스크에 투자했던 원금에서 손실이 나는 상황으로 가정한다면, 리스크는 피해야 할 대상이 됩니다. '투자자의 적'으로 규정되는 것입니다.

가치투자

기업의 가치에 믿음을 둔 주식 현물 투자 전략을 말합니다. 대표적인 가치투자자로 워런 버핏이 있습니다.

가치투자*를 하는 투자자를 포함한 대부분 투자자들에게 '리스크'는 정보 비대칭을 의미합니다. 즉 자신이 잘 알지 못하는 것에 대한 두려움입니다. 주식투자를 하는 데 있어서 그 기업이 과연 어떻게 돈을 버는지, 경영진의 도덕성은 어떤지, 그 산업군의 성장성이 어떻게 되는지 잘 모른다면 피해야 할 리스크가 됩니다.

투자의 원칙은
'하이 리스크, 하이 리턴'

'하이 리스크(hign risk), 하이 리턴(high return)'은 투자업계의 오래된 격언입니다. 특히 저금리 시대를 넘어 초저금리 시대에 들어선 2021년에는 더더욱 되새길 수 있는 격언입니다.

이는 금융의 기본인 대출과 대출 금리에서 확인할 수 있습니다. 대출 이자율이 가장 높은 사람들은 부도 가능성이 큰 사람들입니다. 다시 말하면 높은 변동성이 전제되어야 높은 수익도 기대할 수 있다는 점입니다. 부도가 난 채권에 투자하는 사람들이나 신용등급이 낮은 정크본드에 투자하는 편

■ **신용등급(CB, Credit Bureau)과 채무 불이행 가능성** ■

CB등급	채무 불이행 가능성
1	0.05%
2	0.16%
3	0.34%
4	0.51%
5	0.70%
6	1.82%
7	6.29%
8	9.79%
9	11.87%
10	33.03%

출처 : 피플펀드, 2017년 한국신용정보원

분산투자

여러 자산에 투자하는 것을 뜻합니다. 다양한 주식 종목이 될 수도 있고, 다양한 자산이 될 수도 있습니다.

헤징

손실을 최대한 줄이기 위한 장치라고 할 수 있습니다. 주식과 채권 등에 자산을 배분할 수 있습니다. 주식시장에서는 선물거래와 옵션 등을 활용해서 하락장에서 손실률을 줄일 수 있습니다. 일반 투자자로서는 '주식 vs 채권', '달러 vs 금'처럼 서로 반대로 가격이 움직이는 자산에 배분하는 게 더 쉬울 수 있습니다.

드들도 이 같은 생각을 하고 있습니다. 사업 성공 확률이 낮은 스타트업에 투자하는 엔젤투자사나 초기 벤처캐피탈(VC) 등도 원금을 잃을 손실을 고려하고 투자를 합니다. 벤처캐피탈은 성장성이 유망한 스타트업을 찾아내 투자를 합니다. 투자한 회사 99개가 다 망해도 1개가 성공해 수익을 낸다면 성공한 투자라고 보는 전문투자자도 있습니다. 만약 페이스북이나 구글이 이제 막 설립됐을 때 지분 투자를 했다고 생각해 보세요. 쉽게 이해가 될 것입니다.

투자자들은 여기서 선택을 해야 합니다. 높은 리스크를 감내하는 대신 높은 이익을 얻을지, 손실을 최대한 줄이면서 꾸준한 이익을 낼지 말입니다. 다만 유념해야 할 부분이 있습니다. 최대한 원금 손실을 줄일 수 있는 방향으로 투자 의사결정을 해야 한다는 점입니다. 이런 이유로 분산투자*나 헤징*(hedging)의 기법을 활용할 필요가 있습니다.

🐷 금융 초보자를 위한 꿀팁!

투자에 있어 리스크는 피할 수 없습니다. 보통 수익이 높으면 그만큼 리스크도 높아지게 됩니다. 모든 투자 결정이 항상 수익으로 연결되는 것도 아닙니다. 분산투자나 헤징이 중요한 이유입니다.

질문 TOP 27

몰빵이 좋나요, 분산투자가 좋나요?

'블랙스완'이라고 들어보셨나요? 블랙스완은 '검은 백조'라고 하는데 '절대 일어나지 않을 것이라고 여겼던 상상이 현실이 되는 것'을 의미합니다. 1997년 12월 한국에 불어 닥친 외환위기와 2008년 10월 리먼 브러더스의 파산이 바로 블랙스완입니다. 우리의 결정은 항상 옳은 것이 아니며, 예기치 못한 사고로 파국을 맞을 수 있습니다.

투자 생활도 마찬가지입니다. 그래서 필요한 게 분산투자입니다. 분산투자의 힘은 일시적인 패닉장에서도 회복할 수 있는 탄력성을 주는 데 있습니다. 투자자가 잠깐의 공황을 이기고 장기 투자를 성공적으로 이끌어나가는 데 필요한 것이 분산투자입니다.

분산투자는
장기투자의 기본입니다

장기 투자자들은 자신들만의 포트폴리오를 갖고 자산을 운용합니다. 어느 한 자산에만 '몰빵하지 않는다'라는 뜻입니다.

그 이유는 간단합니다. 수익이 날지 안 날지는 현재로서 알기 힘들기 때문입니다. 코로나19처럼 예기치 못한 질병 사태로 주식시장이 급락할 수 있고, 동학개미운동으로 주식시장에 붐이 일어날 수도 있습니다. 수익을 낼 수 있는 반면에 잃을 수도 있다는 점을 고려하고 투자를 해야 한다는 뜻입니다. 분산투자는 수익이 크게 나오지 않을 수 있어도 손실을 줄일 수 있어 장기적으로 투자하는 데 도움이 됩니다.

투자 전문가들은 손실이 발생할 때 수익이 나오는 자산을 배분하곤 합니다. 예를 들면 주식과 채권의 배분입니다. 보통 코로나19와 같은 위기 상황이 오면 주식시장이 침체에 빠집니다. 주식을 미리 팔아 손실을 줄이려고 하는 수요가 많아지기 때문입니다. 주식을 파는 대신 채권과 같은 안전자산에 투자해 놓으려고 합니다. 따라서 주식시장의 장이 안 좋아지는 동안 채권시장은 수익률이 올라가게 됩니다.

만약 주식과 채권에 자산을 배분해놓은 투자자가 있다면, 비록 주식시장에서는 손실을 봤겠지만 채권시장에서는 수익을 보게 됩니다. 손실 폭이 작아지는 것이지요.

코스피200 선물과 코스피 현물에 분산투자를 해놓았다면 하락장에서 선물을 매도해 손실을 줄이거나 오히려 수익을 낼 수 있습니다. 일종의 위험회피(헤지) 거래가 됩니다.

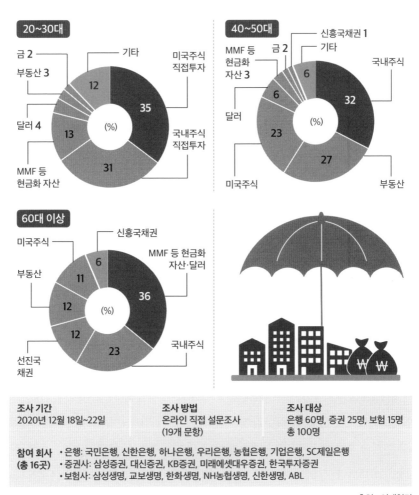

■ 자산관리 전문가들이 추천한 연령대별 포트폴리오 ■

20~30대

- 기타 12
- 미국주식 직접투자 35
- 국내주식 직접투자 31
- MMF 등 현금화 자산 13
- 달러 4
- 부동산 3
- 금 2

(%)

40~50대

- 신흥국채권 1
- 기타 6
- 금 2
- 국내주식 32
- 부동산 27
- 미국주식 23
- 달러 6
- MMF 등 현금화 자산 3

(%)

60대 이상

- 신흥국채권 6
- MMF 등 현금화 자산·달러 36
- 국내주식 23
- 선진국채권 12
- 부동산 12
- 미국주식 11

(%)

조사 기간	조사 방법	조사 대상
2020년 12월 18일~22일	온라인 직접 설문조사 (19개 문항)	은행 60명, 증권 25명, 보험 15명 총 100명

참여 회사 (총 16곳)
- 은행: 국민은행, 신한은행, 하나은행, 우리은행, 농협은행, 기업은행, SC제일은행
- 증권사: 삼성증권, 대신증권, KB증권, 미래에셋대우증권, 한국투자증권
- 보험사: 삼성생명, 교보생명, 한화생명, NH농협생명, 신한생명, ABL

출처 : 이데일리

몰빵투자는
고수익 혹은 큰손실

혹자는 진정한 투자는 몰빵투자라고도 합니다. 오를 것이라고 확신하는 종목을 집중 매수하는 전략입니다. 투자하는 기업의 가치 상승에 확신을 가진 투자자라면 몰빵투자를 할 수 있습니다. 이를 위해서는 자기 확신이 선행되어야 하고, 본인이 분석한 정보의 정확성이 높아야 합니다.

워런 버핏이 시장의 지수 상승률보다 더 높은 수익률을 거둔 이유는 바로 몰빵투자를 했기 때문이라고 말하는 사람도 있습니다. 버핏은 오를 만한 소수의 종목을 집중 매수하고 기다린 후 실제로 오르면 차익을 실현했습니다. 이른바 가치투자의 한 방법이라고 할 수 있습니다.

따지고 보면 우리나라 사람들의 부동산 투자도 몰빵투자의 한 예로 볼 수 있습니다. 부동산 시장이 금융위기 때를 제외하고 꾸준하게 성장했기 때문입니다. 따라서 몰빵투자가 투자 기법상 나쁘다고 볼 수 없습니다.

만약 특정 업종이나 종목에 대한 상승 움직임이 감지되고 장기적으로 꾸준한 상승세가 기대된다면 적립식 투자도 한 방법일 수 있습니다. 예컨대 노령화 사회를 앞둔 우리나라에서 성인용 기저귀나 분유를 생산하는 기업의 주식을 꾸준히 산다거나 헬스케어나 바이오주를 담는 것입니다. 주가 상승의 대세가 확실히 이쪽으로 기운다면 시장지수 상승률보다 더 큰 수익을 얻을 수 있습니다.

다만 몰빵투자와 분산투자의 정도는 각 투자자들의 미래 기대 수익 정도에 따라 결정해야 합니다. 나이가 젊고 앞으로 돈을 벌 시기가 길다면 몰빵투자를 생각해볼 수 있습니다. 젊은 시절 자산을 모두 잃어도, 이후 이를 만회할 기회가 많을 수 있기 때문입니다.

　그러나 더 이상의 수익 증가를 기대할 수 없는 은퇴자라면 최대한 분산 투자를 하는 게 옳습니다. 가족의 생계를 책임진 가장도 비슷합니다. 잃지 않으면서 수익을 올릴 수 있는 방법을 생각해야 합니다.

　투자에 대한 마인드도 자신의 나이, 보유 자산의 정도, 미래 수익에 대한 기대감에 따라 달리 가야 한다는 의미입니다.

 금융 초보자를 위한 꿀팁!

분산투자는 폭락장과 같은 예기치 못한 패닉 상황에서 내 투자 자산의 손실을 줄여주는 쿠션 역할을 해줍니다. 장기투자를 한다면 여러 자산에 분산해놓는 것이 필요합니다. 그러나 대세 상승이 기대되는 업종이나 종목에 대한 몰빵투자도 높은 수익을 안겨줄 수 있습니다. 다만 자기 판단에 대한 확신과 대세에 대한 통찰이 전제될 때 가능한 투자 기법입니다.

간접투자와 직접투자의 차이는 무엇인가요?

간접투자는 말 그대로 간접적으로 하는 투자입니다. 펀드에 돈을 넣거나 신탁에 맡긴다면 간접투자가 됩니다. 직접투자는 HTS나 MTS를 통해 내가 직접 주식 종목을 사거나 파생증권에 투자하는 등의 투자 활동을 뜻합니다.

사실 개인에게 있어 투자는 쉬운 게 아닙니다. 최소한 자기가 투자하는 자산에 대한 지식이 있어야 합니다. 그리고 자산 가격의 추이를 보면서 그때그때 매도와 매수를 결정해야 합니다. 전문 투자가가 아닌 일반 직업인이라고 하면 쉽지가 않습니다. 잘못된 판단으로 큰 손실을 보기도 합니다.

이럴 때 누군가 대신 투자를 해주면서 내 자산을 관리해준다면 좋겠죠. 이런 맥락에서 간접투자 방식이 있습니다. 나 대신 전문 투자자가 자산을 관리해주면서 돈을 불려주는 것입니다.

간접투자의 대표선수는
'펀드'입니다

간접투자에도 두 가지 방식이 있습니다. 펀드와 신탁입니다. 다른 전문가가 내 자산을 맡아 키워준다는 데 공통점이 있지만, 펀드는 투자 운용사가 내놓는 수많은 투자 상품 중 투자자 본인이 고를 수 있습니다. 신탁은 신탁업을 하는 금융사와 상담을 하면서 투자 포트폴리오를 조정해갑니다.

펀드에는 처음에 약속한 자산에 투자하면서 수익을 올리는 공모펀드와 여러 가지 자산에 투자해 수익률을 높이려는 사모펀드가 있습니다. 공모펀드는 일반 투자자가 낸 투자금으로, 사모펀드는 소수의 자산가가 낸 출자금으로 운용을 합니다.

공모펀드는 소액으로 투자할 수 있습니다. 투자 자산도 주식이나 채권 등 증권형 자산이 많습니다. 환매도 비교적 자유롭습니다.

반면 사모펀드는 다릅니다. 우리나라에서는 49인 이하가 모여 조성한 펀드를 사모펀드로 규정하고 있습니다. 기본 투자액은 1억 원 이상입니다. 소수의 자산가가 돈을 굴립니다. 사모펀드는 보통 폐쇄형으로 운용합니다. 한번 투자를 하면 환매가 쉽지 않다는 뜻입니다.

다만 사모펀드도 모(母)펀드와 자(子)펀드로 이뤄진 경우라면 달라지게 됩니다. 자펀드는 모펀드에 운용자금을 대고 그 수익을 얻는 구조입니다. 모펀드가 완전한 사모펀드의 형태라면, 자펀드는 모펀드에 투자하는 공모펀드의 형태입니다.

사모펀드는 경영 참여형(PEF)과 전문 투자형으로 나눌 수 있습니다. 경영 참여형은 기업을 싸게 사서 비싸게 파는 형태입니다. 전문 투자형은 투

■ 사모펀드와 공모펀드의 차이점 ■

사모펀드	구분	공모펀드
49인 이하	투자자	일반 다수
비공개	모집방법	광고 등 공개적 방법으로 모집
증권신고서 제출의무 없음	규제	상품 출시 전 증권신고서를 금감원에 제출, 승인 필요
투자대상이나 편입비율 등이 제한 없음	투자제한	제한 있음 (예: 총액의 10% 이상, 유가증권 채권 등 한 상품에 10% 이상 투자 불가)
보통 1억 원 이상	투자금액	제한 없음

출처 : 금융감독원

자 운용사나 헤지펀드에 가깝습니다. 투자하는 자산도 증권형 자산뿐만 아니라 부동산, 원자재 자산, 상업용 건물, 매출채권 등 다양합니다.

'내 재산을 믿고 맡깁니다', 신탁

신탁은 내 재산을 '믿고 맡긴다'라는 의미가 강합니다. 현금뿐만 아니라 주식이나 채권, 부동산 등도 전문 관리사에 맡길 수 있습니다. 신탁업을 하는 전문 금융사가 합니다. 내 재산을 전문가가 관리해준다는 의미입니다. 노인 인구가 많은 일본에서 특히 신탁업이 성행하고 있습니다.

신탁은 받는 재산의 종류에 따라 금전신탁, 재산신탁, 종합재산신탁, 이

■ 신탁의 분류: 신한금융투자 ■

렇게 크게 세 가지로 나뉩니다. 금전신탁은 돈을 맡기는 것, 재산신탁은 각종 증권, 채권, 동산, 부동산, 부동산소유권, 지식재산권까지 맡길 수 있습니다.

우리나라에서 신탁업은 금융선진국과 비교해보면 뒤늦은 편입니다. 1950년대 태어난 베이비붐을 필두로 잉여 자산이 있는 노년층이 나타난 게 불과 20년이 안 됩니다. '내 돈을 굴린다'라는 의미의 재테크란 개념이 알려지기 시작한 때와 맥을 같이 하는 것이지요.

신탁은 노후의 내 자산을 보호하고 내 생계를 이어나가는 데 있어 유용한 수단이 될 수 있습니다. 은행과 같은 금융사가 내 자산을 관리해주는 후견인 역할을 하는 것입니다. 우리나라도 노령 인구가 증가하는 추세이기 때문에, 이런 신탁을 찾는 이들도 늘어날 것으로 보입니다.

최근 은행을 비롯한 금융사들은 간접투자를 원하는 고객을 유치하기 위해 노력하고 있습니다. 은행들도 마찬가지로 예금을 받아 대출을 내주는 전통적인 금융업만으로는 수익을 내기 힘들기 때문입니다.

이 때문에 고객으로부터 받은 투자금을 운용해 수익을 발생시키고, 이중 일부를 수수료 수익으로 챙기는 사업을 하고 있습니다. 은행 영업점에 방문했을 때 흔하게 보는 'VIP 창구' 'WM창구'가 이 같은 역할을 하고 있습니다.

 금융 초보자를 위한 꿀팁!

간접투자는 전문가들에게 내 자산의 일부 혹은 전체를 일임해 운용을 맡기는 것을 의미합니다. 크게 펀드와 신탁이 있습니다. 펀드는 누구나 가입할 수 있는 공모펀드, 소수의 자산가들에게만 열려 있는 사모펀드가 있습니다.

질문 TOP 29

빚을 내서 투자하는 것이 좋은가요, 나쁜가요?

'영끌'을 들어보셨나요? 영끌은 '영혼까지 끌어모아'라는 뜻입니다. 이 뜻이 대출시장에까지 비화하면서 많은 주목을 받았습니다. 가능한 신용도 안에서 있는 대로 대출을 끌어 모아 투자한다는 뜻입니다. 2020년 상반기 부동산 가격이 급등할 때 한창 유행했습니다.

2020년 하반기부터 2021년 초반기까지 주식시장과 암호화폐(일명 가상 화폐) 시장이 끓어오를 때는 '빚투'가 또 회자되었습니다. '빚을 내 투자'한 다는 뜻입니다.

'빚투'를 예쁘게 말하면 '레버리지'입니다

금융·투자업계에서 자주 쓰는 단어 중 하나가 바로 '레버리지'입니다. 우리말로 지렛대입니다. 은행이든 투자자이든 남의 돈을 끌어다 투자의 규모를 키워서 수익을 극대화하는 전략입니다. 개인 투자자에게 있어 쉽게 경험할 수 있는 게 바로 대출입니다. 여러분들이 주택 구매를 하실 때 받는 주택담보대출도 일종의 레버리지입니다. 여러분이 가용할 수 있는 자산 이상 가격의 집을 살 수 있게 해줬으니까요.

같은 10% 수익률이라고 해도 1천만 원 자금에서 나오는 수익과 1천억 원 자금에서 나오는 수익은 규모 면에서 크게 다를 수밖에 없습니다.

이런 레버리지 전략은 개인부터 기관 투자자, 전문 펀드매니저까지 많이 씁니다. 펀드도 사실 따지고 보면 이런 레버리지 효과를 높이기 위한 수단으로 볼 수 있습니다. 여러 사람의 돈을 많이 모아 굴리고 수익을 나눠주기 때문입니다. 굴리는 돈 규모가 커질수록 얻는 수익의 절대 액수도 커질 수밖에 없습니다.

다만 이 레버리지는 손실이 발생하게 되면 그 수준이 눈덩이처럼 커질 수 있습니다. 빚까지 졌다면 투자 실패 후 입게 되는 경제적 손실이 클 수밖에 없습니다. '하이 리스크, 하이 리턴'의 격언이 레버리지 투자에도 맞아떨어지는 것입니다.

2020년 대한민국 금융계를 흔들었던 라임 펀드 사태가 커진 배경에도 이런 레버리지 투자가 한몫하고 있습니다. 라임 펀드는 해외 여러 자산에 투자했고 더 큰 수익을 내기 위해 증권사로부터 일종의 레버리지(대출)를 받았습니다. 토털리턴스와프(TRS) 거래라고 하는데, 일반적으로 개인이 받는 대출과는 좀 다른 형태의 레버리지입니다. 구조는 간단합니다. 라임 펀드가 사려는 투자 자산을 증권사가 자기 돈으로 대신 삽니다. 그리고 그 투자 자산을 증권사가 보유하고 있습니다. 담보처럼 가진 것이지요. 대신 라임 펀드는 아주 저렴하게 이자와 수수료를 증권사에 지급합니다. 수익이 날 때는 상관이 없지만, 손실이 나게 되면 증권사는 더 많은 담보를 요구하거나, 기존에 잡고 있던 투자 자산을 자기 것으로 합니다.

환매

내가 투자했던 펀드에 돈을 돌려달라고 요구하는 것입니다. 원칙대로라면 자산을 팔아서 투자자에 돌려줘야 합니다.

펀드 돌려막기

돈을 돌려달라는 투자자에게 지급하기 위한 자금을 다른 투자자의 투자금으로부터 빼오는 것을 의미합니다.

손실이 나자 투자자들 사이에서 환매* 요구가 빗발쳤고 '펀드 돌려막기*'로 이를 모면하려고 했습니다. 결국 이 사태를 감당하지 못하고 라임 펀드는 투자자에게 돈을 돌려줄 수 없는 지경까지 가게 됐습니다.

■ TRS(총수익스와프, Total return swap) 구조 ■

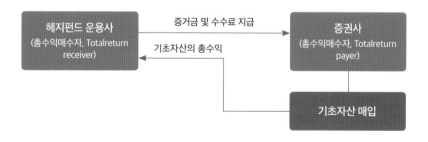

레버리지는
양날의 검입니다

레버리지는 수익 구간에서는 효자지만 손실 구간에서는 칼이 되기도 합니다. 이후 회복할 기회를 빼앗기도 합니다. 주식거래에서 신용거래와 미수거래를 예로 들 수 있습니다.

신용거래와 미수거래 모두 증권사의 돈으로 특정 종목을 매수하는 것을 의미합니다. 신용거래는 증권사로부터 보유 주식을 담보로 잡고 돈을 빌려 주식을 매수하는 것이고, 미수거래는 외상으로 주식을 사는 일을 의미합니다.

두 기법 모두 내 돈이 아니라 증권사의 돈을 빌려서 거래를 하는 것이라서 레버리지에 해당합니다. 본인의 돈으로 살 수 있는 주식보다 더 많은 주식을 사서 차익 실현을 극대화할 수 있습니다.

문제는 주가가 내려갈 때입니다. 이른바 증권사가 반대매매를 합니다. 살 때 주가보다 내려가 증권사가 손해를 볼 것 같으면 투자자 의사와 상관없이 강제하는 방식입니다. 원금 회수가 안 된다 싶으면 다른 주식을 매도해 대출금을 온전히 갚도록 합니다.

이렇게 되면 투자자는 손도 못 써보고 손실을 감당해야 합니다. 혹여 주가가 반등하게 된다면 투자자가 입게 되는 손실은 더 커집니다. 실제 2020년 3월 코로나19 사태가 터지며 주가가 폭락할 때 반대매매를 당했던 투자자들은 손실을 복구하기가 상당히 버거웠습니다. 이후 이른바 '동학 개미 운동'으로 주가가 올랐고 버티기만 해도 수익을 볼 수 있었는데 그럴 기회조차 없었기 때문입니다.

참고로 각 증권사의 HTS에서는 종목별 신용거래 비율을 보여줍니다. 한국거래소 등에서는 신용거래 비율이 높은 종목을 중점적으로 봅니다. 사람들이 잔뜩 몰려들어 빚까지 내서 매수하는 종목이라면 뭔가 있을 것이라는 의심을 할 수 있기 때문입니다.

최근에는 암호화폐 투자에도 이런 레버리지 투자 붐이 있습니다. 10배는 물론 최대 100배 레버리지까지 있습니다. 수익률을 극대화하기 위한 목적이지만, 그만큼 손실 가능성도 높아집니다. 실제 암호화폐 하락장에서 많은 사람들이 손실을 봤습니다. 무분별한 레버리지는 장기 투자에 있어 득보다는 실이 더 많습니다.

 금융 초보자를 위한 꿀팁!

레버리지는 운용 규모를 키워주는 외부 자금을 뜻합니다. 이 레버리지는 투자금의 규모를 늘려줘 수익의 규모도 키워줍니다. 반대로 손실이 났을 때는 그 규모가 더 커집니다. 특히 신용거래는 하락장에서 투자자의 손실을 키워주고 이후 만회할 기회조차 주지 않습니다. 개인 투자자 입장에서는 되도록 자기자본으로 투자하되 꼭 필요할 때만 레버리지를 쓰는 게 필요합니다.

5장

투자 상품에는
어떤 것들이 있나?

투자 상품은 주식이나 부동산만 있는 게 아닙니다. 이 같은 직접투자 상품 외에 펀드나 신탁 등 간접투자 상품도 많이 있습니다. 이런 펀드 상품은 전문가가 나 대신 투자를 해준다는 장점이 있습니다. 최근에는 ETF나 파생상품 등에도 투자를 하는 이들이 늘고 있습니다. 그러나 투자에는 늘 손실의 위험이 따릅니다. 이런 손실을 최소화하기 위해 나온 게 선물, 옵션, 스와프 등의 상품입니다.

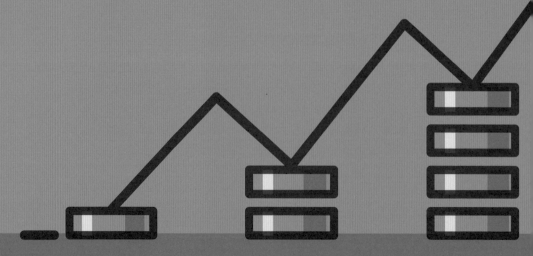

공모펀드와 사모펀드는 어떤 상품인가요?

▶ 저자직강 동영상 강의로 이해 쏙쏙
QR코드를 스캔하셔서 동영상 강의를 보시고
이 칼럼을 읽으시면 훨씬 이해가 잘됩니다!

    펀드와 같은 간접투자는 투자자의 시간을 아껴줄 수 있다는 장점이 있습니다. 투자에 전문적인 지식을 가진 펀드매니저가 대신 투자해주고, 수익도 나눠주는 구조가 됩니다. 대신 수수료를 일부분 물지요. 물론 ETF는 이런 펀드매니저가 없다 보니 수수료가 저렴한 편입니다.

    이런 펀드를 나누는 기준은 여러 가지가 있습니다. 운용하는 방식과 자산의 종류에 따라 달라지는데, 이번에는 공모펀드와 사모펀드에 대해 알아보겠습니다.

2000년대에 붐이 일었던
공모펀드

공모펀드는 우리가 흔하게 가입할 수 있는 펀드를 뜻합니다. 소액으로도 가입할 수 있습니다. 금융사나 핀테크 앱으로도 쉽게 투자할 수 있습니다. 주요 증권사에서도 이런 펀드 상품을 팔고 있습니다.

이 공모펀드는 우리나라에서도 재테크에 대한 관심이 높아지던 1990년 대 후반부터 붐을 일으켰습니다. 1999년 2월 현대증권이 '바이코리아 펀드'를 내놓았고 4개월 만에 10조 원 가까이 모집할 수 있었습니다. 이후 설 정액은 18조 원까지 늘었습니다. 그러다 2000년 닷컴버블 붕괴와 함께 공 모펀드의 인기가 시들해졌습니다.

출처: 금융투자협회

2000년대 신흥국의 급속한 경제성장과 함께 수익률이 늘면서 공모펀드는 재조명을 받았습니다. 그러나 2008년 글로벌 금융위기로 다수의 신흥국이 침체에 빠지면서 손실을 봐야 했습니다. 이후 공모펀드 수익률은 2% 중반 대에 머무는 등 부진한 모습을 보입니다. 예금 이자율보다도 못한 수익에 실망감을 느꼈던 것이지요.

이에 대안으로 나타난 게 사모펀드입니다. 채권이나 주식 등 한정된 자산에 투자를 해야 했던 공모펀드와 달리 사모펀드는 수익률 높은 자산에 투자할 수 있다는 것을 앞세워 많은 투자자를 모집했습니다.

직접 경영에 관여하는
경영 참여형 사모펀드

사모펀드는 몇몇 사람만 똘똘 뭉쳐서 만드는 펀드인데, 우리나라에서는 49인 이하가 모여 출자한 펀드로 규정하고 있습니다. 단순히 얘기해서 50명 이상이 가입할 수 있고 누구나 펀드 상품을 살 수 있으면 공모펀드가 되고, 사적으로 모인 49인 이하의 사람들이 제한적으로 가입하고 운용한다면 사모펀드가 되는 셈입니다.

우리나라에서 사모펀드의 본격적인 시작점은 IMF 구제금융 때로 볼 수 있습니다. 우리나라 금융 시스템이 외환위기로 붕괴되고 일어서는 과정에서 사모펀드가 인정받습니다.

이때의 사모펀드를 PEF(프라이빗 에쿼티 펀드)라고 합니다. 쉽게 말해서 기업을 싸게 사서 비싸게 파는 펀드가 됩니다. 기업의 경영권과 지분에 주로 투자합니다. M&A의 수요자가 되는 것이죠.

이런 사모펀드는 직접 경영에 관여합니다. 사모펀드가 인수하면 경영진이 통째로 바뀌는 경우가 많습니다. 반면에 벤처캐피탈은 성장에 필요한 컨설팅이나 조언은 해주지만 직접적인 경영에는 관여하지 않는 경우가 많습니다. 즉 사모펀드는 성숙한 회사의 경영권이나 지분, 자산 등에 투자하는 반면에 벤처캐피탈은 초기 기업 지분에 투자해 성장시키고 엑시트하는 것이 목표입니다.

전문 투자형 사모펀드는
일종의 헤지펀드입니다

헤지펀드

공격적인 투자를 하면서 위험을 헤지한다고 해서 헤지펀드라는 말이 붙었습니다. 공격적인 투자를 많이 하며, 금융산업이 고도로 발달한 미국 등에서 많이 볼 수 있습니다.

두 번째는 일종의 헤지펀드*와 같은 사모펀드입니다. 앞서 말한 경영 참여형 사모펀드가 주로 기업 경영권이나 기업 지분에 직접투자를 해서 이득을 얻는 형태라면, 이런 투자형 사모펀드는 그야말로 투자금을 받아서 돈을 불리는 것이 최대 목적입니다.

이것에 대한 규제는 2015년부터 풀립니다. 칼라일이나 KKR 같은 세계적인 투자 운용사를 키워보자는 취지에서 시작했는데, 지금에 와서 봤을 때는 좀 기형적인 구조라고 볼 수 있습니다. 사모펀드로 시작을 했는데 공모펀드처럼 은행 창구에서도 팔 수 있게 해놓았으니 말입니다.

이 투자형 사모펀드는 쉽게 말해 '런던 호텔 객실과 같은 상업용 부동산 등에 투자합니다.' 혹은 '공기업의 대출채권에 투자해요'라고 하면서 자신들이 뭘 투자할지를 투자자한테 알리고 투자금을 받습니다.

정부는 이런 펀드를 활성화하겠다는 취지에서 규제를 많이 완화합니다. 49인 투자 체제라는 것은 변함이 없는데, 참여 가능 투자금액을 3억 원에서 1억 원으로 줄여 더 많은 사람이 참여할 수 있게 했습니다.

아직 이 같은 투자 전문형 사모펀드에 대한 경험이 부족하다 보니 여기저기에서 사건·사고가 났습니다. 2019년, 2020년 우리나라 투자업계를 뒤흔들었던 라임 펀드 사태도 부족한 투자 경험에서 상당 부분 기인했습니다.

여기에 관리 감독 체계가 제대로 잡히지 못한 부분도 있습니다. 옵티머스펀드는 투자자는 물론 판매 금융사에 대놓고 사기를 쳤습니다. 이를 잡지 못했던 것은 우리 금융 감독 구조의 한계로 꼽힙니다.

 금융 초보자를 위한 꿀팁!

공모펀드는 1990년대 후반에 나와 2000년대에 전성기를 보냈습니다. 2008년 글로벌 금융위기 이후 수익률 저하로 인기가 시들해졌고, 그 사이를 사모펀드들이 파고들었습니다. 하지만 2010년대 후반 사모펀드들은 경험 부족에 따른 투자 운용에 대한 미숙함을 드러냈습니다.

부동산신탁투자펀드는 어떤 것인가요?

대형 빌딩이나 유원지 등에 투자하려면 자본금이 많이 들 수밖에 없습니다. 물론 수천억 자산가라면 가능하겠지만, 보통 사람이라면 쉽지 않은 게 부동산 투자입니다.

이런 고민을 해결해주는 금융 상품이 있습니다. 부동산과 금융이 결합된 리츠(REITS)입니다. 리츠는 'Real Estate Investment Trusts'의 약자로 우리말로 직역하면 부동산투자신탁이라고 할 수 있습니다. 소액 투자자들로부터 모은 자금으로 부동산이나 부동산 관련 대출에 투자하고 수익을 투자자들에게 배당하는 게 주된 상품 내용입니다.

쉽게 말해 기업 주식에 투자해 기업이 거둔 이익을 배당으로 받듯, 부동산 리츠에 투자해 임대료 등의 수익을 배분받는 것입니다.

주식처럼 리츠도
소액으로 투자 가능합니다

리츠는 임대료 수익이 고정적으로 발생하기 때문에 예금보다도 높은 수익률을 안정적으로 기대할 수 있습니다. 게다가 전 세계적으로 부동산 가격은 꾸준히 상승하고 있습니다. 부동산 가격 상승에 따른 자산증식 효과도 누릴 수 있습니다.

국내 리츠시장도 시나브로 성장하고 있습니다. 우리나라에서는 2001년에 처음 도입되어 2013년에 10조 원을 돌파했습니다. 2016년에 25조 원을 넘어섰고, 2019년 12월 말 리츠시장 규모는 51.2조 원을 달성했습니다. 2021년은 약 65조 원을 예상하고 있습니다.

리츠와 비슷한 성격으로 부동산 펀드가 있습니다. 부동산 펀드는 만기가 있고, 사고팔기가 쉽지 않습니다. 사고팔기 쉽지 않다는 점에서 보면 이른바 상장되지 않은 주식회사의 주식과 같습니다.

그런데 리츠는 주식시장에 상장되어 있습니다. 투자자들은 리츠를 공개된 시장에서 자유롭게 사고팔 수 있습니다.

▪ 리츠의 기본구조 ▪

이런 리츠는 정부에서도 권장하고 있습니다. 소액 분산투자가 가능해 혹여 부동산 경기가 하강한다고 해도 각 개인 투자자들이 입는 손실이 적습니다. 부동산 건설 산업에 투자금이 모이게 되면서 이쪽 산업 분야의 성장도 기대할 수 있습니다.

국토교통부는 리츠정보시스템(reits.molit.go.kr)까지 운영하면서 리츠에 관심을 두도록 독려하고 있습니다. 실제 리츠정보시스템에 들어가면 생각보다 큰 규모의 리츠를 볼 수 있고, 공모에도 참여할 수 있습니다.

부동산 경기가 하강하면
수익도 감소합니다

다만 단점은 부동산 시황에 따라 수익률이 오르내릴 수 있다는 점입니다. 경기 하강으로 상가 등 부동산 공실이 나거나 임대료가 떨어질 때 그렇

리츠의 장점

1. 배당 가능 이익의 90% 이상을 주주에게 배당합니다. 즉 투자자의 높은 수익성을 보장한다는 뜻입니다.
2. 실물 자산이 갖는 안전자산으로서의 가치 확보입니다. 리츠의 주식거래를 통해 부동산 특유의 낮은 유동성 문제를 해결합니다.
3. 리츠를 통해 부동산 투자 및 관리가 가능합니다. 투자자의 부동산 관리에 관한 부담을 해소시켜 줍니다.
4. 국토교통부의 지도·감독하에 리츠를 운영함으로써 사업에 대한 투명성을 높여줍니다.
5. 투자가 주식투자처럼 간단합니다.

리츠의 단점

1. 부동산이 공실이 나거나 임대료가 떨어지면 수익률이 저하됩니다.
2. 사업의 속도가 더디거나 원활하지 않을 경우 수익이 급감합니다.
3. 상장 리츠가 많지 않아 선택의 폭이 좁습니다.
4. 정부의 정책에 따라서 시장 변화 속도가 달라집니다.

출처 : 한국경제교육원

습니다. 더욱이 수년이 걸리는 부동산 프로젝트의 특성상 장기간 투자를 생각해야 할 수도 있습니다.

아직 상장된 리츠가 많지 않다는 것도 단점 중 하나입니다. 이는 선택의 폭이 넓지 않다는 뜻입니다. 다만 정부가 리츠를 정책적으로 지원하고 있고, 부동산이 많은 대형 유통기업 등에서도 리츠에 대한 관심을 보이고 있어 전망은 밝은 편입니다.

 금융 초보자를 위한 꿀팁!

수천억 원 부동산 투자도 소액으로 잘게 쪼개서 할 수 있다는 게 리츠의 장점입니다. 부동산이라는 실물이 있어서 원금을 전부 잃을 가능성이 작고 안정적인 임대료 수익을 기대할 수 있습니다. 정부에서도 적극적으로 권장하는 투자 자산입니다. 다만 부동산 경기에 따라 수익성이 좋아질 수도 있고, 낮아질 수도 있습니다.

선물, 옵션, 스와프란 무엇인가요?

선물은 '특정 시점에 미리 정해진 가격으로 산다'라고 요약할 수 있고, 옵션은 '특정 시점에 살지 안 살지 결정하는 권리'라고 요약할 수 있습니다. 선물계약 이후 옵션이 붙을 수도 있고, 그렇지 않을 수도 있습니다.

스와프는 '바꾼다'라는 뜻입니다. 예컨대 '약속한 대로 리스크를 돈과 바꾸겠다' 혹은 '약속한 대로 약속한 환율로 돈을 바꾸겠다'라는 의미입니다. 미래 리스크를 대비한다는 점에서 보험과 비슷한 면이 있습니다.

선물과 옵션, 스와프는 파생상품 삼총사라고 할 수 있습니다. 파생상품을 만드는 기본적인 원리 구조가 선물·옵션·스와프에서 나온다고 해도 틀린 말이 아닐 정도입니다.

선도거래와 선물거래로
선물은 나뉩니다

선물거래는 거래 과정에 거래소가 있는지에 따라 구분됩니다. 크게는 선도거래와 선물거래로 나뉩니다. 선도거래가 직거래에 가깝다면 선물거래는 공개 시장과 비슷합니다.

원유나 대두, 철과 금속 등 원자재는 안정적인 수급을 위해서 선물거래를 합니다. 주가지수에 대한 선물은 미리 정해진 시점의 주가지수를 사고팔기로 계약하는 것입니다. 그래서 예측이 맞으면 수익을 거두고, 반대로 예측이 틀리면 손실을 보게 됩니다. 대표적인 주가 선물로는 코스피200 선물이 있습니다.

선물거래는 코스피200을 통해서도 할 수 있습니다. 예를 들면 3개월 뒤에 코스피200을 0000포인트에 사겠다고 돈을 거는 것이지요. 선물과 현물의 가격 차이를 '베이시스'라고 합니다. 이 격차는 시장 상황에 따라 달라집

▪ 선도거래와 선물거래의 차이점 ▪

거래	선도거래	선물거래
방식	인수도	차익 정산
상대	제한적	다양
장소	장외거래	거래소
조건	상호합의	거래소 표준화
가격	계약 체결 시 1회	거래소 실시간
증거금	상호합의	예탁 의무화
안정성	불이행 가능성	거래소 보증

니다. 선물이 비싸고 현물이 싸다면, 선물을 팔고 현물을 사는 식으로 차익거래*를 합니다.

　미래에 지수가 오를지 혹은 떨어질지를 예상해 투자를 하다 보니 선물투자는 현물투자보다 좀 더 투기적입니다. 시장의 흐름을 읽는 전문가들도 어려움을 느끼는 실정이니 초보 투자자들한테는 더 어려울 수밖에 없습니다.

　다만 선물시장의 흐름을 보고 코스피200은 물론 전체 코스피 시장의 향방을 짐작할 수 있습니다. 선물에 붙은 future(미래)라는 말에서 볼 수 있듯이 선물시장은 현물보다 선행적으로 움직이기 때문입니다. 보통은 선물이 현물보다 가격이 비싸기 마련입니다(보관료+운송료 등).

　선물 가격 추이를 보고 업황을 예상할 수도 있습니다. 원유나 구리 같은 원자재는 경기에 대한 불안감이 커지면 선물 가격부터 하락합니다.

　반대로 경기가 좋아진다면, 원유나 구리에 대한 수요가 많아질 것이라고 예상하게 되고, 미래에 원유·구리 가격이 올라갈 것으로 전망할 수 있습니다. 미래 시점에 더 비싸지기 전에 원유와 구리를 확보하기 위한 경쟁이 선물 가격 상승으로 이어지는 것입니다.

차익거래

'매수차익거래(현물을 사고 선물을 팔 때)'와 '매도차익거래(현물을 팔고 선물을 살 때)'가 있습니다. 이론적으로 선물은 만기가 되면 현물과 같은 가격이 됩니다. 현물과 선물의 가격 차이인 베이시스가 0이 되는 것이지요. 그렇지만 만기 전에는 현물과 선물의 가격이 서로 다르게 움직입니다. 이 가격 차이가 벌어지는 시점에서 비싼 것을 팔고 싼 것을 사서 그 차익을 실현합니다. 이런 차익 거래는 컴퓨터 프로그램을 통한 알고리즘으로 할 때가 많습니다. 이를 두고 프로그램 매매라고 합니다. 다만 최근에는 컴퓨터를 활용한 다양한 투자 기법이 나오다 보니, 차익거래만 놓고 프로그램 매매라고 하지는 않습니다.

옵션은 특정 시점에 사겠다
혹은 팔겠다는 권리입니다

옵션은 크게 콜옵션과 풋옵션으로 나눠볼 수 있습니다. 콜옵션은 특정 시점에 특정 가격에 자산을 사겠다는 권리이고, 풋옵션은 특정 시점에 특정 가격에 자산을 팔겠다는 권리입니다.

이런 옵션은 선물·선도거래 상황에서 거래 상대방이 겪을 손실을 최소화하는 데 목적이 있습니다. 혹은 거래 성사를 위한 목적으로 옵션을 설정하기도 합니다. 선물거래의 특성상 자산의 가격 변동에 따라 파는 쪽 혹은 사는 쪽은 손해를 볼 수밖에 없습니다. 이런 제로섬과 같은 상황을 완화해보려는 생각에서 나왔습니다.

물론 거래소에서 팔리는 옵션 상품들 상당수는 수익 극대화를 추구하는 투자자들 사이에서 거래되곤 합니다. 선물시장과 마찬가지이지요. 그러나 미래의 혹시 모를 손실을 최소화하기 위해 나온 것으로 간단하게 이해하면 됩니다.

옵션 또한 선물과 마찬가지로 앞으로의 시장 추이를 살펴볼 수 있는 힌트가 됩니다. 특히 시장에서 큰손이라고 할 수 있는 기관이나 외국인이 우리 증시의 향방을 어떻게 보는지 바로미터가 됩니다. 대표적인 주가지수 중 하나인 코스피200지수를 놓고 봤을 때입니다.

각 증권사의 HTS에서 투자자별 매매 현황을 보면 개인과 외국인, 금융투자, 은행, 보험, 연기금 등 투자 주체별로 옵션 잔량 등을 볼 수 있습니다.

두 기업 혹은 국가 간의
장외계약인 스와프

스와프는 미래에 현금흐름을 교환하는 두 기업 혹은 국가 간 장외계약입니다. 스와프 계약 체결서에는 '지급되는 날짜'와 '현금흐름 규모를 명시하는 방법' 등이 기재되어 있습니다. 이자율, 환율 등의 시장 변수를 고려해 서로 간에 이득이 되는 방향으로 계약을 맺습니다.

우리나라에는 통화스와프가 대표적인 스와프 상품으로 알려져 있습니다. 다른 나라와 달러 통화스와프를 맺어두면 한도 안에서 달러를 바꿀 수 있는 약속이지요. 달러가 매우 빠르게 소진될 때를 대비한 보험으로 볼 수 있습니다.

영국이나 호주 등 미국과 긴밀한 관계에 있는 나라들은 달러 기준 외환 보유고가 낮습니다. 언제든 미국에서 달러를 꾸어 올 수 있는 달러 스와프 협정이 체결되어 있기 때문입니다. 굳이 달러를 모으려고 애쓸 필요가 없는 것이지요.

 금융 초보자를 위한 꿀팁!

파생상품은 통화, 증권, 원자재 등 기초자산에 근거해 파생된 금융상품입니다. 넓은 의미로는 기초자산 외 모든 상품을 파생상품으로 보기도 합니다. 이 파생상품은 각 거래자 간 협의에 따라 만들어지는 장외파생상품과 거래소에서 거래된 장내파생상품이 있습니다. 장내파생상품으로는 코스피200 선물·옵션 등이 있습니다.

질문 TOP 33

자산유동화증권 때문에 미국이 망할 뻔했다고요?

특수목적법인(SPC)

Special Purpose Corporate의 약자로 특정 사업이나 목적을 수행하기 위해 세워진 회사입니다. 자산 유동화 사업을 위해 금융사가 특별히 만든 법인으로 자금관리, 세금, 출자금 관리 등의 업무를 봅니다.

자산유동화증권(ABS)은 당장 현금화가 어렵지만 수익이 나오는 자산을 '유동화(현금화)'하는 것을 의미합니다. 중간에 특수목적법인(SPC)*이나 금융사가 들어와 자산에서 수익을 얻을 권리를 증권화하고 쪼개서 팝니다. 자산소유주는 수익이 나올 때까지 걸리는 시간을 아낄 수 있고 투자자들과 금융사는 유동화 과정에서 수익의 일부를 나눠 갖습니다. 이처럼 자산유동화증권은 서로가 원원이 되는 방법을 찾아가는 투자 자산이라고 볼 수 있습니다. 주로 매출채권, 주택담보대출증권 등이 자산유동화증권이 되곤 합니다.

ABS는 미래 수익을 앞당겨
수익화합니다

기업 A가 있다고 가정해봅시다. A가 10억 원 단가 제품을 납품하고 1년 만기 10억 2천만 원짜리 매출채권을 받았다고 가정해봅시다.

그런데 A는 당장 현금이 필요합니다. 재료비도 줘야 하고, 인건비도 부담입니다. 1년을 기다리기 힘든 것이지요. 그렇다고 이 매출채권을 팔기도 힘듭니다. 정식으로 유통되는 채권이 아니기 때문이지요.

이때 특수목적법인(SPC)이 제안합니다. 매출채권을 할인해서 넘기라고 하는 것입니다. SPC는 A기업을 실사해보니 당장 부도 위험이 없고, 매출채권을 내어준 상대 기업도 신용도가 양호하다고 판단했습니다.

A기업은 회의를 하고 9억 7천만 원에 이 채권을 넘기기로 합니다. 1년

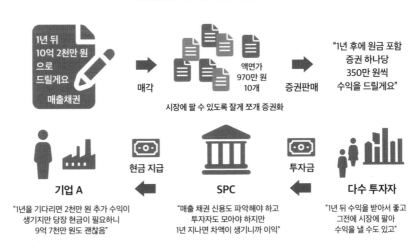

• ABS(자산유동화증권) 발행과 유통 과정 •

을 기다리면 10억 2천만 원이 생기지만 당장 1년이란 시간을 아끼는 게 이 기업에 더 도움이 될 것이라고 여긴 것입니다.

SPC는 A기업의 채권을 10개로 잘게 쪼갭니다. 이렇게 만들어진 증권은 액면가 9,700만 원짜리가 되어 금융시장에 유통이 됩니다. 이 증서에는 1년 뒤 350만 원을 받는다는 약속이 적혀 있습니다. A기업의 매출채권을 기초자산으로 만들어진 이 채권은 새롭게 '자산유동화증권'이 되어 유통되는 것입니다.

투자자는 이 증권을 갖고 있으면 1년간 3.6%의 수익을 거둘 수 있습니다(9,700만 원을 투자해 350만 원의 수익을 얻는다고 단순 가정).

1년 뒤 약속대로 10억 2천만 원을 받게 되고 SPC는 투자자들한테 분배하고 1,500만 원을 수익으로 거두게 됩니다. 1년이란 시간을 기다리고 투자자를 찾아서 잘 판 덕분입니다.

자산유동화증권은 단어 그대로 '자산'을 '유동화'한 '증권'이란 뜻입니다. 이 자산은 부동산이나 어음, 채권 등 수익이 발생하는 자산을 뜻합니다. 유동화는 바꿔 말하면 현금화라고 할 수 있습니다.

이 자산유동화증권을 통해 기업 A는 1년이란 시간을 아낄 수 있습니다. SPC와 투자자들은 이 과정을 통해 수익을 올릴 수 있습니다. 기업 A와 투자자, SPC 모두가 이익인 것입니다.

이런 ABS는 다양하게 응용됩니다. 기업 어음이나 채권은 물론 대출 상품에도 활용됩니다. 예컨대 20년 만기 대출을 유동화 과정을 거쳐 주택저당증권(MBS, Mortgage Backed Securities)으로 만들어 유통하는 식입니다. 대출상품이 또 다른 금융상품으로 파생되는 것이지요.

미국을 습격한
중하위 신용자 대출 ABS

사실 자산유동화증권의 종류는 너무나 많습니다. 별별 것을 다 유동화시켜 만들 수 있습니다. 주택담보대출을 갖고 증권화하는 것은 흔한 일입니다. 이 증권을 담보로 해서 추가로 대출을 받을 수 있고, 여러 개를 뭉치고 쪼개는 과정을 반복하면서 전혀 다른 새로운 금융상품이 되어 나오기도 합니다.

2008년 글로벌 금융위기 직전 서브프라임 모기지사태*가 있었는데, 이 사태는 무리한 자산 유동화와 관련이 있습니다. 미국 주택가격이 치솟을 때 미국 은행들은 중하위 신용자들한테도 주택담보대출을 내줬습니다. 주택가격이 계속 올라갈 것이라는 예측을 관성적으로 했고 부실화에 대해 우려를 하지 않았던 것입니다.

그리고 이 주택담보대출을 한데 묶어서 쪼개고 이를 증권화했습니다. 묶고 쪼개는 과정에서 중하위 신용등급의 주택담보대출 자산유동화증권이 중상위 금융상품으로 둔갑을 했던 것이지요. 이는 결국 미국 은행들의 부실로까지 이어졌습니다.

서브프라임모기지사태

모기지론(mortgage loan)은 우리말로 주택담보대출을 뜻합니다. 집을 살 때 은행에서 그 집을 담보로 돈을 빌려 사고, 이자와 함께 갚는 금융상품입니다. 미국 모기지론 시장은 대출자의 신용도에 따라 '프라임' '알트에이' '서브프라임'으로 나뉩니다. 신용평가사인 FICO(Fair Issac and Company)에서는 신용점수를 크게 4단계로 나눕니다. 최상위인 엑설런트(Excellent), 그다음 단계인 페어(Fair), 모더레이트(Moderate), 배드크레딧(Bad Credit) 등입니다. 프라임은 페어 이상 최상위 신용등급자로 우리로 치면 1~2등급 정도 됩니다. 알트에이는 모더레이트 단계로 3~4등급 이상은 되지만 소득이 불분명하거나 두 번째 주택을 구매할 때입니다. 서브프라임모기지는 배드크레딧에 해당하는 사람들에게 주어지는 대출입니다. 우리나라로 치면 중하위 신용자로 금리가 높게 설정됩니다. 미국 은행들은 주택 호경기를 틈타 이들 중하위 신용자들에게 무분별하게 모기지론을 내줬습니다. 우리로 치면 시중은행들이 중하위 신용자들에게 주택담보대출을 내주고 금리를 높게 받았던 것입니다.

그 부실은 미국 주택시장의 붕괴로 나타납니다. 미국 연방준비제도는 인플레이션을 우려해 금리를 높였고, 이는 대출자들의 이자 부담 증가로 이어집니다. 애초에 돈 갚을 능력이 없거나 부족했던 중하위 신용자들은 부도를 냅니다. 이 부실이 쌓이면서 결국 대형 투자은행인 리먼 브러더스의 파산으로 이어졌습니다. 리먼 브러더스의 파산은 다른 금융사들의 부실을 일으킵니다. 금융사끼리도 대출 관계로 연결되어 있기 때문입니다.

은행들의 연쇄 파산이 우려되자 연방준비제도가 나섭니다. 달러를 찍어서 시장에 뿌리기 시작했던 것입니다. 금융시장은 겨우 안정이 됐지만 전 세계 글로벌 금융시장에 깊은 상처를 남겼습니다.

 금융 초보자를 위한 꿀팁!

자산 유동화는 말 그대로 자산을 현금화해서 만든 증권입니다. 미래 수익을 앞당겨 수익화하는 데 목적이 있습니다. 2008년 글로벌 금융위기는 미국 은행들의 무리한 대출 유동화가 원인이 됐습니다.

주가연계증권인 ELS는 어떤 상품인가요?

ELS는 주가연계파생결합증권(Equity-Linked Securities)으로 읽습니다. 이름에서 보듯 '주가'가 '연계'된 '증권'이란 뜻입니다. 대칭점에 있는 상품이 파생결합증권(DLS)입니다. 파생결합증권(Derivative Linked Securities)은 금리, 원자재 가격 등 주가 이외 다른 자산의 가치 변동을 기초자산으로 해서 수익을 냅니다.

기초자산의 지수 혹은 가격에 추종하는 파생결합증권이다 보니 언뜻 보면 ETF와 비슷해 보입니다. 그러나 ELS나 DLS는 복수의 기초자산의 지수를 추종합니다. '50% 이상 하락'과 같은 극단적인 경우가 아니라면 약속된 수익을 받습니다. 주가지수 움직임에 따라 수익이 유동적인 ETF와 다른 부분입니다.

ELS는 국내외 주가와 연계된
파생증권입니다

ELS는 '웬만해서는 원금을 잃을 일이 없다는 설명'과 함께 판매되었습니다. ELS의 수익률은 예·적금보다 높은 2~6% 정도 됐고, 초위험 상품은 14%까지 가는 것도 있었습니다. 은행 예·적금 이자에 만족은 못 하지만, 그렇다고 직접투자할 시간과 지식이 부족했던 투자자들에게 ELS가 많이 팔렸습니다.

상품 구조만 보면 ELS는 안전한 축에 들어갑니다. 원금은 안전한 예금과 채권에 투자하고 여기서 나온 이자를 투자해 수익을 내고 돌려주는 형태이기 때문입니다.

게다가 만기 이전에 원금과 수익금을 받을 수도 있습니다. 조기 상환 기회도 3개월에서 6개월마다 부여됐습니다. 길어도 3년에서 3년 6개월 정도면 약정된 수익을 얻을 수 있다고 홍보가 됐습니다.

추종하는 지수도 비교적 안전하다고 평가받는 유럽이나 독일, 홍콩의 주가지수를 추종했습니다. 개발도상국보다 상대적으로 안정적으로 보이는 주가지수입니다. ELS 상품 중에는 코스피를 비롯해 2~3개 지수를 넣어놓곤 했습니다.

혹은 개별 주식들의 주가를 편입시켜놓기도 합니다. 삼성전자나 애플의 주가 등입니다. 이들 지수가 급전직하 하지만 않으면 약속된 원금과 이익을 모두 돌려받습니다.

수익은 정해져 있지만,
손실은 얼마가 될지 몰라요

그런데 문제는 주식시장이 매해 좋을 수만은 없다는 점입니다. 짧으면 6개월, 길게는 3년 가까이 돈을 맡겨 놓는 동안 선진국 증시도 하루가 다르게 움직이고 출렁입니다. 손실 가능성은 적고, 정해진 규칙만(예컨대 추종하는 지수 3개 중 2개가 50% 이상 떨어지지 않는다 등) 충족하면 약속된 수익을 받

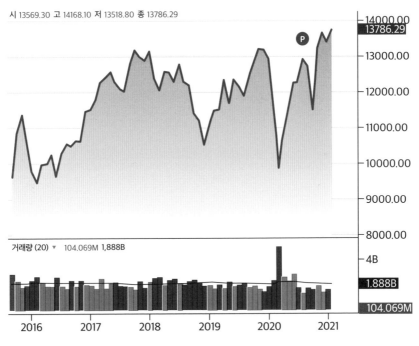

■ 독일 DAX지수 추이 ■

시 13569.30 고 14168.10 저 13518.80 종 13786.29

출처: 네이버금융

독일 DAX지수의 추이를 보면 알 수 있듯이, 선진국 증시라고 해서 안정적이라고 보기는 힘듭니다.

긴 하지만, 그만큼 손실 위험도 있습니다.

2020년 코로나19 사태처럼 예기치 못한 경제 충격이 닥쳐 주가지수가 붕괴하면 원금을 잃을 수도 있습니다. 2020년 3월에는 주가지수가 급전직하 하면서 일부 ELS는 원금 손실 구간에까지 들어섰습니다.

그래도 DLS보다는 안전한 편이라고 할 수 있습니다. DLS는 상품에 따라 90% 이상 손실을 낸 일도 있습니다. 2020년에 불어닥친 동학 개미 운동은 '저렴해진 주식을 사자'라는 측면도 있지만, 은행과 증권사에서 판매했던 금융상품에 대한 불신도 일조했을 것으로 보입니다.

DLF 사태가 일어난 배경은
경기에 대한 불안감 때문이었습니다

DLF

여러 DLS를 모아 하나의 펀드로 만들어 놓은 게 DLF입니다.

코로나19 사태가 일어나기 전인 2019년 하반기부터 은행들은 DLF* 사태로 골머리를 썩었습니다. 독일 국채 금리 수익률이 마이너스로 떨어지면서 이 수익률을 추종하던 DLF 상품 가입자들이 원금 손실을 크게 입었기 때문입니다. 최고 안전자산이라고 여겼던 독일 국채의 배신과 같았습니다.

독일 국채 수익률은 왜 마이너스가 됐을까요? 2019년 말부터 경기가 하강할 것이라는 불안감이 돌면서 독일 국채와 같은 안전자산에 투자하려는 수요가 몰렸습니다. 수요가 몰리다 보니 독일 국채의 가격은 높아졌습니다. 이 중에는 조금 손해를 봐도 독일 국채를 하겠다는 투자자들도 있었습니다. 독일 국채의 가격 상승으로 수익률은 마이너스로 떨어지게 됩니다.

독일 국채 자체는 정해진 액수에 정해진 금리를 주지만, 시장에서 거래되는 독일 국채의 가격과 수익률은 수시로 변동(가격)하고 때로는 마이너스(수익률)로 떨어지기도 합니다. DLF를 판매하면서 이 부분에 대한 설명이 부족했던 것입니다.

이처럼 시장 가격과 지수, 금리는 예상치 못한 방향으로 움직이고 때로는 급등하고 때로는 급락합니다. 투자에 있어 다양한 경기 변수를 살펴봐야 하는 이유입니다.

 금융 초보자를 위한 꿀팁!

ELS와 DLS는 기초자산의 지수나 가격이 약속한 범위 밖으로 떨어지지 않으면 수익을 지급합니다. 대부분은 안전하게 원금과 수익을 상환받지만, 코로나19처럼 예기치 못한 경기 변동 상황에서는 손실을 볼 수 있습니다. 그 손실 규모는 때에 따라 90% 이상일 수도 있습니다.

CDS는 크레디트디폴트스와프(Credit Default Swap)의 약자입니다. 이름 자체는 매우 어려워 보이지만 하나하나 풀어 쓰면 쉽습니다. 우리말로 신용 부도스와프라고 합니다. '신용'이 '부도'가 나면 '스와프(바꿔준다)'라는 뜻입니다.

신용이 부도가 난다는 뜻은 채권 등 투자 자산이 채무 불이행 상태가 된다는 뜻입니다. 채권자나 투자자로서는 손실이 날 수밖에 없는데요, 이 손실을 '스와프(바꿔준다)'해준다는 얘기입니다.

그전에 투자자나 채권자는 CDS 프리미엄이라고 해서 얼마 정도의 수수료를 지급합니다. 부도가 안 나면 CDS 프리미엄은 금융사의 몫이 되고 실제 부도가 나면 금융사가 그 손실액을 보전해줍니다. '보험'과 비슷한 개념입니다.

CDS는 보험 성격의
파생상품입니다

이해하기 쉽게 예를 들어보겠습니다. 기관 투자자 A가 기업 B의 회사채를 1천억 원어치 사들였다고 가정해봅시다. B는 신용평가사로부터 우량등급으로 인정받은 회사라 부도 위험은 낮았습니다. 그런데 돌다리도 두들겨보는 심정으로 A는 금융사 C에게 CDS 계약 체결을 요청합니다. 금융사 C는 기업 B를 실사하고 부도 위험이 극히 낮다고 판단하고 CDS 계약을 체결합니다. 대신 CDS 프리미엄이라고 해서 CDS 계약이 유지되기 위한 수수료를 요구합니다. 이게 금융사 C의 수익이 되고 기관 투자자 A에게는 보험료가 됩니다.

만약 기업 B가 부도가 나면 금융사 C는 1천억 원을 대신 내어줍니다. 금융사 C는 애초 CDS 계약을 체결하지 않았거나 CDS 프리미엄을 더 많이 요구 했어야 했다고 후회할 것입니다.

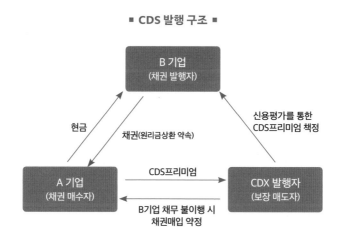

■ CDS 발행 구조 ■

일반 투자자가 주목할 부분은 CDS 프리미엄입니다. 부도가 발생할 확률이 높을수록 CDS 프리미엄도 높아질 수밖에 없습니다.

국가에도
CDS 프리미엄이 있습니다

국가에도 CDS 프리미엄이 있습니다. 정확히 말하자면 국가가 발행한 채권 자산에 붙는 CDS 프리미엄입니다. 한국이 발행한 국채를 누군가 사고, 혹여 한국의 채무 불이행이 불안하다면 CDS 프리미엄을 내고 CDS 계약을 금융사와 체결하면 됩니다.

한국경제가 건실해 한국 정부가 발행하는 국채에 대한 신용도가 높다면, 당연히 CDS 프리미엄이 작아집니다. 사고에 대비한 보험료 성격이 강하기 때문입니다.

2011년 한때 그리스의 CDS프리미엄은 2,000bp(20%)까지 올라갔습니다. 2010년 발발한 남유럽 경제위기의 여파로 그리스가 사실상 부도 상황까지 내몰렸기 때문입니다. 시장에서는 1,000bp가 넘어가면 사실상 부도 상태로 봅니다. 당시 그리스는 부도나 다름없을 정도의 신용위기를 겪고 있었다는 뜻입니다.

우리나라 정부가 발행한 국채에 대한 CDS프리미엄은 선진국 수준에 와 있다고 볼 수 있습니다. 2021년 6월 기준 국채 5년물(만기가 5년인 우리나라 정부 발행 채권) CDS프리미엄은 뉴욕 시장에서 18bp를 기록했습니다. 세계 3위 경제대국으로 글로벌 경제위기 때마다 안전자산으로 선호되는 엔화를

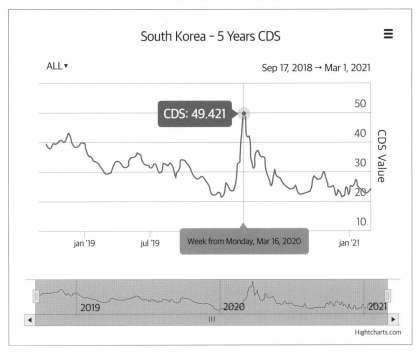

South Korea - 5 Years CDS

ALL▼   Sep 17, 2018 → Mar 1, 2021

CDS: 49.421

CDS Value

Week from Monday, Mar 16, 2020

jan '19   jul '19   jan '21

2019   2020   2021

Hightcharts.com

한국 국채 5년물 CDS 프리미엄이 2020년 3월 16일 49bp*를 넘은 바 있습니다. 그만큼 우리경제의 위기감도 높았다는 얘기입니다. 최근 기준 CDS프리미엄은 20bp를 가리키면서 일본과 비슷한 수준까지 내려와 있습니다.

bp

베이시스포인트(bp, basis point)로 읽지만 흔하게 '비피'라고 읽습니다. 이자율을 계산할 때 사용하는 최소 단위입니다. 1%를 100개로 쪼갠 것으로 0.01%는 1bp가 됩니다. 1bp까지 보는 이유는 채권시장에서 기본적으로 원금의 크기가 크기 때문에 0.01%만 움직여도 적지 않은 돈이 움직이기 때문입니다.

가진 일본(17bp, 국채 5년물 기준)보다 근소한 차이로 낮은 수준입니다.

우리나라보다 CDS프리미엄이 낮은 나라로는 덴마크(7.98), 스웨덴(8.56), 영국(9.75), 미국(10.6), 호주(15.47)가 있습니다. 우리나라보다 CDS프리미엄이 높은 나라는 프랑스(22.6), 스페인(33.3) 등이 있습니다.

CDS프리미엄 순위로는 최근 기준 한국이 14위입니다. 세계에서 열네 번째로 부도 가능성이 낮다는 뜻입니다. 과거 개발도상국 때를 생각해보면 충분히 자랑스러워할 만합니다. 다만 이 CDS프리미엄은 국가 경제 상황에 따라 변동성이 높게 움직입니다. 지금 낮다고 해서 결코 안심할 수 없는 것입니다. 꾸준히 국가 경쟁력을 유지하고 개선해나가야 하는 이유이기도 합니다.

 금융 초보자를 위한 꿀팁!

CDS는 채권과 같은 자산의 부도위험을 대비한 보험상품과 같은 파생상품입니다. 투자자들은 평소 CDS 프리미엄이라고 해서 금융사 등에 수수료를 지급하다가 실제로 부도가 나면 손실액을 받게 됩니다.

6장

주식투자
초보자라면
꼭 알아야 할 것들

주식은 기업의 소유권을 잘게 쪼갠 증서입니다. 이 주식이 증권사를 통해 사고 팔립니다. 상장사 주식은 공개된 시장에서 팔리고 가격 결정도 매수 희망가와 매도 희망가 사이의 접점에서 결정됩니다. 사려는 사람이 많아지면 가격이 올라가고, 사려는 사람이 적거나 팔려는 사람이 많아지면 가격이 내려갑니다. 사람들의 관심이 높아져 가격이 올라가는 종목을 먼저 찾아내는 게 중요합니다.

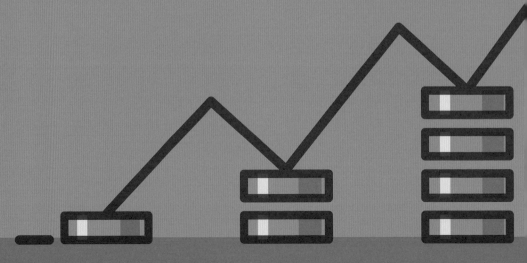

주식이란 게
도대체 무엇인가요?

▶ **저자직강 동영상 강의로 이해 쑥쑥**
QR코드를 스캔하셔서 동영상 강의를 보시고
이 칼럼을 읽으시면 훨씬 이해가 잘됩니다!

주식은 기업의 소유권을 잘게 쪼개 나눈 유가증권입니다. 이 주식은 기업의 종잣돈이라고 할 수 있는 자본금에서 비롯됩니다. 종잣돈을 많이 댄 사람일수록 주주로서 더 큰 목소리를 냅니다. 기업이 이익을 배분할 때도 먼저 배분받습니다.

주식회사의 이점은 실패에 따른 금전적 부담을 주주들이 나눠 책임진다는 데 있습니다. 경영자가 전적으로 책임지는 구조가 아니기 때문에 보다 공격적으로 이윤추구 행위를 할 수 있습니다.

주식은
기업의 가치를 나타냅니다

주식회사는 크게 두 종류로 나눌 수 있습니다. 상장사와 비상장사입니다. 상장사는 회사의 주식 일부를 떼어내 공개된 시장에서 유통합니다. 한국거래소가 운영하는 코스피나 코스닥 같은 시장입니다. 기업은 지분 일부를 팔아 현금화할 수 있습니다.

주식의 가격은 공개된 시장에서는 매도(공급)와 매수(수요) 호가에 따라

■ 회사의 종류 ■

회사의 종류 (상법 제169조 분류)	형태	특징
합명회사	회사에 출자한 사람들(법률용어로 사원)이 채무 변제의 책임도 공동으로 짐	친밀한 이들이 공동으로 운영, 1~2인 소기업이 많음
합자회사	1인 이상의 무한책임사원(출자와 채무까지 책임), 1인 이상의 유한책임사원(출자한 금액만큼 책임)으로 구성	회사 경영은 무한책임사원이 맡고 유한책임사원은 출자에 대한 이익을 배당
유한책임회사	유한회사와 비슷한 구조이지만 자본금을 낸 사원들이 조합처럼 모두 공평한 의결권을 행사	주주총회, 이사, 감사 등 회사의 기관에 관한 규정이 따로 없음. 외국계기업(1인 사원 100% 출자)이나 초기 스타트업 등이 선호
유한회사	회사의 소유와 경영이 분리된 형태. 자본금을 낸 사원들이 지분율만큼 의결권 행사	주주총회 대신 사원총회 등 운영
주식회사	소유와 경영이 분리. 소유는 주주가, 경영은 이사들이 함	국내 상법상 회사의 90% 이상이 주식회사의 형태

결정됩니다. 사려는 수요가 많아지면 주식의 가격은 오릅니다. 주식을 사기 위해 주문을 내는 가격을 호가라고 합니다. 호가에 사려는 수요가 있으면 주문이 체결됩니다.

주식가격을 발행 주식수만큼 곱하면 시가총액이 됩니다. 시가총액은 기업가치를 판단하는 한 지표입니다. 이론적으로 시가총액만큼의 돈을 부담하면 그 기업을 살 수 있습니다.

시가총액을 순이익으로 나누면 주가수익 비율(PER, price earning ratio)*이 나옵니다. 순이익과 비교해 기업가치가 얼마나 큰지 확인할 수 있는 지표입니다.

주식의 종류에는 크게 보통주와 우선주가 있습니다. 보통주는 실제 기업의 소유권을 쪼개어 나눈 증권입니다. 만약 기업가치가 1억 원인데, 이 기업의 보통주를 5천만 원어치를 갖고 있다면 50%의 지분을 소유한 사람입니다. 절반 이상의 지분을 갖고 있으니 기업 내 입김도 가장 셉니다.

> **PER**
>
> PER을 이렇게 생각하시면 됩니다. 시가총액(1만 원X1만 주) 1억 원인 기업이 있고, 매해 당기순이익이 1천만 원인 기업이 있다고 가정해봅시다. 이 기업이 발행한 주식을 전부 샀다(1억 원 어치)고 가정했을 때 10년이면 본전을 뽑게 됩니다. 이때 이 기업의 PER는 10이 됩니다.

한국은 보통주에 차등을 두지 않지만, 미국 시장에서는 차등을 줍니다. 같은 보통주라도 창업주가 갖는 주식의 경영권 가치가 일반 보통주보다 몇 배 더 큰 것입니다. 소규모 주식을 갖고 있더라도 안정적으로 기업을 운영하게끔 하기 위한 목적입니다.

우선주는 배당이 우선인 주식입니다. 경영에 참여할 수 있는 의결권은 없습니다. 대신 보통주보다 배당을 더 받습니다. 상장된 양도 많지가 않습니다.

모바일 발달과 직접투자 관심으로
주식투자 인구 급증

주식회사는 1600년대 네덜란드를 중심으로 유럽에서 고안되어 나왔습니다. 물론 고대 로마에도 동업이라는 형태로 있긴 했습니다. 사적으로 사고팔던 주식거래는 중개인이 생기고 어느덧 거래소에서 이뤄집니다.

인쇄기술의 발달과 신문과 잡지의 등장은 주식에 대한 대중들의 관심을 더 높이는 역할을 했습니다. 주식거래를 위해서는 시장에 직접 나가거나 중개인에게 매수를 요청해야 했습니다. 이때는 실제 종이로 만들어진 증권을 사고파는 형태였습니다.

주식거래 과정이 극적으로 편리해진 때는 2000년대 이후 HTS가 등장하면서부터입니다. 2000년에는 오프라인 증권사 없이 HTS로만 거래를 중개하는 증권사(현 키움증권)가 등장했습니다.

2010년대 이후 모바일 서비스가 발달하면서 모바일거래시스템(MTS)이 등장합니다. 집에 있는 PC뿐만 아니라 화장실이나 지하철, 차 안에서도 주식을 사고팔 수 있게 됐습니다.

🐷 금융 초보자를 위한 꿀팁!

주식은 기업의 소유권을 잘게 쪼갠 유가증권입니다. 주가에서 발행한 주식수를 전부 합치면 시가총액이 되고 이는 기업가치를 판단하는 한 지표가 됩니다. 모바일의 발달과 펀드 등 간접투자에 대한 불신, 저금리 등으로 주식투자에 관한 관심이 높아졌고, 이는 코스피 3000선 돌파로 이어졌습니다.

한창 삼성전자 주식투자 열풍이 불던 시기, 삼성증권 직원들은 깜짝 놀랍니다. 초보 주식투자자들이 삼성전자를 사기 위해서 삼성증권에 계좌를 텄기 때문입니다. 증권사 어느 한 곳에 계좌만 있으면 코스피나 코스닥은 물론 ETF, ETN, 선물과 옵션 등 파생상품까지 살 수 있다는 것을 몰랐던 것입니다.

은행에서 벗어나 주식을 비롯한 다양한 투자상품을 섭렵하고 싶다면 증권계좌부터 만드는 게 첫걸음입니다. 요새 증권사는 종합금융사 형태를 띠면서 주식 중개는 물론 선물거래까지 다양하게 하고 있습니다.

증권사 계좌를
트는 방법

증권계좌를 만들기 위해서는 첫 번째가 직접 증권사 지점을 찾아가는 것입니다. 본인의 신분증을 들고 증권사 지점에 가서 번호표를 뽑고 앉아 있다가 증권계좌를 만들러 왔다고 하면 됩니다.

두 번째는 비대면 방식입니다. 불과 5년 전까지만 해도 증권사 홈페이지에 들어가서 HTS를 깔고 전화나 ARS로 본인 인증을 하는 과정이 필요했습니다.

최근 들어 MTS가 보편화하면서 증권계좌 만들기가 쉬워졌습니다. 증권사 앱을 깔고 본인 인증 과정만 거치면 5분도 채 안 되어 증권계좌가 만들

■ 비대면 증권계좌 개설 안내 페이지 (삼성증권) ■

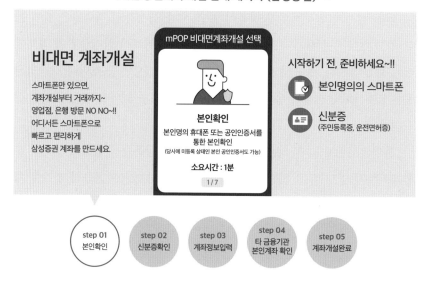

어집니다. 단, 이때 본인의 신분증을 촬영해야 해서 주민등록증이나 운전면 허증과 같은 신분증이 필요합니다. 되도록 발급받은 지 오래되지 않았을수록 편합니다(삼성증권 계좌개설 안내 참고).

MTS와 HTS의 장단점을 직접 비교하기는 쉽지 않습니다. MTS는 언제 어디서든 내 계좌 잔고의 주식 상황을 살펴볼 수 있는 대신 화면이 작아 다양한 정보를 보기 힘듭니다. HTS는 넓은 PC 화면을 쓰는 만큼 다양한 정보를 제공하고 있습니다. 공시와 실시간 뉴스, 시황 등 실시간으로 봐야 하는 신문사 증권 담당 기자들도 자신들의 컴퓨터에는 꼭 HTS를 깔아두고 있습니다.

초보투자자는
종합매매 계좌로

계좌가 개설되면 CMA계좌, 종합매매계좌, 선물옵션계좌, 연금저축계좌 등을 골라야 합니다. 주식투자를 위해서는 종합매매계좌를 고르면 됩니다. CMA계좌는 수시입출금이 되면서 은행보다 높은 이자를 줍니다. CMA계좌를 통해 국내주식투자가 가능합니다. 국내 주식에만 투자한다면 CMA계좌만 만들어도 됩니다. 계좌이체나 송금 등도 가능해서 은행계좌 대신 쓰기도 합니다.

종합매매계좌는 CMA계좌에 해외주식까지도 거래가 가능한 계좌입니다. 선물옵션계좌는 말 그대로 선물과 옵션을 거래하기 위한 계좌입니다. 주식투자가 처음이라면 굳이 이것을 선택하지 않아도 됩니다.

증권계좌가 은행계좌와 다른 점은 그 안에 들어 있는 금액에 대한 용어부터 차이가 난다는 점입니다.

증권계좌에 들어 있는 돈은 예수금이라고 부릅니다. 은행계좌에 있는 예금과 구별되는 부분입니다. 이 예수금계좌는 투자를 위해 증권사에 꾸려놓은 내 지갑과 같습니다. 그래서 예금자 보호가 안 된다고 봐도 무방합니다. 일부 CMA는 예금자 보호가 되나 이는 우리투자종금과 같은 종금사에서 개설한 CMA만 가능합니다. 그런데 종금사가 별로 남지 않다 보니, 증권사에서 개설한 CMA는 예금자 보호가 안 된다고 보면 됩니다.

 금융 초보자를 위한 꿀팁!

증권계좌는 증권사 지점에 가서 만드는 게 일반적이었지만 최근에는 비대면으로 가능해졌습니다. 모바일 앱의 발달 덕분에 바로 주식계좌를 열고 투자할 수 있습니다. 직접 주식투자를 하는 초보자라면 소액으로 시작하면서 감을 익히는 게 중요합니다.

질문 TOP 38

시시각각 변하는 호가창으로 무엇을 알 수 있나요?

호가(呼價)란 말은 말 그대로 '가격을 부르다'라는 뜻입니다. 만약에 내가 A라는 주식을 산다면 그 주식을 가진 이가 얼마에 팔려는지 알아야 할 필요가 있습니다. 반대로 팔려고 하면 사려는 사람들이 얼마 정도의 가격을 생각하고 있는지 알아야 합니다. 이런 정보를 보기 쉽게 투명하게 만들어 놓은 것이 호가창입니다.

사려는 사람들의 희망가, 팔려는 사람들의 희망가가 만나는 접점에서 거래가 이뤄집니다. 여기서 형성된 가격대가 주가가 됩니다.

호가창은 매도 세력과 매수 세력의
접점이 표현되어 있습니다

호가창을 보면 남과 북과 같은 두 개의 세력이 맞닿아 있는 게 보입니다. 보통은 팔려고 하는 매도 호가가 상단에 있고 푸른색 계통으로 구분돼 있습니다. 사려고 하는 매수 호가는 밑에서부터 형성돼 올라오면서 대체로 붉은 계통의 색깔로 구분됩니다.

두 세력이 만나는 접점에 파란 박스와 빨간 박스가 만나는 부분을 볼 수 있습니다. 파란 박스는 최근에 매도된 가격, 빨간 가격은 최근에 매수된 가

■ HTS에서 볼 수 있는 호가창 (이트레이드증권) ■

격을 나타냅니다. 이 접점은 시장 상황에 따라 움직입니다.

이 박스를 사이로 위로는 매도하고 싶은 가격대가 늘어서 있습니다. 아래로는 매수하려는 가격이 늘어서 있고요. 각각 옆에는 '잔량'이 표기되어 있습니다. 파란색 매도세 옆에 있는 잔량을 매도 잔량, 붉은색 매수세 옆에 있는 잔량을 매수 잔량이라고 합니다.

이 잔량은 그 가격대에 사고 싶어 하는 주식수라고 보면 됩니다. 만약 최근 매수 체결가가 1만 원인데 그 밑에 9,950원에서 잔량이 1,500을 가리키고 있다면, 9,950원에 그 주식을 사고 싶어 하는 대기 수요가 1,500주 가량 몰려 있다는 뜻입니다.

많은 사람은 최대한 싸게 사서 최대한 비싸게 팔고 싶어 합니다. 싸게 사려고 하면 그 가격에 팔려고 하는 사람들이 있어야 합니다. 그러다 보니 매수하려는 사람들과 매도하려는 사람들 간의 신경전이 벌어지게 되는데, 매수하려는 사람들이 더 많아지면 주식가격은 당연히 올라갑니다. 반대면 주가는 내려갑니다.

다만 정규 시간에 열리는 장에서는 가격과 시간, 수량의 원칙에 따라 거래됩니다. 매도하려면 더 싼 주문이 먼저 팔리고, 매수하려면 더 비싼 가격을 낸 주문이 먼저 소진됩니다. 만약 같은 가격이라면 조금이라도 더 빨리 주문을 낸 투자자에게 우선권이 갑니다. 내가 가장 최근에 거래된 현재가로 주문을 넣어도 이 가격에 잔량이 남아 있다면 그 잔량부터 소진된 다음에야 거래가 됩니다.

이런 세력 균형은 모바일 주문 창에서 볼 수 있습니다. HTS 창에서는 잔량에 대해 그래프 등으로도 볼 수가 있습니다.

매수와 매도는
철저히 영업일과 시간을 따집니다

주식시장은 빨간 날은 쉽니다. 이런 날은 매수와 매도를 누를 수가 없습니다. 평일 업무시간에만 가능한 게 매수와 매도입니다.

주식거래 정규시간은 오전 9시부터 오후 3시 30분까지입니다. 다만 동시호가 제도가 있어서 장이 열리기 전 30분 동안(오전 8시 30분~오전 9시) 얼마에 사고팔지 미리 주문 접수를 받기는 합니다. 장 전에 예약을 받는 것일 뿐 살 수 있는 것은 아닙니다.

이렇게 30분 동안 접수된 주문과 가격을 고려해 시작가격(시가)이 결정됩니다. 수요와 공급의 법칙에 따라서 시작 전에 주문이 막 몰리는 종목은 시가가 비싸게 시작할 것입니다. 그 반대라면 싼 가격에 시작가가 형성됩니다.

그러면 시작가격은 어떻게 정할까요? 전날 종가를 참고해서 내가 이만큼의 가격으로 사겠다고 예비 주문을 합니다. 예컨대 KB금융의 전날 종가가 4만 3,100원이었다면, 그 언저리에서 시가 주문을 미리 할 수 있습니다.

종가는 장 마감 10분 전에 결정됩니다. 오후 3시 20분부터 오후 3시 30분까지 10분 동안 얼마에 사고팔지 사전주문을 받고 3시 30분에 거래됩니다. 여기서 최종 결정된 가격이 그날의 종가가 됩니다. 종가가 결정되고 오후 3시 40분부터 오후 4시까지 20분 동안 거래가 되는데, 그날의 종가로만 사고팔게 됩니다. 만약에 4만 원으로 종가가 결정됐다면 이 시간(오후 3시 40분~오후 4시) 동안은 4만 원에 사거나, 4만 원에 팔 수 있습니다.

그래도 미련이 있는 투자자들을 위해 오후 6시까지 장을 2시간 동안 또 열어 놓습니다. 이때는 종가 대비 플러스마이너스 10% 선에서 거래가 됩니다. 이때는 10분 단위로 단 12번 거래가 진행됩니다(정규장, 시간 외 종가, 시간 외 단일가).

 금융 초보자를 위한 꿀팁!

호가창은 매수세와 매도세의 힘겨루기를 극적으로 나타냅니다. 잔량의 추이를 통해 그 종목의 상승 혹은 하강을 살펴볼 수 있습니다. 매수와 매도는 정규장과 시간 외 거래 등에서 할 수 있습니다. 다만 이때는 가격 선택에 있어 제한이 있습니다.

주식을 매도했는데 왜 이틀 후에 돈이 들어오나요?

은행이나 증권사에 고객이 넣은 돈은 금융사 입장에서 수입이 될까요? 부채가 될까요? 정답은 부채입니다. 언젠가 돌려줘야 할 돈입니다. 이용자들이 '내 돈을 불려주세요' 혹은 '내 돈을 불리기 위해 잠시 맡기는 돈'이 바로 예수금입니다. 이 예수금을 줄여서 '예금'이라고 합니다.

따라서 예금은 은행의 재무제표에서 '예수 부채'로 계상됩니다. 증권사 계좌에 낸 돈도 증권사 재무제표에서 '예수 부채'로 기록됩니다.

다만 '예금'이 은행의 상품이라고 불리는 상징성이 크다 보니 증권사계좌에 넣어놓는 돈을 '예수금' 혹은 '예탁금'이라고 구별해 부르는 경향이 있습니다.

예수금은 '내 돈'이고, 미수금은 '증권사 돈'입니다

증권사에 계좌를 만들고 주식을 거래하면서 접하게 되는 용어가 예수금, 증거금, 미수금입니다. 예수금과 증거금, 미수금의 차이는 주식을 사고파는 과정을 이해하면 쉽게 파악할 수 있습니다.

마음에 드는 주식을 발견하고 '매수' 버튼을 눌렀을 때, 바로 매매 계약이 체결되는 것은 아닙니다. 시간이 걸립니다. 실제 돈이 매도자에게 입금되고 계약이 완료되는 시점도 이틀 뒤입니다. 이때 증거금과 미수금의 개념이 튀어나옵니다.

내 계좌에 예수금이 2만 원 있는데, 1만 원짜리 주식 한 주에 대해서 매

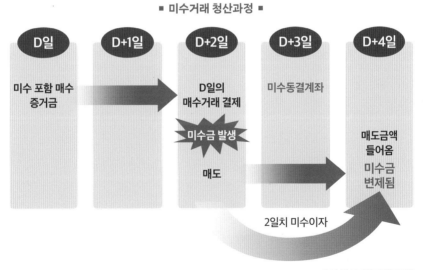

■ 미수거래 청산과정 ■

출처: 한국기업지배구조원

수 계약을 체결한다고 했을 때 먼저 증거금이 내 계좌에서 나갑니다. 주식 가격 대비 요구되는 증거금의 비율을 증거금률이라고 합니다. 증거금률이 40%라고 한다면 매수 계약 체결 시 증거금이 4천 원 나갑니다. 이틀 뒤 실제 주식 매매가 완료되면 나머지 6천 원이 마저 결제됩니다.

이런 일도 있습니다. 만약 5천 원의 예수금이 있는데, 1만 원짜리 주식을 한 주 계약을 체결했다면 증거금으로 4천 원(증거금률 40%)이 먼저 나갑니다. 최종 매매 계약이 성사됐는데, 돈이 모자랐다면 이 돈이 미수금이 됩니다. 여기에서는 5천 원이 미수금이 되겠군요. 이 미수금은 증권사가 대신 내준 돈입니다. 결제일인 D+2일까지 채워 넣어야 합니다.

만약 미수금을 채워 넣지 않고 있으면 증권사들은 반대매매를 합니다. 당일 하한가로 주식가치를 산정해 미수금상환금을 계산하고 인정사정없이 강제 매도를 합니다. 보통은 실제 주식가격보다 낮게 팔리기 때문에 투자자는 손해를 입게 됩니다. 여기에 미수금 연체 이자까지 붙습니다.

이 때문에 초보 투자자들은 증거금만으로도 계약이 체결되는 것을 보고 계속 매수를 하는 경우가 있습니다. 일부 우량한 종목은 증거금률이 20% 정도로 낮게 책정되어 있다 보니 실제 내가 살 수 있는 것보다 더 많이 사는 것이지요.

그런데 그게 외상이었다는 것을 알게 됐을 때는 이미 늦은 것입니다. 서둘러 계좌에 필요한 금액만큼 입금하지 않으면 알토란 같은 주식들을 잃을 수 있습니다.

그러면 매번 미수금 발생 걱정을 하면서 주식을 사야 할까요? 다행히도 증권사마다 증거금률을 HTS나 MTS에서 100%로 설정해서 예기치 못한 미수금 사고가 발생하지 못하도록 막는 기능이 있습니다. 예컨대 주식가격이

1만 원, 증거금이 4천 원이라고 해도, 반드시 1만 원이 있어야 매수가 가능하게끔 하는 기능입니다.

매도하고 나서
돈은 왜 늦게 들어올까요?

앞서 언급했다시피 매수 버튼을 누르고 이틀(+2영업일) 뒤에 결제 대금이 완전히 송금되고 거래가 체결되는 것처럼, 매도 버튼을 누르고 이틀(+2영업일)이 지나야 완전히 입금됩니다.

예컨대 화요일에 주식을 팔겠다고 매도 버튼을 눌렀다면 주식 대금은 목요일이 되어서야 들어옵니다. 만약 금요일에 매도 버튼을 눌렀다면 주식 대금은 다음 주 화요일이 되어서야 들어옵니다. 토요일, 일요일은 영업일에 안 들어가니까요.

그렇다면 데이트레이더*는 하루에도 수없이 거래하는데 어떻게 해서 가능한 것일까요? 매수하고 되파는 것은 언제든지 가능합니다. 일단 계약이 체결되면 실제 주식이 들어오지 않더라도 '내 주식'이라고 인정받은 것이니까요.

> **데이트레이더**
> 하루에도 수없이 거래하는 전문 투자자들

3일 결제 시스템이 존재하는 이유는 가운데 한국예탁결제원이 있기 때문입니다. 우리가 거래하는 주식은 온라인 전자 증권 형태로 있는데, 이를 한국 예탁 결제원에서 보관하고 있습니다.

따라서 내가 '매수' 혹은 '매도'를 누르면 증권회사와 한국거래소, 한국예탁결제원을 거치는 거래 과정을 거치게 됩니다. 한국예탁결제원에서 거래 내역이 확인되고 소유권이 이전되는 과정을 거치게 되는 것입니다. 이런 과정에 필요한 시간을 확보하기 위해 이틀(+2영업일) 뒤 거래를 완료하는 것입니다.

 금융 초보자를 위한 꿀팁!

증권사 계좌에 있는 내 돈을 예수금이라고 부릅니다. 이 돈을 갖고 주식을 사는데, 계약 당일은 증거금만으로도 주식을 살 수 있습니다. 이틀 뒤 거래가 완료되면서 정산됩니다. 혹여 매수했는데 외상(미수금)이 발생했다면 거래완료일 전까지 입금해야 합니다.

실수로 한 매수나 매도는 취소할 수 있나요?

▶ 저자직강 동영상 강의로 이해 쑥쑥
QR코드를 스캔하셔서 동영상 강의를 보시고
이 칼럼을 읽으시면 훨씬 이해가 잘됩니다!

매수와 매도, 이 두 개의 버튼만 잘 구분해 눌러도 큰 손실을 면할 수 있습니다. 브레이크를 밟아야 할 때 엑셀러레이터를 밟으면 큰 사고가 나는 것처럼 매수를 눌러야 할 때 매도를 누르거나 매도를 눌러야 할 때 매수를 누르면 예상치 못한 손실을 봅니다.

물론 매도와 매수 창이 각기 다르게 있어 매수와 매도를 잘못 누르는 경우는 적습니다. 그래도 주문 수량이나 매도 금액을 잘못 기입하는 경우는 비일비재합니다.

한 가지 재미있는 것은 오랜 거래 경험을 가진 증권사 직원들도 가끔 이런 실수를 한다는 점입니다. 이는 자신이 속한 회사에 씻을 수 없는 피해를 주기도 하고 실제로 회사가 망하기도 합니다.

숫자 잘못 넣는 사소한 실수,
은근히 많아요

여러분이 반드시 알아야 할 사실이 있습니다. 실수로라도 거래가 체결되면 증권사는 여러분을 봐주지 않는다는 점입니다. 매매 실수로 아무리 힘든 사정이어도 증권사는 여러분의 매매를 취소해주지 않습니다.

실제 한 인터넷 커뮤니티에서는 1천만 원 매수를 입력해야 했는데 '0'을 하나 더 눌러서 1억 원 매수를 했던 사연이 있었습니다. 예수금 보유액을 넘는 액수였기에 미수거래가 됐습니다. 증권사에 애절하게 사연을 전했지만, 안타깝게도 바뀌는 것은 없었습니다. 단 1초로도 손실과 수익이 구분되는 주식거래에 있어 통할 리가 없었던 것이지요.

그나마 실수를 되돌리는 방법은 있습니다. 실수로 산 주식을 서둘러 매도하는 것이지요. 그것이 매매 실수로 인한 피해액을 최소화하는 유일한 방법입니다.

만약에 매도를 다 하지 못했다면 어떻게 될까요? 곧바로 미수거래로 넘어가고, 이틀 뒤 증권사는 피도 눈물도 없이 미수거래 청산에 들어갈 것입니다. 보유한 주식을 하한가로 전부 처분하고도 갚지 못하게 되면, 신용점수까지 깎이게 되는 것이지요.

따라서 매도와 매수 주문을 할 때는 꼼꼼하게 대상 종목과 가격, 수량을 확인해야 합니다. 그리고 이상이 없다면 매수나 매도 버튼을 눌러야 합니다.

멀쩡한 회사가
망하기도 합니다

지난 2013년에 한맥투자증권은 2013년 12월 코스피200 12월물 콜옵션과 풋옵션에서 시장 가격보다 현저히 낮거나 높은 가격에 매물을 쏟아냈습니다. 콜옵션은 특정 시점에 내가 특정 자산을 사 올 수 있는 권리이고, 풋옵션은 상대방이 나한테 특정 자산을 팔 권리를 뜻합니다.

이런 옵션상품의 변수가 되는 이자율은 권리 행사가 가능한 잔여일이 1년 중 얼마나 남았는지를 보고 결정해야 합니다. 그런데 직원이 잘못 입력한 것입니다. 1년 365일을 뜻하는 란에 0을 집어넣은 거예요.

결국 터무니없는 가격에 낸 거래 주문이 체결됐고 이 주문 실수로 입은 손실액은 462억 원에 달했습니다. 한맥투자증권은 이 손실을 이겨내지 못하고 결국 문을 닫게 됩니다.

케이프투자증권은 지난 2018년 2월 코스피200 옵션 매수·매도 주문 착오로 잘못 보낸 거래 주문이 체결되면서 62억 원의 손실을 봤습니다. 중소 증권사인 케이프투자증권의 당기 순익의 절반 가량에 육박하는 액수였습니다.

2015년 독일 최대 은행인 도이치방크는 헤지펀드와 외환거래를 하면서 신입사원이 60억 달러를 잘못 입금했다가 되찾기도 했습니다. 그나마 입금이었으니까 상대방이 봐줬던 것 같습니다.

송금과는 약간 다르지만, 실수로 '원'이 아니라 '주'를 눌러서 사달이 나기도 했습니다. 지난 2018년 삼성증권 직원이 실수로 100조 원어치를 배당하는 일이 발생한 것입니다. 1주당 1천 원을 배당해야 하는데, 실수로

1천 주를 배당했습니다. 원래는 우리사주 283만 1,620주에 28억 원이 배당됐어야 하는데 28억 3,160만 주가 배당됐습니다. 종가 기준 113조 원에 달하는 규모였습니다.

누구나 다 알 수 있는 실수인데, 직원 일부가 이 주식을 팔았고 한 사람당 평균 60억 원의 차익을 남겼습니다. 숫자상으로 있지도 않은 주식을 매도했던 것입니다. 물론 이건 다 회수가 됐고, 매도를 했던 직원들은 회사를 떠나야 했습니다.

주문에서의 이런저런 실수는 사소한 것일 수 있습니다만 결과는 대형사고가 날 수도 있습니다. 매수와 매도, 주문량 체크는 반드시 잊지 말아야 할 부분입니다.

 금융 초보자를 위한 꿀팁!

의외로 수량과 액수를 잘못 기재해 주문하는 경우가 많습니다. 실수로 한 주문도 체결이 되면 되돌릴 수 없습니다. 초보 투자자들뿐만 아니라 전문 투자자들도 곧잘 하는 실수입니다. 다만 당일의 경우 재빠르게 대처한다면 손실 규모를 줄일 수 있습니다.

양봉과 음봉은
어떤 의미가 있나요?

HTS나 MTS의 호가창을 보면 캔들차트를 흔하게 봅니다. 양초와 비슷하게 생겨 캔들차트라고 부릅니다. 이런 차트의 추세만 봐도 매수와 매도 타이밍을 가늠해볼 수 있다고 합니다.

빨간색 양봉은 '위에서 아래로',
파란색 음봉은 '아래에서 위로'

캔들은 그날 하루의 가격 정보를 함축하고 있습니다. 장 시작할 때의 가격과 장 마감할 때의 가격 그리고 그날의 최고가와 최저가가 표시되어 있습니다. 일본 투자의 전설 혼마 무네히사가 쌀 가격의 시가, 종가, 고가, 저가를 함께 파악하는 방법으로 고안했다고 합니다.

캔들은 시초가를 기준으로 종가가 올랐으면(+) 양봉이라고 합니다. 시초가를 기준으로 장 마감 종가가 떨어졌으면(-) 음봉이라고 합니다.

시초가와 종가는 몸통의 양 끝에서 표현됩니다. 그 밑의 꼬리가 있는데 바로 그날의 최고가와 최저가입니다. 최고가와 최저가는 양봉과 음봉 동일하게 위쪽 꼬리가 '최고가', 아래쪽 꼬리가 '최저가'가 됩니다.

붉은색과 파란색으로 구별된 직사각형, 최저가·최고가를 표기하는 꼬리, 간단한 도형 정보만으로도 기술적 분석을 하는 투자자들은 다양한 정보를 도출해냅니다. 이를 통해 매도 시점과 매수 시점을 알아내고 투자 심리, 큰손의 움직임 등을 구분합니다.

이런 기술적 분석에서 주식의 가치는 결국 수요와 공급에 따라 결정된

■ 양봉과 음봉의 비교 ■

228

다고 봅니다. 시장 심리가 가격을 결정한다고 보는 것이지요. 매수세, 즉 주식을 사려는 사람들이 팔려는 사람(매도세)보다 많으면 주가는 올라갑니다. 반대로 매도세가 더 강하면 주가는 내려갑니다. 즉 주가는 매수와 매도의 추세에 따라 움직인다고 봅니다.

혹자는 이렇게 말하기도 합니다. "시장은 살아있는 동물과 같다." 가끔 차트의 움직임이 전혀 설명할 수 없는 이유로 움직이기 때문입니다.

다만 이런 차트를 보고 분석하는 경우는 한계점이 있습니다. 과거 차트에서는 설명됐던 부분이 현재 와서 통하지 않는 경우가 많습니다. 차트를 보는 방법도 제각각입니다. 주식시장의 본질적인 가치를 배제하고 단지 매도세와 매수세의 추세만 분석해서는 시장 변화를 정확히 읽어낼 수가 없습니다.

숲과 나무를 보는
투자 방법이 필요합니다

초보 투자자 입장에서는 종목을 고를 수 있는 안목을 키우는 게 우선입니다. 오를 만한 종목을 찾고 남들보다 먼저 매매 시점을 알아낼 수 있도록 노력하는 것이 중요합니다.

주식투자에 대한 정석은 없습니다. 다만 장기투자를 하는 투자자들은 기본 분석으로 기업가치를 분석하고 저평가 주를 찾습니다. 기술적 분석을 통해 매수와 매도 시점을 결정합니다.

예컨대 인플레이션 우려가 커져 기준 금리 인상이 예상된다면 경기 방어주에서 종목을 찾는 것입니다. 물가가 오르는 시점이면 경기 과열이라는 뜻이고, 이런 경기를 식히기 위해서 '시장에 유통되는 돈을 흡수하는' 정책을 씁니다. 이 중 하나가 한국은행의 기준 금리 인상입니다. (물론 이것도 과거의 경험을 바탕으로 한 것으로 현재와 다를 수 있습니다.) 각 종목별로 차트를 보고 싼지 비싼지를 판단하고 매수 시점을 고르게 됩니다.

 금융 초보자를 위한 꿀팁!

양봉과 음봉의 분석은 기술적 분석의 첫 시작입니다. 이런 기술적 분석은 매수세와 매도세 간의 가격 결정 메커니즘을 이해하는 데 편리합니다. 다만 나무를 보느라 숲을 놓치는 실수를 범할 수 있습니다.

종목을 생활 속에서 찾으라는데 무슨 뜻인가요?

▶ **저자직강 동영상 강의로 이해 쑥쑥**
QR코드를 스캔하셔서 동영상 강의를 보시고
이 칼럼을 읽으시면 훨씬 이해가 잘됩니다!

　　투자할 종목은 차트 안에만 있는 게 아닙니다. 취미생활만 잘해도 투자할 종목이 보입니다. 취미생활이 종목 선택에 있어 주는 장점은 여러 가지가 있습니다. 관련 산업군에 대한 이해도를 넓혀준다는 데 있습니다.

　　예컨대 모바일 게임을 좋아한다면 게임을 개발하는 개발사, 모바일 기기와 액세서리, 캐릭터 산업군과 관련된 기업, 무선통신기술과 관련된 기업 등에 대한 가치사슬을 발견할 수 있습니다.

　　이런 취미생활의 극적인 변화는 시대와 사회의 흐름과도 밀접하게 관련되어 있습니다. 위기 이후 새로운 기회의 시대가 올 때 더 뚜렷하게 나타납니다. 침체 이후 새로운 것에서 활로를 찾으려는 인간의 본능과 맞닿아 있습니다.

위기 이후 변화된 취미생활을
잘 살펴보세요

경제위기는 기존 산업을 재편하는 효과를 낳습니다. 고속성장을 했던 산업군이 한계에 부딪히고 새로운 산업이 나타나면서 성장을 이어가곤 합니다. 이는 21세기 들어 뚜렷하게 나타났고 그 주기 또한 짧아졌습니다.

1997년 말 발발한 외환위기로 한국사회와 산업은 전면적으로 재편됩니다. 대량생산 중심의 제조업에서 정보·통신 업종으로 전환된 것입니다. 이때 등장해 새로운 성장의 계기를 마련해줬던 것이 바로 초고속망을 기반으로 한 인터넷 산업입니다.

1990년 초중반에도 인터넷은 존재했지만, 그 영향력은 미미했습니다. 느린 전화선에 의존했기 때문입니다. 1998년에 들어선 김대중 정부는 정책적으로 초고속인터넷망을 구축했고 그에 따라 다양한 인터넷 회사들이 나왔습니다.

이때 등장해 살아남은 기업이 검색 분야에서는 네이버, 커뮤니티 분야에서는 다음(이후 카카오), 게임 분야에서는 엔씨소프트 등입니다. 인터넷기업의 출현은 사람들의 생활을 바꿔 놓았습니다.

특히 취미생활 분야에서 게임은 극적으로 사람들의 삶을 바꿔 놓았습니다. 피시방에서 온라인 게임에 접속해 게임을 하는 일이 많아졌습니다. 게임이 생활이 된 것이지요. 1998년 이후 생겨난 초고속인터넷망이 바꿔 놓은 우리의 생활상이라고 해도 틀린 말이 아닙니다.

2008년 10월 리먼 브러더스사의 파산과 함께 전 세계적인 경제위기를 겪은 후 새로운 형태의 산업이 일어납니다. 바로 초고속 무선인터넷망을 기반으로 한 모바일 경제입니다. 2007년 아이폰을 출시했던 애플은 이때부터 급성장합니다.

한국도 2009년 11월 아이폰이 유통되면서 모바일 경제가 본격적으로 열립니다. 2010년 3월 공짜 문자 메시지를 주고받는 서비스가 나타났으니 바로 카카오톡입니다. 모바일은 또 사람들의 생활습관과 취미생활을 바꿔놓습니다. 모바일 게임사들은 코스닥에서 화려하게 데뷔했고, 모바일화에 성공한 온라인 게임사들은 더 큰 성장을 하게 됩니다.

코로나19 이후
우리의 취미생활은 어떻게 바뀔까요?

코로나19 이후 우리의 생활은 '언택트'로 요약할 수 있습니다. 다른 이들과의 접촉을 최대한 줄인 채 나만의 취미생활을 즐기는 형태입니다. 예컨대 헬스클럽에 가지 못하게 된 사람들이 유튜브에서 홈트레이닝 영상을 보면서 운동을 하는 식입니다. 지금은 단순하게 따라 하는 형태이지만 웨어러블 기기와 결합하면 더 큰 산업으로 성장할 수 있습니다. 자신의 운동 상태를 점검하면서 제대로 된 운동을 할 수 있기 때문이지요.

더 나아가 가상현실(VR)과 접목된 취미생활도 생각해볼 수 있습니다. 5G로 대변되는 빨라진 네트워크 속도, VR 기기의 경량화 등으로 VR 산업은 더 커질 수 있습니다. 더 나아가서 성인시장과 접목된다면 VR 시장은 폭발적으로 성장할 수 있습니다. 조짐은 우리나라보다 성인물에 대한 규제가 느슨한 일본 등에서 나타나고 있습니다.

VR의 발달은 통신장비, 사물인터넷, 전용 단말기의 발달을 불러옵니다. 또 관련 콘텐츠 기업의 성장으로 이어집니다. 커지는 생태계를 충족시킬 수 있는 콘텐츠 기업과 게임 기업 등에 대한 유망성이 더 커질 수 있습니다.

최근 이런 VR은 '메타버스'라는 이름으로 다시 회자되고 있습니다. 아이폰이 나타나면서 비로소 스마트폰 시대가 열리듯 메타버스로 인해 새로운 VR의 시대가 열릴 수 있는 것입니다.

 금융 초보자를 위한 꿀팁!

사람들이 남는 시간에 무엇을 하는지 주목하면 트렌드의 변화를 포착할 수 있습니다. 2020년대 5G로 대변되는 초고속 무선인터넷망에서 우리가 어떤 취미생활을 할지 생각해보면 앞으로의 투자 방향을 설정할 수 있습니다.

주식투자의 호재는 무엇이고, 악재는 무엇인가요?

▶ 저자직강 동영상 강의로 이해 쏙쏙
QR코드를 스캔하셔서 동영상 강의를 보시고
이 칼럼을 읽으시면 훨씬 이해가 잘됩니다!

　흔히 주가에 영향을 미치는 뉴스나 정보 소식 등을 재료라고 합니다. 주가에 좋은 재료라고 하면 '호재', 나쁜 재료라고 하면 '악재'라고 합니다. 이들은 '재료'라는 이름을 달고 있지만, 형체가 없는 상징적인 단어입니다.

　따라서 '호재냐 악재냐'는 투자한 종목에 따라서, 투자자에 따라서, 시장 상황에 따라서 해석이 달라집니다. 일반적인 투자자한테 호재라고 해도 공매도를 걸어놓은 투자자에게는 악재가 될 수 있지요.

　싼값에 주식을 얻을 수 있는 증자(주식수를 늘려 자본금 규모를 증가시키는 것)가 투자 대기자들에게는 호재가 될 수 있지만 기존 주주들에게는 악재가 될 수 있습니다. 유통되는 주식의 수가 늘어나면 그만큼 주주가 가진 주식의 희소가치가 떨어지고, 주주들의 지분율도 희석되기 때문이지요.

통상적으로 시장에서 보는 악재와 호재에 대한 대략적인 구분은 존재합니다. 공시를 기준으로 호재와 악재를 구분해보겠습니다. 공시는 기업들이 투자자들에게 알려야 하는 필수적인 소식입니다. 공시를 읽을 줄 알면 기업의 자금 흐름과 주가 흐름도 예측할 수 있습니다. 공시는 HTS나 MTS 내 뉴스 창에서 보거나 금감원 공시 사이트 DART에서 볼 수 있습니다.

대체로 주가 상승에 청신호인 공시

대체로 호재로 평가될 수 있는 공시는 예상외로 좋은 실적, 미래 성장성이 기대되는 사업 진출이나 인수·합병 등을 들 수 있습니다. 기업이 주주들을 위해 자사주를 매입해 소각하는 것도 주가 상승의 호재로 작용합니다.

- **유상감자 혹은 자사주 소각** : 감자는 자본금을 줄이는 것을 의미합니다. 유상감자는 자본금을 줄이는 비율만큼 돈으로 보상해주는 것을 의미합니다. 기업 규모보다 자본금이 지나치게 많다고 판단되면 실행합니다. 기업가치를 높여주고 주가를 높이는 방편으로 활용됩니다. 주주 입장에서는 본인의 지분은 그대로 유지하면서 지분 비율대로 보상을 받기 때문에 호재입니다. 보통은 유상감자보다 자사주 매입 후 소각을 많이 합니다. 기업에서는 '주주가치 제고(높이다)를 위해 자사주 매입 후 소각을 한다'라고 하는데, 시중에 유통되는 주식 자체가 줄어들게 됩니다. 주주로서는 지분율이 높아지고 주식에 대한 희소가치가 커져

호재가 됩니다.

- **최대 주주나 대주주 혹은 경영진의 자사주 매입** : 대주주나 경영진이 주식을 매입한다는 것은 회사 비전에 대한 자신감을 공개적으로 드러내는 것이라고 볼 수 있습니다. 새로 취임한 경영진이 주가 부양에 대한 의지를 담고 본인이 직접 자신의 회사 주식을 취득하는 것도 같은 맥락입니다.

- **실적 서프라이즈** : 예상보다 높은 실적이 나왔을 때 주가가 오르곤 합니다. 특히 언론지상에 실적 개선이 주목을 받게 되면 주가 상승에 탄력을 받게 됩니다. 다만 예상된 결과라고 하면 그 전에 주가에 반영되어 있을 가능성도 있습니다.

- **인수 및 합병** : 새로운 성장 동력을 확보하기 위해 다른 기업을 인수하는 것은 대체로 호재가 될 수 있습니다. 미래 매출 증가가 예상되기 때문입니다. 다만 기업의 재무구조상 인수 자금을 마련하기 힘들거나, 이후 재무 부담을 가중시키는 인수라고 하면 주가가 되레 내려갈 수도 있습니다.

- **대형 계약** : 매출 규모가 크거나 새로운 거래처와의 대형 계약이라면 호재가 될 수 있습니다. 기업 이익이 늘어나면 그만큼 배당액도 늘어나게 됩니다. 주가 상승을 기대할 수 있는 강력한 호재입니다.

- **액면 분할** : 대형주라면 액면 분할이 호재가 될 수도 있습니다. 액면 분할은 주식을 쪼개는 것을 의미합니다. 예컨대 액면가 5,000원짜리 주식을 500원으로 쪼개면, 한 개의 주식이 10개로 나뉘게 됩니다. 가격이 싸진다는 것은 누구나 살 수 있게 된다는 것을 의미합니다. 거래량이 늘게 되고 자연스럽게 주가 상승으로 이어질 수 있습니다.

- **자회사 상장** : 자회사가 상장해서 지분 평가액이 커진다면 모회사의 가치도 동반 상승합니다. 주가에 긍정적인 영향을 미치게 됩니다. 카카오의 주가가 높은 것도 카카오게임즈를 비롯해 수많은 자회사가 상장되어 있고 이들 회사의 주식이 비교적 높은 가격에 거래되는 데 있습니다.

대체로 악재가 되는
공시 혹은 뉴스

대체로 악재로 평가될 수 있는 공시는 예상 외로 나쁜 실적, 경영진의 모럴헤저드(도덕적 해이) 대형 계약 해지, 경영진 혹은 최대 주주의 주식 매도 등을 들 수 있습니다. 이밖에 증자나 전환사채 발행 등도 악재로 작용합니다.

- **실적 악화** : 실적이 나쁘게 나온다면 당연히 악재일 수밖에 없습니다. 예컨대 매출이 계속 줄어드는 식이라면 주가는 악영향을 받습니다. 영업적자를 내더라도 매출이 급성장하고 있고, 차후 이익 전환이 기대된다면 모를까 대부분의 실적 부진은 주가 하락으로 이어집니다.
- **경영진의 모럴 헤저드** : 경영진이 구설에 오르는 것도 주가에 악영향을 미칩니다. 재벌 사주 일가의 갑질 등이 구설에 올라 주가에 악영향을 받곤 했습니다. 경영진의 배임 혹은 비정상적인 교체 등도 주가 하락의 직격탄이 됩니다.
- **대형 계약 해지** : 대형 계약의 해지는 차후 이익의 감소를 의미합니다. 주

가에 악영향이 있을 수밖에 없습니다.

- **경영진 혹은 최대 주주의 주식 매도** : 경영진과 최대 주주가 매도하면 보통 주가에 악영향을 줍니다. 기업 내부 정보를 잘 아는 이들이 매도한다면 기업에 좋지 않은 일이 있을 것이라는 의심을 하게 만듭니다. 한국 거래소에서는 경영진과 대주주에 주식의 매수·매도에 대해 공시하도록 하고 있습니다.

- **증자나 전환사채 발행** : 유상증자는 유통되는 주식의 수를 늘리고 기존 주주들의 지분율을 낮추는 효과를 냅니다. 또 기업의 자금사정이 나빠지고 있다는 의심을 사게 합니다. 이런 의미에서 전환사채도 악재로 작용할 수 있습니다. 전환사채는 나중에 갚을 돈을 주식으로 사게 하거나 바꿔주는 권리를 뜻하는데, 보통 자금이 부족한 기업들이 많이 사용합니다.

 금융 초보자를 위한 꿀팁!

호재는 기업의 주가를 끌어올리는 재료, 악재는 그 반대되는 재료입니다. 호재와 악재는 기업과 시장, 투자자 상황에 따라 바뀌곤 합니다. 기업들은 악재를 되도록 드러내지 않으려고 장 마감 후 퇴근 시간 가까이 공시를 할 때가 많습니다. 이때 다수의 악재를 볼 수 있습니다.

질문 TOP 44

외국인과 기관은 도대체 누구인가요?

▶ 저자직강 동영상 강의로 이해 쑥쑥
QR코드를 스캔하셔서 동영상 강의를 보시고
이 칼럼을 읽으시면 훨씬 이해가 잘됩니다!

　주식시장에 참가하는 투자 주체들은 크게 세 가지로 나뉩니다. 개인 투자자, 기관 투자자, 외국인입니다. 개미라고 불릴 만큼 머릿수로는 개인 투자자가 많지만 굴리는 돈의 규모는 기관 투자자와 외국인이 큽니다.

외국인들은 한국 증시의 3분의 1을 차지하고 있습니다

　동학개미운동이라는 이름이 붙은 연유에는 외국인 투자자들에 대한 반발감도 담겨 있습니다. 1992년 한국 주식시장이 외국인들에게 개방된 이래

240

외국인은 늘 주도적인 위치에서 우리나라 증시를 그야말로 쥐락펴락해왔습니다.

지난 2020년 3월 코로나19 위기 발발로 글로벌 증시가 크게 위축됐을 때 외국인들은 서둘러 한국 주식시장을 빠져나갔습니다. 안전한 투자처를 찾기 위해 상대적으로 현금화(인출하기)가 쉬운 한국 주식시장에서 주식을 매도했던 것입니다.

빼앗긴 주식시장의 주도권을 찾아오자는 의미에서 전개됐던 동학개미운동은 이후 우리나라 증시의 빠른 회복을 가져왔습니다. 외국인들이 다시 찾아오게 만드는 기반이 됐습니다.

여기서 외국인 투자자는 과연 누구일까요? 월스트리트 투자은행의 트레

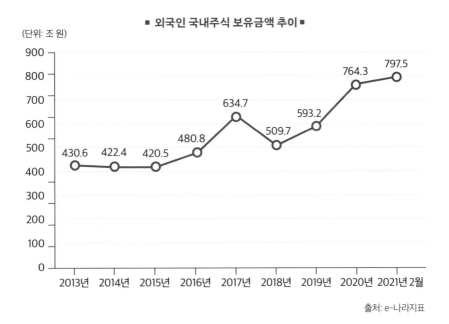

■ 외국인 국내주식 보유금액 추이 ■

(단위: 조 원)

출처: e-나라지표

이더를 생각할 수 있지만, 생각보다 다양합니다. 개중에는 미국 투자은행 트레이더들도 있지만 중국이나 일본, 아프리카, 남미 등도 있습니다. 이를 합쳐 외국인 투자자라고 합니다. 여기에는 투자은행, 증권투자펀드, 연기금, 헤지펀드 등 다양한 투자자들이 있습니다. 신흥국 시장에 직접투자하는 외국인 개미도 있습니다.

외국인 투자자들의 특징은 소형주보다는 대형주, 이 중에서도 삼성전자나 하이닉스, 현대자동차처럼 세계적으로 잘 알려진 기업을 선호한다는 점입니다. 외국인 투자자가 스몰캡*이나 코스닥 기업들을 알기 힘들뿐더러 정보를 얻기도 수월치 않다 보니 주로 코스피 상장기업에 투자가 몰리곤 합니다.

스몰캡

소규모 기업들. 코스닥 기업을 일컬을 때가 많습니다.

이들의 또 다른 특징은 외국인들은 종목을 선정하면 목표 수량을 채울 때까지 지속해서 매수한다는 점입니다. 매도할 때도 지속해서 합니다. 이런 방식은 주가의 지속적인 상승 혹은 하락을 일으킬 수 있어, 외국인 투자자는 국내주식시장에서 영향력이 큰 편입니다. 개인 투자자들은 HTS나 MTS 등을 보면서 이들의 동향을 잘 살펴볼 필요가 있습니다.

외국인 투자자들의 또 다른 특징 중 하나는 한국, 중국, 대만 등을 놓고 비교한다는 점입니다. 더 매력적인 국가에 투자하기 위해 자금을 빼는 경우도 흔합니다. 이슈에 따라 외국인들의 큰돈이 왔다 갔다 해서 그날 한국 증시의 방향성을 결정하는 역할을 하곤 합니다.

기관 투자자 중에
국민연금, 은행들이 있습니다

외국인과 함께 한국 증시를 움직이는 또 다른 축이 기관 투자자들입니다. 기관 투자자들은 은행이나 보험사, 증권사도 있고 자산운용사 등도 있습니다. 국민연금이나 교직원 연금 같은 연기금도 있습니다. 이들의 공통점은 고객이 맡기는 돈을 굴리는 데 있다는 점입니다.

다만 기관 투자자마다 투자하는 방식은 다릅니다. 금융투자사로 분류되는 증권사는 직접 트레이딩하는 부서를 두고 있습니다. 회사의 자금을 운용해 수익을 가져오는 역할입니다. '프랍'이라고도 부릅니다. 월가 투자은행들의 모습과도 비슷합니다.

이들의 특징은 장기투자보다는 단기투자에 집중한다는 점입니다. 선물과 현물 간 가격 차이를 활용한 프로그램 매매도 많이 하는 편입니다.

반면 은행이나 보험사는 안전지향 투자를 많이 합니다. 일부 자산을 갖고 투자를 합니다. 은행이나 보험사에게 주식투자는 채권투자 등과 함께 자산 포트폴리오 중의 하나입니다.

연기금도 대표적인 안전지향 투자자입니다. 국민연금은 굴리는 돈의 규모가 크고 주요 기업들의 대주주 혹은 최대 주주로 있습니다. 은행이나 보험사와 마찬가지로 단기 수익보다는 장기간 안정적인 수익을 내는데 목표를 두고 있습니다.

사모펀드와 공모펀드 등도 기관 투자자에 들어갑니다. 사모펀드 중 전문투자형 펀드는 코스닥 기업에 투자해 단기 차익을 얻는 경우도 많습니다.

이들 기관과 외국인은 국내 증시의 향방에 영향을 미치기 때문에 필수

정보로 살펴봐야 합니다. 또 이들의 거래 흔적도 살펴볼 필요가 있습니다.

거래 기법 중에는 기관이나 외국인의 투자 방식을 따라 하는 방법도 있습니다. 기관이나 외국인은 대규모 운용자금을 굴리는 특성상 베테랑 투자 전문가들이 항상 포진해 있기 때문입니다.

 금융 초보자를 위한 꿀팁!

외국인과 기관은 굴리는 돈의 규모가 크다는 점에서 한국 증시에 미치는 영향이 큽니다. 이들의 향방에 따라 그날의 증시 판도가 결정될 정도입니다. 이들이 어디에 투자했는지, 얼마를 팔았는지 등은 항상 관심을 두고 지켜봐야 합니다.

7장

이제 주식투자
모르고서는
절대 돈 못 번다

종목 고르는 방법은 여러 가지가 있습니다. 테마주 선택도 많이 쓰이는 방법이지만 정치 테마주처럼 소문만 무성한 종목은 손해 보기 쉽습니다. 투자하고 싶은 기업의 실적 정보나 사업 공시 등을 챙겨보면서 호재와 악재를 구분할 수 있는 능력을 키워야 합니다.

최근에는 미국주식이나 중국주식에 직접투자하는 이들도 있습니다. 미국주식은 달러자산에 투자한다는 효과까지 기대할 수 있습니다.

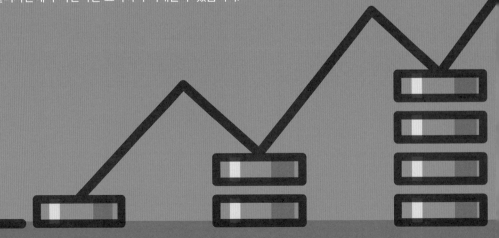

테마주투자,
어떤 주식을 사는 건가요?

테마주에서 '테마'는 theme에서 비롯됐습니다. 주제라는 뜻의 영어 단어에 주식을 뜻하는 '주'가 합해져 '테마주'라는 단어가 만들어졌습니다. 재테크(財+tech)라는 단어처럼 한자어에 영어를 합성한 일본식 조어라고 볼 수 있습니다.

보통 선거 시즌이 되면 인물의 이름이 붙은 정치테마주가 많이 나옵니다. 정치 외에 연예, 레저, 과학기술, 자원개발과 묶이기도 합니다. 증권사 HTS에서는 테마별로 주식을 모아놓은 카테고리를 서비스 차원에서 제공하기도 합니다.

'소문에 사서 뉴스에 팔아라'에는
심리가 반영되어 있습니다

'소문에 사서 뉴스에 팔아라'는 오래된 투자 격언이 있습니다. 실체가 없는 소문이 돌 때 얼른 주식을 사서 실제 사실로 밝혀져 혹은 호재로 판명됐을 때 이득을 얻으라는 뜻입니다. 이런 심리가 반영된 게 정치테마주입니다.

그러나 정치테마주는 실체가 없는 경우가 많습니다. 정권이 바뀌거나 유력 정치인과 연이 닿아 있다면 그 기업이 뭔가 혜택을 받을 것이라는 막연한 기대감이 반영되어 있습니다.

대부분 이 테마주는 막연한 기대감에 머물 때가 많습니다. 예를 들어 2021년 3월 4일에는 윤석열 전 검찰총장이 사퇴하자 윤석열 테마주로 분류됐던 기업들의 주가가 가격제한폭까지 올랐습니다. 특히 유력 대선 후보로까지 거론되면서 정치테마주로서의 위력은 더 커졌습니다. 그런데 그 실체를 보면 아무것도 아닐 때가 많습니다. 윤석열 테마주로 분류됐던 기업 '서연'의 사외이사에 윤 총장과 동창이 있다거나 대표이사가 서울대 법대 동문이라는 이유가 전부인 경우가 많습니다.

정치테마주,
자칫 개미지옥이 될 수 있습니다

정치권이 흉흉할 때 혹은 대선을 앞두고 정치 테마주가 떠오를 때를 보면 기업의 펀더멘털(잠재가치) 이상으로 폭등하는 경우가 많습니다. 대부분

이런 테마주는 시가총액이 작아 얼마 안 되는 거래량으로도 주가가 폭등하는 경향이 있습니다. 거래량에 따라 2배 혹은 10배 급등하는 경우가 많습니다.

혹자는 작전 세력이 테마주에 대한 스토리를 만들고 시세 조종을 할 수 있다면서 각별한 주의를 요구하고 있습니다. 작전 세력이 테마주에 대한 소문을 내고 대규모 고가 매수 행위를 반복하거나 허수 주문을 내는 방식으로 시세를 조작하기 때문입니다.

실제 작전이 낀 테마주는 폭등했다가 폭락하는 사태를 빚곤 합니다. 애꿎은 개인 투자자들이 휘말렸다가 소위 상투*를 잡는 등의 큰 손해를 볼 수 있습니다.

> **상투**
>
> 상투는 주가의 고점을 뜻하는 말로, 상투를 잡는다는 건 고점에서 매수한다는 뜻입니다.

지난 2012년에는 안철수 열풍과 함께 안철수 테마주가 주목받았습니다. 당시 정치테마주로 분류된 종목 131개 중 테마주의 가격이 급변동하면서 나온 손실을 대부분 개인 투자자들이 받았습니다. 그 액수가 1조 5천억 원에 달했다고 합니다.

정치인 테마주를 낀 작전은 정치 이벤트에 따라 단기간에 이뤄집니다. 작전 수립부터 이익 실현까지 수 개월이 걸리는 일반 테마주와 달리 정치인 테마주는 물량 매집과 시세 견인, 이익 실현까지 단시간에 이뤄집니다. 주식 정보방이나 카페, 소셜네트워크서비스 등을 통해 퍼집니다.

이를 반영하듯 2012년 9월 19일 안철수 후보가 대선 출마를 선언하자 안철수 테마주들이 순식간에 급락합니다. 출마 선언과 함께 호재가 소진되자 작전 세력이 물량을 떨치고 나갔다는 해석이 나오고 있습니다.

정치테마주보다는
업종별 테마주에 주목하세요

정치테마주는 단기 시세 차익을 얻는 일종의 세력이 움직일 수 있어 위험성이 큽니다. 반면에 ESG나 바이오, 친환경 등으로 묶인 업종별 테마주는 초보투자자의 종목 선정에 도움을 줍니다.

■ 업종별 테마주 화면 ■

테마명	전체	상승	하락	보합	상승비율	전일대비율	기간등락률
콘텐츠	12	10	2	0	83.33	3.74	10.24
슈퍼박테리아	8	5	3	0	62.50	3.08	0.04
완구/캐릭터	8	5	2	1	62.50	3.02	6.94
전기자전거	5	2	3	0	40.00	2.84	4.36
복합화력발전	3	1	2	0	33.33	2.73	2.51
희귀금속	10	5	5	0	50.00	2.44	3.96
교육	23	10	10	3	43.48	2.34	7.65
바이오에탄올	5	3	1	1	60.00	2.28	-0.05
북한광물자원개발	20	9	11	0	45.00	1.96	2.10
출산장려정책	15	6	7	2	40.00	1.93	4.87
미디어	48	24	19	5	50.00	1.88	2.08

테마명 슈퍼박테리아

종목명	현재가	전일대비	등락률	거래량	기간등락률
케이피엠테크	2,975	▲ 480	19.24	80,728,505	18.68
인트론바이오	23,400	▲ 1,300	5.88	662,960	8.47
동근당바이오	73,800	▲ 4,100	5.88	296,816	9.91
크리스탈지노믹스	14,250	▲ 50	0.35	351,735	4.07
삼진제약	24,400	▲ 50	0.21	21,778	-3.56
세운메디칼	5,740	▼ 110	1.88	1,817,742	-23.44
이연제약	17,100	▼ 400	2.29	60,667	-5.64

※ 테마주는 단순 참고 자료이오니 투자에 주의하시기 바랍니다.

 금융 초보자를 위한 꿀팁!

업종별 테마주는 투자 종목 발굴에 있어 좋은 지침 자료가 될 수 있습니다. 그러나 실체가 없는 정치인 테마주는 유의할 필요가 있습니다. 특히 시가총액이 작거나 동전주로 분류되는 종목이 정치테마주라는 이름으로 급등할 때는 의심해야 합니다.

질문 TOP **46**

전자공시(DART)는 어떻게 확인하고 활용하나요?

공시는 기업들의 계약현황, 시설투자, 영업실적 등 기업의 대소사를 투자자에게 알리는 정보 수단입니다. 투자자들의 투자 판단을 돕고 기업 내부자와 외부자 간 정보 불균형(내부자는 알고 외부자는 모르고)의 격차를 해소하기 위한 목적으로 운영됩니다.

과거에는 기업들이 금감원이나 거래소 등을 방문해 직접 서류를 제출해야 했으나 DART가 생기면서 빠르고 신속해졌습니다. 인터넷을 통해 기업들은 공시사항을 신고·제출하고, 투자자들은 공시 사이트를 통해 공시 정보를 쉽게 확인할 수 있게 됐습니다.

공시의 장점은 중소형주의 사업 정보도 쉽게 얻을 수 있다는 것입니다. 때에 따라서는 이상 징후도 발견할 수 있습니다. 특정 기업이 쏟아낸 공시를 여러 개 묶어 보면서 맥락을 읽어볼 수 있다는 뜻입니다(물론 공시가 익숙해졌을 때입니다).

종목 정보는 증권사 리포트에서도 얻을 수 있지만, 이는 전체 상장 기업 중 일부에 지나지 않습니다. 약 40% 정도만이 리포트에서 다뤄진다고 합니다. 나머지 기업에 대해서는 투자자 스스로가 공시를 찾고 사업 현황을 살펴보는 수밖에 없습니다. 이런 점에서 의미 있는 공시를 짚어낼 수 있다면 투자에 있어 강력한 무기가 됩니다.

투자자라면 필수적으로 알아둬야 하는 공시

주식투자자라면 다음의 공시들은 반드시 잘 챙겨야 합니다.

- **실적 공시**: 매출, 영업이익, 당기순이익 등이 전분기, 전년동기 대비 비교되어 나옵니다. 좋든 나쁘든 예상 외의 실적은 주가에 직접적인 영향을 줍니다
- **사업보고서**: 실적 공시 후 회계법인의 감사보고까지 끝나면 나옵니다. 보통 반기와 연간으로 나옵니다. 사업보고서는 기업의 연간, 반기, 분기 실적부터 최근 사업 내용, 시장 상황 등이 나옵니다. 사업 현황을 한 번에 볼 수 있습니다. 비상장기업들은 감사보고서를 1년에 한 번 올리곤 합니다. 스타벅스 같은 외국계 기업은 1년에 배당을 얼마 하는지도 볼 수 있습니다.

- **단일판매·공급계약** : 중요 공시 중 하나입니다. 전에 없던 해외 수출 계약이나 대규모 이익이 예상되는 계약은 호재가 됩니다.

- **유무상 증자** : 유상증자는 기업이 자본 확충을 할 때 많이 합니다. 새 사업을 위한 것이라면 호재지만 자금이 부족한 상황이라면 악재가 될 수 있습니다. 무상증자는 기존 주주들의 주식수가 늘어난다는 점에 있어 주주가치를 높인다는 평가를 받습니다.

- **배당** : 실적 공시 후 많이 나옵니다. 이사회 의결 후 나오기 때문에 주가에 결정적 변수가 되는 경우가 많지는 않습니다.

- **합병, 분할 등** : 개별 종목으로 보면 흔한 공시는 아니지만 매우 중요한 공시입니다. 기업의 지배구조가 바뀌고, 주주의 지분 또한 변화가 있습니다. 우량 기업과의 합병이면 주가에 호재가 될 수 있습니다. 경영난을 겪던 기업이 피인수된다면 새로운 활로가 된다는 기대를 주기도 합니다. 알짜 사업 부문을 분할하거나 매각한다면 주가가 흔들릴 수 있습니다.

- **소송공시** : 경영진이 배임 등으로 소송에 휘말리게 되면 악재가 됩니다. 그간 몰랐던 기업의 비리가 드러난다거나 비도덕적 기업으로 인식되면 주가에도 악영향을 미치게 됩니다. 주가 관리에 있어 오너 일가나 경영진의 도덕성도 중요한 요소입니다.

- **조회공시** : 갑작스러운 주가 폭등이나 폭락, 주가에 영향을 줄 수 있는 소문이나 뉴스에 대해 거래소가 해당 기업에 '조회공시'를 요구할 수 있습니다. 기업은 즉각(보통은 24시간 내) 답변을 해야 할 의무가 있습니다.

- **주식연계채권 발행** : 전환사채(CB), 신주인수권부사채(BW), 교환사채

(EB) 등을 발행한다는 공시입니다. 골자는 돈을 빌려 나중에 주식으로도 갚을 수 있게 한다는 개념입니다. 이런 채권 발행 공시를 자주 내는 기업이라면 '자금 상황이 좋지 않다'라는 신호가 될 수 있습니다.

• 5% 임원보고 : 5% 이상 지분을 가진 대주주나 경영진 내부자들은 단 1주를 사거나 팔아도 공시를 해야 합니다. 기업 내부 정보를 누구보다 잘 아는 이들이기 때문입니다. 경영진이 지분을 줄인다면 시장에서는 이를 악재로 봅니다.

관심 있는 기업이라면
DART 앱을 활용하세요

공시는 금융감독원이 운영하는 전자공시시스템(DART)에서 볼 수 있습니다. HTS나 MTS에서 볼 수 있고 한국거래소 홈페이지에서도 읽을 수 있습니다.

공시라는 주제 하나만으로도 수많은 책이 나올 정도로 알아야 할 내용이 많고, 중요도 또한 높습니다. 특히 본인이 투자한 기업이라면 수시로 공시를 들여다봐야 합니다. 그런데 매번 DART에 방문하

■ DART 앱 ■

기 번거롭다면, 스마트폰에 DART를 깔고 관심 종목을 체크해놓으면 됩니다. DART 앱에서 관심 기업에서 공시할 때마다 푸쉬 메시지를 보내줍니다. 경제지 기자들도 출입처 기업들의 이슈를 빠르게 받기 위해 DART 앱을 많이 활용합니다.

DART앱이 편한 점 하나는 스마트폰 '푸쉬' 기능에 있습니다. 내가 관심 기업으로 등록해놓은 기업이 주요 공시를 하게 되면 스마트폰 푸쉬로 이를 알려줍니다. 이 기업에 무슨 일이 생겼는지 바로 알 수 있는 것입니다.

이 DART앱은 구글플레이나 애플앱스토어에서 다운받아 설치할 수 있습니다.

 금융 초보자를 위한 꿀팁!

공시에 대한 중요성을 얘기하자면 책 한 권도 부족합니다. 경제 기자들도 많이 보는 게 공시입니다. 중요 기업에 대한 공시를 실시간으로 보고 싶다면 DART 앱을 활용하면 좋습니다.

공매도와 대차거래는 어떤 것인가요?

▶ 저자직강 동영상 강의로 이해 쑥쑥
QR코드를 스캔하셔서 동영상 강의를 보시고
이 칼럼을 읽으시면 훨씬 이해가 잘됩니다!

　　공매도에서 '공'은 빌 공(空)입니다. 풀어 쓰면 '비어 있는 혹은 없는 것을 판매한다'라는 뜻이 됩니다. 주식시장에서 공매도는 주식 등의 자산을 빌려서 미리 팔고 값이 내려가면 되사서 돌려주는 것을 의미합니다.

　　우리나라에서 공매도는 기관이 하는 대차거래와 개인에게 허용된 대주거래로 나눠볼 수 있습니다. 대차거래(Loan Transaction, 貸借去來)는 증권사가 돈이나 주식을 대출해주는 거래입니다. 차입자가 증권을 빌려주고 계약이 종료되면 대여자에게 같은 종목, 같은 양의 증권을 상환할 것을 약속하는 거래입니다.

공매도는 무차입 공매도와
차입 공매도로 나뉩니다

무차입 공매도는 주식을 갖고 있지 않은데도 매도 주문을 내는 행위를 말합니다. 우리나라에서는 무차입 공매도를 하는 것은 금지되어 있습니다. 한국예탁결제원이나 한국증권금융 등에서 빌려온 주식을 미리 파는 차입 공매도만 허용돼 있습니다. 따라서 주식을 대출받는 대차거래가 따라붙게 되는 것입니다.

공매도 횟수가 늘면 자연스럽게 대차거래도 늘긴 합니다. 하지만 대차거래가 늘었다고 해서 그게 전부 공매도 수요로 가는 것은 아닙니다. 빌려온 주식에 대해 공매도를 할 수도 있지만 재대여 등 다양한 투자 목적으로 활용될 수 있습니다. '대차거래=공매도'로 생각하는 사람들이 많은데, 대차거래가 곧 공매도란 얘기는 아니라는 뜻입니다.

이런 대차거래는 개인들에게 허용되지 않고 있습니다. 대신 개인들에게는 대차거래와 유사한 대주거래(Stock loan)가 있습니다. 대주란 '주식을 대여한다'라는 뜻입니다. 대주거래는 증권사에서 개인에게 주식을 빌려줍니

■ 대차거래 vs. 대주거래 ■

대차거래	대주거래
예탁결제원 → 기관, 외국인 (기관 간 거래)	증권사 → 개인 (증권사와 개인 간 거래)
대규모 장외거래 낮은 이자 비교적 긴 대여 기간	소규모 장내거래 높은 이자 짧은 대여 기간

다. 상환기간이 30~90일 정도입니다. 상환기간이 6개월 가까이 되는 대차거래와 달리 대주거래는 상당히 불리합니다. 단기 급락할 종목이 아니라면 개인 투자자가 무조건 불리합니다. 개인 투자자들이 국내 공매도 방식을 성토하는 이유이기도 합니다.

공매도는 정말
시장의 적일까요?

때로 공매도는 멀쩡한 주식 가격을 떨어뜨린다는 오해 아닌 오해를 받곤 합니다. 개인 투자자가 충분히 싫어할 만합니다. 그러나 공매도는 시장 거품을 줄여주는 역할을 합니다. 기업 가치와 비교해 과도하게 올라간 기업의 주가가 있다면, 이를 제자리로 돌리는 역할이지요. 공매도 속에서 그 기업의 실제 가치가 드러나는 것입니다.

사실 공매도가 개인 투자자들에게 손가락질 받는 이유는 공매도 그 자체보다는 그들이 느끼는 불공평함에 있습니다. 기관은 개인보다 더 오랜 시간 주식을 빌릴 수 있습니다. 대규모 자금을 동원해 실제 주가를 떨어트릴 수도 있습니다. 정보력 면에서도 개인을 압도합니다.

우리 법에서는 금지된 불법 무차입 공매도에 대한 비판도 있습니다. 기관과 외국인이 암암리에 무차입 공매도를 하고 있다는 정황이 여럿 발견되기도 했습니다. 이런 의심을 강력하게 뒷받침하는 사고가 실제 일어났는데, 2018년 4월에 일어났던 삼성증권의 배당 실수 건입니다. 잘 알려진 이 사건은 직원의 실수로 자사주 소유 직원에 주당 1천원이 아닌 주당 1천 주를 배당했습니다. 실체가 없는 유령주식이 시장에 풀린 것이지요. 일부 직원은 이를 알아채고 시장에 팔아치워 부당 이득을 취했습니다. 주식 실체가 없어도 충분히 매도 계약이 체결된다는 게 입증된 것입니다.

일부 외국계 금융사들도 무차입공매도를 하다 금융당국에 적발되기도 했습니다. 개인 투자자가 충분히 불공평하다고 느낄 만한 부분입니다.

증권 업계 일각에서는 공매도가 손실의 위험이 크기 때문에 개인에게 제한된 것이라고 보기도 합니다. 정보력 면에서 기관이나 외국인보다 뒤지는 개인 투자자가 공매도에 뛰어들었다가 큰 손실을 막기 위한 제도적 장치라는 얘기입니다.

 금융 초보자를 위한 꿀팁!

공매도는 기관이 기관에게 주식을 빌려주는 대차거래와 증권사가 개인에게 주식을 빌려주는 대주거래로 나뉩니다. 기관끼리의 공매도가 증권사를 낀 개인들의 공매도보다 유리한 것은 사실입니다. 그러나 공매도는 시장 거품을 줄여주는 순기능도 있습니다. 과하지만 않다면요.

코스피는 무엇이고
코스닥은 어떤 것인가요?

　우리나라 주식시장은 크게 두 가지로 나뉘는데 코스피와 코스닥입니다. 코스피를 형님, 코스닥을 동생으로 생각하면 이해하기 쉽습니다. 코스닥이 출범 시기나 상장사 규모로 봤을 때 코스피보다 적기 때문이지요. 카카오나 네이버처럼 코스닥에서 성장한 기업이 코스피로 옮겨가는 경우도 흔합니다.

　최근에 출범한 코넥스도 있습니다. 코스닥 상장사보다도 더 작은 기업들이 자본시장에서 자금을 쉽게 조달할 수 있습니다.

상장 요건부터 코스피가 '대형', 코스닥이 '중소형'에 가깝습니다

모든 코스피 상장사가 대형이고 모든 코스닥 기업이 중소형기업이라고 말하기는 어렵습니다. 그래도 코스피 시장에 대형 글로벌 기업들이 모여 있습니다. 코스닥 기업 중에는 동전주라고 해서 1,000원 이하 기업들이 다수 분포하고 있습니다.

이 차이는 두 시장의 역사(코스피는 1965년 개설됐고, 코스닥은 1996년 시작했습니다) 외에 상장 요건에서 비롯됐습니다. 상장 요건을 살펴보면, 코스피에 신규 상장하기 위한 기업은 사업연수 3년 이상, 자기자본* 300억 원 이상이 있어야 합니다. 최근 사업연도 매출액이 1천억 원 이상이면서, 최근 3년도 평균 매출액이 700억 원이 되어야 합니다. 혹은 시가총액(발행 주식수에 주식 가격을 곱하면 나오는 가격)이 6천억 원 이상에 자기자본 2천억 원 이상이면 됩니다.

> **자기자본**
> 기업이 보유한 자본 중 부채를 차감한 것입니다. 기업이 들고 있는 자기 돈이라고 볼 수 있습니다.

코스닥 상장은 시총 1천억 원 이상이거나 자기자본 250억 원 이상이면 됩니다. 최근 들어 한국거래소는 코스닥 상장 절차를 단순화하고 상장 조건도 완화하고 있습니다. 거래소는 상장 기업을 '일반 기업, 성장성은 높지만 현재 적자를 보는 기업, 아직 가능성만 있는 기술성장 기업', 이렇게 3부류로 나눠 상장 심사를 진행합니다. 코스닥의 모델인 나스닥을 벤치마킹해서 성장성 높은 기업의 상장을 더 돕겠다는 취지입니다.

작은동생 격인 코넥스는 2013년 출범한 제3의 시장입니다. 코스닥에

단위 : 개, 조 원

		2014	2015	2016	2017	2018	2019	2020
상장회사 수	합계	1,834	1,922	1,987	2,040	2,111	2,204	2,268
	유가증권시장	773	770	779	774	788	799	800
	코스닥시장	1,061	1,152	1,208	1,266	1,323	1,405	1,468
시가총액	합계	1,335	1,445	1,510	1,889	1,572	1,717	2,365
	유가증권시장	1,192	1,243	1,308	1,606	1,344	1,476	1,980
	코스닥시장	143	202	202	283	228	241	385

출처 : e-나라지표

상장할 요건은 안 되지만 성장성 높은 기업들의 자금 조달을 돕기 위해 출범했습니다. 주로 스타트업 단계를 넘어선 벤처기업들이 상장해 있습니다. 거래소 차원에서는 이들 기업이 잘 성장해 코스닥으로 이전 상장하는 것을 목표로 하고 있습니다.

다만 코스닥 초기 때보다 열기가 덜해 보이는 것도 사실입니다. 코넥스 상장 기업에 대한 정보는 코넥스협회 홈페이지(www.konex.or.kr)에 들어가면 볼 수 있습니다.

코스피와 코스닥, 코넥스가 공개된 시장이라면 공개되지 않은 시장도 있습니다. 이를 두고 장외거래시장이라고 합니다. 거래소에 상장되지 않은 기업의 주식을 개인들이 사고파는 시장입니다. 우리나라에서도 일부 장외거래 사이트가 있습니다. 그 안에서 비상장 기업들의 주식이 거래가 되기도 합니다. 거래 가격, 거래 과정 등이 불투명해 초보 투자자들이 섣불리 접근하기에 어려운 시장이기도 합니다. 어떻게 보면, 장외 시장 일부를 양성화한 게 코넥스라고도 할 수 있습니다.

■ 코넥스협회 홈페이지 내 종목 시세 캡처 화면 ■

KONEX
코넥스협회 www.konex.or.kr

협회정보　　상장사 안내　　상장기업소개　　자료실　　커뮤니티

회원사보기　회사개요　투자정보　재무정보　주가정보　지분정보　공시정보　종목시세　IR정보

회원사정보
회원사보기
회사개요
투자정보
재무정보
주가정보
지분정보
공시정보
종목시세
IR정보

종목시세
생태계 기반을 조성하는 코넥스협회

> 회원사정보 > 종목시세

※전일시세이오니, 착오없으시길 바랍니다.

종목명	종가	전일비	등락률	거래량	거래대금(백만)	시가총액(억)	상장주식수(주)
썬테크	9,350	↓1850	-15%	200	2	98	1,050,000
뿌리깊은나무들	1,265	↑165	15%	1,032	1	74	5,823,036
테크엔	1,335	↓230	-14.7%	120	0	53	4,000,000
유니포인트	1,830	▲230	14.38%	27	0	109	5,981,670
아이파온스터	390	▲49	14.37%	10,683	4	91	23,393,630
미애부	428	▲52	13.83%	1,021	0	14	3,332,333
청광건설	568	▼89	-13.55%	187	0	60	10,555,100
유투바이오	10,500	▲1230	13.27%	2	0	200	1,900,510
골프존데카	1,450	▲150	11.54%	1	0	60	4,111,161
다이오진	2,080	▼260	-11.11%	2,288	5	65	3,123,000
엄지하우스	4,500	▼495	-9.91%	116	1	189	4,200,000

단타 고수익은 코스닥,
장기 안정적인 수익은 코스피가 나을 수 있어요

　코스닥 상장 기업들은 코스피 기업들보다 시가총액이 작은 기업들이 많습니다. 작은 호재나 악재에도 주가가 크게 움직입니다. 작전 세력의 주요 표적이 되기도 합니다. 코스닥 기업들은 알려진 정보의 양과 질 측면에서도 코스피 상장 기업보다 못한 경우가 많습니다. 외국인과 기관이 코스닥 기업에 투자를 많이 하지 않는 이유입니다.

　그러나 혹자는 개인 투자자가 코스닥 기업에 투자하는 게 단기 수익성 측면에서 유리하다고 보는 시각도 있습니다. 외국인 투자 비중이 작아 글로

벌 경기 이슈에 덜 민감하고, 정보 기술, 전기·전자, 바이오 업종이 시가총액 대부분을 차지하기 때문입니다.

코스닥 기업은 성장성 면에서도 높은 경우가 많습니다. 네이버나 카카오도 코스닥 상장사로 있다가 코스피로 올라갔습니다. 잘 고른 코스닥 기업 하나, 열 코스피 기업 부럽지 않은 경우입니다.

 금융 초보자를 위한 꿀팁!

코스닥은 상장 기업들의 시가총액이 비교적 작아 주가 변동성이 높지만, 외국인 투자자들의 영향력이 적습니다. 기술 벤처기업들이 많아 장기 성장 가치주도 얼마든지 발굴해낼 수 있습니다.

미국 주식, 어떻게 투자해야 하나요?

미국 주식투자 방법은 직접투자 방식과 간접투자 방식으로 나눠 볼 수 있습니다. 직접투자 방식은 아마존이나 애플과 같은 주식을 증권사 계정을 통해 직접 사는 것입니다. 양도소득세 등 세금도 직접 냅니다.

간접투자 방식은 S&P500이나 미국 특정 산업군의 주가지수를 추종하는 ETF에 투자하는 방식입니다. 혹은 미국 기업을 담은 펀드에 투자하는 것입니다.

미국 주식투자의 장점은 달러 자산을 확보하는 효과도 크다는 점입니다. 코카콜라처럼 역사가 길고 매출 구조가 건실한 기업은 배당도 한국 기업들보다 후하게 합니다.

다만 달러 자산이기에 환율 변동에 직접적인 영향을 받습니다. 주식 거래에 있어 세금을 물지 않는 우리나라와 달리 세금을 내야 하는 부분이 있습니다. 증권사 계좌를 통한 예약 거래가 가능하지만, 밤에 장을 시작해 새벽에 장이 끝난다는 (우리로서는) 불편함도 있습니다.

미국 주식 직접투자,
그냥 증권계좌에서 하면 됩니다

'미국 주식에 투자하기'는 의외로 간단합니다. 기존 우리나라 주식을 거래하는 과정에 '환전'이라는 과정만 더해졌을 뿐입니다. 증권사들이 미국 주식 거래 중개에 나서면서 수수료율도 과거보다 많이 싸졌습니다. 새벽에 달러로 거래한다는 것 외에 한국 주식 거래와 크게 달라 보이지 않을 정도입니다.

증권사 계좌가 있는 분이라면 개설한 일반 증권계좌에 외환 거래와 해외주식 매매를 위한 서비스를 신청하고 약정해야 합니다. 이후 해외주식 거래에 필요한 외화 예수금을 이체합니다. 원화도 달러로 환전합니다. 보유 중인 달러를 증권계좌에 입금했을 때는 별다른 환전 절차 없이 바로 거래할 수 있습니다.

그다음에는 보유 달러 예수금 범위 내에서 종목을 검색하는 것입니다. MTS, HTS 등을 통해 검색하고 장이 열린 시간에 맞춰 사면 됩니다.

다만 환전 수수료와 거래 수수료, 양도세 등이 붙어 나갑니다. 단기 투자로 하기에는 세금과 수수료 부담이 큽니다. 환전 수수료야 일회성이라고 하지만 거래 수수료와 양도세 부담이 있는 편입니다. 증권사마다 수수료율이 0.25% 정도입니다. 2018년 이전까지는 최저 기본 수수료가 있었지만, 미국 주식투자가 활성화되고 증권사마다 경쟁이 붙으면서 지금은 대부분의 증권사에서 철폐가 된 상황입니다.

환율과 세금의 벽,
생각보다 높아요

국내 종목을 갖고 투자할 때와 다른 점은 환율과 세금의 벽입니다. 원 달러 환율이 수시로 움직이고 세금 또한 우리나라와 비교하면 높은 편입니다. 애써 산 주가가 10% 올랐다고 쳐도 환율이 10% 오르면 제자리이겠지요.

매도 시 차익이 발생하면 세금이 붙습니다. 배당에 대한 소득세도 있습니다. 배당소득세율은 15.4%로 원천징수 대상입니다.

여기에 더해 금융 소득이 연간 기준 세전 2천만 원을 초과하면 '금융소득 종합과세' 대상자가 됩니다. 연간 2천만 원 이상의 금융소득을 다른 근로소득이나 사업소득, 기타 소득 등과 합산해 종합소득세로 납부하는 것입니다.

주식 매도를 할 때 붙는 세금도 있습니다. 바로 거래세와 양도소득세입니다. 증권 거래세는 0.00221%라서 미미한 편이지만 양도소득세는 매매 차익이 발생했을 때 내기에 부담이 될 수 있습니다. 해외주식 양도소득 세율은 22%(양도세율 20%+주민세 2%)에 달합니다. 다만 이 세금은 연간 250만 원까지는 공제됩니다.

양도소득세율 : 총 22%(주민세 2% 포함)

양도소득 과세표준 : 양도차액-양도소득(기본공제 250만 원)

따라서 매도를 할 때는 환율 변동에 따른 손익과 세금까지 계산하고도 이익이 남을 때 하는 게 좋습니다. 미국 주식 직접투자는 사실상 중장기간 동안 한다고 생각하면 편합니다.

과거에 미국 투자를 하려는 투자자들은 월스트리트저널(WSJ)이나 CNBC 같은 미국 내 경제매체 뉴스를 참조했습니다. 국내 경제매체들도 실시간으로 이들 매체의 뉴스를 전하기도 합니다.

최근에는 미국 주식 유튜버들의 방송도 관심을 끌고 있습니다. 국내 미국주식 투자 전문가들도 거래를 하는 동안에 이들 방송을 틀어놓을 정도입니다.

이도 저도 싫고 귀찮다면
ETF가 좋습니다

미국 주식을 직접투자하기에 번거롭고 수수료 부담이 크다면 미국 기업에 투자하는 ETF를 사면 됩니다. 우리나라 자산운용사가 운용하는 ETF를 사면 환전과 환차손에 대한 우려를 덜 수 있습니다. 미국 S&P500 지수를 추종하는 ETF 등을 우리나라 원화로 사는 것이지요.

은행이나 증권사에서 파는 공모펀드에도 미국 기술주를 담는 펀드도 많습니다. 세금 이슈를 덜면서 분산투자 효과도 누릴 수 있습니다.

 금융 초보자를 위한 꿀팁!

미국 주식은 장기 성장성과 배당 면에서 국내 주식보다 유리한 면이 있습니다. 다만 환율 변동에 따른 리스크가 있고, 세금도 적지 않게 뗍니다. 이것저것 골치 아프다면 미국 기업 주식을 담은 펀드나 ETF도 충분히 활용해볼 만합니다.

중국 주식, 어떻게 투자해야 하나요?

매해 6% 이상 고속성장을 하는 세계 2위 경제 대국 중국은 여러모로 투자 매력이 높습니다. 다만 아직 자본시장이 잘 발달하지 못했다는 점과 증권 거래에 있어 외국인에게 제한을 두고 있다는 점 등이 걸림돌로 작용하고 있습니다.

게다가 지난 2000년대 중국 펀드는 우리나라 투자자에게 아픈 기억을 남기기도 했습니다. 미래에셋차이나솔로몬, 미래에셋인사이트, 신한봉쥬르 차이나 등 2007~2008년 해외펀드 유행 시 큰 수익을 안겨줬지만, 2008년 글로벌 금융위기 때 상하이종합지수가 65% 급락하면서 상당수 투자자들이 손실을 봐야 했습니다.

중국 기업에 투자하는 방식은 크게 세 가지로 나눌 수 있습니다. 첫 번째가 상하이 증시와 홍콩 증시에 상장된 중국 기업에 투자하는 것입니다. 두 번째가 중국 기업에 투자하는 펀드에 가입하는 방법입니다. 세 번째가 미국 증시에 상장된 중국 기업에 투자하는 방식입니다.

가장 큰 걸림돌은
'100주' 의무매수

해외주식투자가 활발해지면서 국내 증권 계좌에서도 상하이증시에 상장된 기업들에 직접투자를 할 수 있게 됐습니다. 주요 증권사들이 제공하는 HTS나 MTS를 통해 상장된 기업들에 투자하는 것이지요. 순서와 방법 등 주문 자체는 어렵지 않습니다.

다만 미국 주식과 달리 1주 주문이 되지 않습니다. 최소 100주를 주문해야 합니다. 예컨대 홍콩 증권거래소에 있는 텐센트를 주문한다면 꽤 많은 돈을 계좌에 갖고 있어야 합니다. 텐센트의 가격은 3월 8일 기준 642.5홍콩달러(약 9만 4천 원)입니다. 무려 900만 원의 돈이 필요합니다. 개인 투자자 입장에서는 한 개 주식에 몰빵하는 꼴이 됩니다.

중국 상하이증시 대장주인 귀주마오타이의 주가는 1,960위안(약 34만 원)입니다. 우리 돈으로 3,400만 원을 집어넣어야 하는 것이지요.

사실 신흥국 주식시장에서 최소 주문 수량을 정해놓은 것은 흔한 일입니다. 싱가포르, 브라질, 베트남 등도 최소 거래 단위가 100주입니다.

선진국 증시를 제외하면, 동아시아에서 유일하게 한 주 단위로 매매가 가능한 시장이 한국 시장입니다. 한국도 2014년까지는 최소 거래단위 규정이 있었습니다. 유가증권시장에서 5만 원 미만 종목을 사려면 10주 단위로 거래해야 했습니다. 2014년 6월부터 거래 활성화를 위해 1주 단위 매매를 할 수 있게 했습니다.

신흥국 주식시장이 기본적으로 100주 혹은 10주 이상의 최소 거래 단위를 설정해놓는 것은 그 나라의 자본시장 발달 정도와 관련 있습니다. 국민의 소득과 증권시장 접근성이 낮기 때문이지요. 거래 빈도와 거래량이 낮다 보니 거래액이라도 높여 시장을 유지하려는 것입니다.

왜 그럴까요? 이유는 간단합니다. 은행 등의 금리가 워낙 높다 보니 개인이나 기관 투자자들이 굳이 리스크를 감내하며 주식시장에 뛰어들 이유가 없습니다. 개인 투자자들도 주식투자를 굳이 고려할 필요가 없습니다.

이런 점에서 중국 증시는 신입생이나 마찬가지입니다. 중국은 2015년께 자본시장이 외국인 투자자들에게 전면 개방됐고, 주식시장 거래도 경제 규모와 비교해 그리 활발한 편이 못됩니다. 우리나라의 경우 코스피나 코스닥 상관없이 외국인 투자자들이 투자할 수 있습니다. 그런데 중국 증시는 '내국인 전용이었다가 외국인에게 제한적으로 허용된 A주'와 '외국인 전용이었다가 내국인에게 허용된 B주'가 있습니다.

우리나라 주식시장과 비교하면, 외국인들이 접근하기 복잡합니다.

중국의 1인당 GDP 수준도 이제 막 1만 달러를 넘은 수준으로 자본시장이 발달하는데 시간이 더 필요합니다. 기업들은 주식이나 채권을 발행하기보다 은행권을 통한 대출을 더 선호합니다. 개인들도 은행 저축을 더 선호하는 편입니다.

원화와 동반 상승·하락하는
위안화 움직임도 걸림돌

달러화 자산은 한국 원화 자산의 환 헤지(환율 상승 혹은 하락에 따른 위험성을 줄여주는 것)가 가능합니다. 한국경제가 어려워져 원화 가치가 떨어지면 반대로 달러화 자산의 가치가 올라갑니다. 달러화에 투자해놓은 자산이 있으면 자산 가치가 올라갑니다.

하지만 위안화는 한국 원화와 같이 움직이는 경향이 높습니다. 외국인 투자자 기준으로는 하나의 신흥국 테두리에 묶여 있는 것이지요. 돈이 나갈 때 같이 나가고 들어올 때 같이 들어오다 보니 환 헤지 효과가 떨어집니다.

결국은 간접투자가 비용과 시간으로 봤을 때 개인 투자자에게 더 유리합니다. 자산운용사에서 파는 중국 투자 펀드에 가입하는 게 더 나을 수 있다는 뜻이지요.

일부 전문투자자들은 미국 증시에 상장된 중국기업에 직접투자하곤 합니다. 미국 주식을 매매하는 것과 거의 차이가 없기 때문이지요. 사실상 달러화 자산에 투자하는 것이기 때문에 환 헤지 효과도 기대할 수 있습니다.

 금융 초보자를 위한 꿀팁!

중국 주식은 기본적으로 100주 이상 사야 합니다. GDP 규모 세계 2위 대국이라고 하지만 주식과 같은 자본시장이 잘 발달하지 못했습니다. 이 때문에 중국에 투자하는 자산운용사의 펀드 상품에 가입하거나 미국 증시에 상장된 중국 주식을 사거나 ETF를 활용하는 게 대안이 될 수 있습니다.

유상증자와 무상증자는 무엇인가요?

    증자(增資)는 '자본금(資)'을 '늘린다(增)'라는 뜻입니다. 자본금은 회사의 종잣돈 개념입니다. 주식회사에서는 액면가에서 주식수를 곱한 게 자본금의 개념이 됩니다. 따라서 증자를 하게 되면 자본금 규모는 늘어나게 됩니다.

    증자는 보통 신주(新株, 새로운 주식)를 발행해 진행합니다. 기업이 새로 발행한 주식을 주주에게 돈을 받고 '팔면' 유상증자가 됩니다. 유상증자는 기존 주주에게 먼저 신주를 판매하는 방식과 일반 투자자도 참여할 수 있게 하는 방식으로 나뉩니다.

    무상증자는 주식을 늘리는데 그냥 주주에게 공짜로 주는 것을 의미합니다. 주주를 위한 정책으로는 배당이 있는데, 배당이 현금을 주는 것이라면 무상증자는 주식을 주주에게 그냥 주는 것을 뜻합니다. 지분율에 따라 새롭게 발행된 주식이 배정됩니다.

증자의 대칭점에는 감자(減資)가 있습니다. 감자는 '자본금(資)을 줄인다(減)'라는 뜻입니다. 이 감자도 유상감자가 있고, 무상감자가 있습니다. 주주에게 돈을 주고 주식을 되받아오면 유상감자가 되고, 그냥 줄이면 무상감자가 됩니다.

유상증자한다면 기업 필요 자금이 부족하다는 뜻입니다

유상증자(有償增資)는 기업이 자본금을 늘려 필요한 돈을 마련하기 위해 시행합니다. 기업이 처음 사업을 시작할 때 자본금부터 마련하고 이 돈을 종잣돈 삼아 사업을 시작하는 것처럼 유상증자는 자본금 형태로 쓸 돈을 새로 마련하기 위한 목적입니다. 유상증자를 하면 회사의 자본금과 자본총액, 자산이 늘어나게 됩니다.

참고로 기업이 자금을 마련하는 일은 크게 세 가지로 분류할 수 있습니다. 가장 전통적인 방법인 은행에서 대출받기, 채권시장에서 회사채를 발행하기, 유상으로 증자하기입니다.

은행 대출과 채권 발행은 이자와 상환 부담도 큽니다. 하지만 늘어난 자본금은 나중에 갚을 필요가 없어 부담이 덜합니다. 채권자가 아니라 기업과 운명체를 공동으로 가져가는 주주들이 출자(자본금 투자)한 것이기 때문입니다. 빚이 아니라 투자금 형태로 자금을 확보하는 것이지요.

다만 유상증자는 단기적으로 주가에 부정적인 영향을 미칩니다. 기업의 자금 상황이 녹록지 못하다는 뜻으로 해석될 수 있어서입니다. 특히 불특정 다수를 대상으로 한 제3자 방식이라면 더 안 좋을 수 있습니다. 기존 대형 주주들이 증자 참여를 외면했다는 뜻이 되기 때문입니다. 잘될 사업이라면 기존 대형 주주들이 마다할 이유가 적었겠지요.

그런데 장기적으로 기업의 성장에 도움이 된다면 주가 상승의 발판이 됩니다. 예컨대 인터넷전문은행 중 하나였던 케이뱅크는 돈이 부족해 제대로 된 대출 사업을 하지 못했습니다. 이후 유상증자에 성공하면서 대출 사업을 개시했습니다. 이제는 어느 정도 안착했다는 평가까지 받고 있습니다.

무상증자는 단기적으로
호재일 수 있습니다

무상증자는 그냥 주식을 배당하듯 주는 것입니다. 자본금은 그대로인데 주식수만 늘어나는 셈입니다. 이론상 시가총액이 그대로라면 무상증자로 늘어난 주식의 비율만큼 주가는 떨어져야 합니다. 그러나 대부분은 무상증자를 호재로 받아들여 주가가 오르게 됩니다. 이른바 주식을 싼값에 판다는 느낌이 강하고, 실제 주가가 올라간다면 주주 입장에서 자산 증식의 효과가 있습니다.

무상증자와 헷갈릴 수 있는 게 액면 분할입니다. 이것도 발행 주식수가 늘어난다는 점에서 비슷해 보이지만 액면 분할은 말 그대로 5천 원짜리 주식이 1천 원짜리 주식 5개로 나뉘는 식이 됩니다. 기업의 자본금 액수는 변함이 없습니다. 그러나 무상증자는 액면가 5천 원짜리 주식에 추가로 5천 원짜리 주식이 더 생기는 것이라서 자본금이 늘어나는 효과가 나타납니다. 주주로서는 무상증자가 액면 분할보다 더 이익입니다. 공짜로 주식이 더 생기는 격이니까요. 기업이 무상증자를 하는 이유는 기존 주주들에게 혜택을 주기 위해서입니다. 배당으로 주주에게 돈을 주는 대신 주식을 준다고 보면 됩니다. 대부분은 경영실적이 괜찮은 기업에서 무상증자를 하기에 무상증자 자체는 주가에 좋은 신호로 해석됩니다. 실제 무상증자를 하기 직전까지 주가는 꾸준히 오릅니다.

■ 유상증자 vs. 무상증자 vs. 유상감자 vs. 무상감자 ■

	뜻	방식	시행 이유
유상증자	현금을 받고 자본금 확충(주주나 제3자의 돈으로 자본금 확충)	1. 주주배정방식:기존 주주에게 새롭게 발행할 주식 매수 우선권 부여 2.일반공모방식:일반 투자자에게 신주 공모 3. 제3자배정방식:주주가 아닌 제3자에게 배정	사업 확장을 위한 투자금 확보 or 재무구조 개선 목적
무상증자	무상으로 신주 발행 배분 (기업의 이익을 할애해 자본 확충)	기존 주주 배정 방식	주주들에 대한 혜택 성격이 많음
유상감자	현금을 주고 자본금 규모 축소(기업의 이익을 할애해 자본 축소)	기존 주주 배정 방식	주주가치 제고 등 다양한 이유 분할·합병 전 기업규모 축소 목적이 높음
무상감자	무상으로 자본 축소 (주주에게 아무런 보상이 없음)	기존 주주의 주식 축소	재무구조 개선 목적이 높음

자본금을 줄입니다,
'감자'

반대로 자본금을 줄이는 감자가 있습니다. 주주에게 줄어든 주식수만큼 보상해주는 유상감자와 보상해주지 않는 무상감자가 있습니다. 감자는 기업 규모와 비교해 자본금 규모가 크거나, 사업축소나 인수 합병을 앞두고 합니다. 자본금 규모가 줄어들고 잉여 자본금도 함께 줄어들게 됩니다. 주주 가치 제고를 위해 유상감자를 하는 경우는 굉장히 드문 편입니다. 대신 자사주를 매입해서 소각합니다.

무상감자는 자본금을 줄이는데 주주에게 아무런 보상이 없습니다. 많은 경우 자본잠식 상태(자본금보다 부채가 더 많은 경우)에서 벗어나기 위한 목적으로 시행됩니다. 주주가 보기에 여러모로 악재인 경우가 많습니다.

🐷 금융 초보자를 위한 꿀팁!

증자는 주식수를 늘려 자본금 규모를 키우는 데 목적이 있습니다. 반대로 감자는 자본금 규모를 줄이는 데 쓰입니다. 증자는 단기적으로 주가에 영향을 끼치지만, 장기적으로는 기업의 성장에 도움을 줄 때가 많습니다. 감자는 부득이 기업 규모를 줄여야 할 필요성이 클 때 시행되는 경우가 많아 주주 입장에서는 악재일 때가 많습니다.

보통주와 우선주 중에서 뭘 선택해야 할까요?

우리나라 주식시장에서 거래되는 주식은 크게 두 가지로 나눌 수 있습니다. 보통주와 우선주입니다. 보통주는 의결권을 가진 주식입니다. A기업의 주식 1%를 갖고 있다면, 그 기업의 의결권 1%를 가진 것이지요. 우리나라 주식회사에서는 얼마나 많은 보통주를 보유했는가에 따라 주주총회에서 투표권 크기가 달라집니다. 전체 주식의 10%를 갖고 있다면, 내 투표권도 10%가 되는 셈입니다.

우선주는 의결권과 상관없는 주식입니다. 배당을 우선으로 하는 주식입니다. 의결권이 없어서 보통주보다 더 많은 배당을 받곤 합니다. 다만 보통은 보통주보다 주가가 낮게 형성되고 상장된 주식수도 보통주보다 적은 경우가 대부분입니다.

의결권이 없는 대신
배당 혜택을 높인 게 우선주입니다

우선주는 의결권이 없습니다. 주주총회 등에서 표결이 붙었을 때 투표권이 없다는 얘기로도 풀이될 수 있습니다. CEO 선임이나 감사보고서 통과 등 주요 안건 통과에 있어 주주들의 의결이 필요할 때, 각자 지분 비율대로 투표권을 행사할 수 있습니다. 우선주는 이런 의사결정에서 배제됩니다.

대신 우선주는 배당을 후하게 줍니다. 가격도 보통주와 비교하면 싼 편에 들어갑니다. 주가 상승에 따른 시세 차익을 노릴 것이 아니면 우선주를 보유하는 게 더 나아 보이긴 합니다. 값이 싸고 배당률*이 높으니까요.

그런데 우리나라 기업들은 미국 기업과 달리 배당 성향이 낮은 편입니다. 미국 기업들은 분기마다 배당하고 이익 중 상당 부분을 배당에 할애하지만, 우리나라 기업들은 배당에 매우 짠 편입니다. 우리 증시에서 배당주로 분류되는 금융주도 배당 성향이 30%가 안 됩니다.

게다가 우선주와 보통주 간의 배당률 차이도 그리 크지 않습니다. 개인 투자자 측면에서 봤을 때 삼성전자나 현대자동차 같은 대형주가 아닌 이상 우선주를 갖고 있어야 할 이유가 적은 것이지요. 대형주를 제외한 우선주는 거래량 자체도 크지 않습니다. 거래량이 많지 않다는 것은 내가 팔고 싶을 때 제때 팔기 힘들다는 얘기지요.

배당률

배당성향과 배당률로 나뉩니다. 배당성향은 순이익에서 얼마를 배당해 주주들에게 나눠주는지이고, 배당률은 주가에서 얼마가 배당으로 나가는지 보여주는 지표입니다. 총 이익이 1만 원인데 이 중 3천 원을 배당한다면 배당성향은 30%가 됩니다. 주가가 1천 원인 주식에서 40원을 배당한다면 배당률은 4%가 됩니다.

이러다 보니 우선주에 조금 더 혜택을 줄 때도 있습니다. 우선주 존속기간을 뒤 일정 기간이 지나면 보통주로 자동 전환한다던가(전환우선주), 채권처럼 상환을 요청할 수 있는 상환권(상환전환우선주) 등이 있습니다.

우선주는 '떡상'도 쉽지만 '떡락'도 쉽습니다

우선주는 유통되는 주식수 자체가 워낙 적어 투기 세력의 타깃이 되기도 합니다. 갑작스럽게 매수세가 몰리면 급등하는 것이지요.

아래 차트에서 보듯이 삼성중공업 우선주는 2020년 6월, 10거래일 연속 상한가에 도달했습니다. 한국거래소가 6월 17일 급등세가 지나치다고 판단해 투자위험종목으로 지정했지만, 이틀 뒤 최고가 96만 원을 찍습니다.

■ 삼성중공업 우선주 차트 화면 ■

2020년 6월 1일 5만 4천5백원에서 시작해 주가 상승률이 무려 1,678%를 기록하기도 했습니다. 시가총액이 301억 원 정도로 매우 작은 수준이라서 적잖은 매수세에도 주가가 급등했던 것입니다.

문제는 비정상적으로 급등한 우선주는 얼마 못 가 급락한다는 점입니다. 대부분의 거품이 빠지면서 폭락한다는 점을 기억해야 합니다. 뒤늦게 뛰어든 투자자는 손실을 볼 수밖에 없습니다.

따라서 투자를 함에 있어 보통주보다 우선주의 투자 매력도가 떨어집니다. 주주들에 대한 혜택을 높이고 우선주에 대한 제도적 개선이 있어야 우선주에 대한 투자 매력도도 높아질 전망입니다.

 금융 초보자를 위한 꿀팁!

우선주는 배당을 우선으로 합니다. 그러나 배당 자체가 인색한 우리나라에서는 우선주가 갖는 이점이 적은 것도 사실입니다. 투자 매력도만 놓고 봤을 때 보통주가 우선주보다 확실히 앞선다고 볼 수 있습니다.

질문 TOP 53

기업 분할은 좋은 것인가요, 나쁜 것인가요?

기업 분할은 한 개의 기업을 여러 개의 독립된 기업으로 나누는 방법입니다. 무(無)에서 유(有)를 만들어야 하는 창업과 달리 기존에 있던 회사의 자산과 부채, 사업 등을 나눕니다.

기업 분할 방식에는 크게 물적 분할과 인적 분할이 있습니다. 기존 주주와 새롭게 만들어질 회사와의 관계를 규정하는 방법으로 나뉜 것인데, 주가에는 긍정적일 수도 있고 부정적일 수도 있습니다. 알짜배기 사업 영역을 따로 갖고 나가는 식의 기업 분할은 주가에 부정적인 영향을 끼칠 수 있습니다.

자료 : 한국기업지배구조원

큰집에서 작은집을 내는 게
기업 분할입니다

기업은 성장하면서 복잡한 구조를 지니게 됩니다. 조직이 커지고 사업도 다양해집니다. 기업 분할은 이때 유용한 도구가 될 수 있습니다. 복잡해진 기업 구조를 단순화해 경영 효율성을 더 높일 수 있습니다. 분리된 회사는 더 큰 성장의 기회를 맞게 됩니다.

예컨대 작은 모바일 메신저 회사에서 시작해 대한민국을 대표하는 대기업 반열까지 올라선 카카오는 성장 과정 중에 틈틈이 사업 영역을 나눠 독립시켰습니다. 카카오페이나 카카오모빌리티 같은 경우가 그 대표적인 예입니다.

그러나 기업 분할이 좋은 결과만 낳는 게 아닙니다. 주력 업종이 기업 분할로 빠져나오게 되면 성장 동력을 잃게 됩니다. 잘나가는 사업부의 성장을 돕는다면서 외부로 보내는 것이지요.

예컨대 2020년 LG화학은 알짜나 다름없었던 배터리 사업부를 독립시키면서 주주들의 원성을 샀습니다. 배터리 사업부가 LG화학의 100% 자회사로 남는다면 주주들에게는 큰 상관이 없지만(LG화학 배터리 사업 법인의 이익이 전부 모회사에 귀속이 되니까), LG화학은 외부 투자를 받아 이 회사를 독립시킬 계획입니다. 그만큼 기존 주주들의 지분율은 하락하게 됩니다. 주주들 입장에서는 섭섭할 수 있습니다.

기업 분할의 유형에는
물적 분할과 인적 분할이 있어요

기업 분할은 물적 분할과 인적 분할이 있습니다. 물적 분할은 새로 신설된 기업의 주식을 모기업이 소유하는 유형입니다. 앞서 카카오나 LG화학의 사례처럼 별도의 자회사이기 때문에 증자를 통한 투자를 추가로 받기가 쉽습니다.

인적 분할은 자회사의 지분 구조를 모회사와 같이 가져가는 형태입니다. 쉽게 말해 모회사의 지분을 가진 주주가 자회사의 지분도 갖게 되는 것이지요.

기업 경영진은 인적 분할보다 물적 분할을 더 선호하는 면이 있습니다. 물적 분할의 골자가 100% 자회사이다보니 모회사의 지배력이 그대로 유지되기 때문입니다. 자회사가 성장할수록 모회사가 받는 이익의 규모도 커지는 것이지요.

인적분할은 모회사 주주들이 더 좋아할 수 있는 구조입니다. 특히 자회

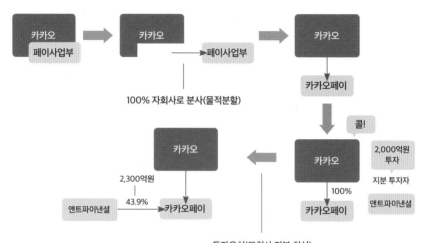

■ 카카오페이 물적 분할 예 ■

카카오
페이사업부

→

카카오
→ 페이사업부

100% 자회사로 분사(물적분할)

카카오

↓

카카오페이

콜!

2,000억원
투자

지분 투자자

카카오

100%

카카오페이

앤트파이낸셜

카카오
2,300억원
43.9%

앤트파이낸셜
→ 카카오페이

투자유치(모회사 지분 희석)

첫 단계로 100% 자회사로 분할하고 두 번째 단계로 외부 지분 투자를 받습니다. 모회사의 지분은 100%
밑으로 줄지만, 외부 투자를 받았던 덕에 자회사 생존력이 높아진다는 장점이 있습니다.

사가 알짜배기 우량기업일 때입니다. 자회사에서도 지배력을 그대로 가져
갈 수 있기 때문입니다. 기업 분할에 있어 주주들을 설득하기 쉬운 구조
입니다.

기업 분할은 주가에
어떤 영향을 끼칠까요?

기업 분할은 장기적으로 주가에 긍정적인 영향을 미칠 때가 많습니다. 경
영 효율성이 올라가기 때문입니다. 카카오도 꾸준하게 기업 분할을 하면서 자

회사를 상장시켜왔기 때문에 최근 주가 상승의 탄력을 받고 있는 것입니다.

국내 대기업들은 2000년대 이후 기업 분할로 지주사 체제를 만들고 있습니다. 대기업 계열사를 자회사로 둔 지주사가 그룹의 전체 모회사가 되는 것이지요. 기업 구조가 단순화되고 특정 계열사 한 곳이 위기에 빠졌을 때, 이 위기가 그룹 전체로 전이되는 것을 막을 수 있습니다.

 금융 초보자를 위한 꿀팁!

기업 분할은 기업이 성장하는 과정에서 사업과 자산을 분리하는 것을 의미합니다. 분할된 자회사의 주식을 모회사 주주가 가져가는 인적 분할과, 모회사가 100% 자회사로 종속되는 물적 분할로 나뉩니다. 성장하는 기업의 효율성을 높인다는 점에서 기업 분할은 장기적으로 주가 상승에 순풍 역할을 할 때가 많습니다.

네이버금융만 살펴봐도
투자하기에 충분할까요?

'HTS는 너무 복잡하고, MTS는 화면이 작고.' 기업 실적이나 코스피 지수 변동 폭, 해외 시장 상황 등에 대한 정보는 증권사 HTS에서 볼 수 있습니다. 하지만 매번 HTS나 MTS에 접속하기가 쉽지 않고 초보자가 보기에 복잡해 보이기만 합니다.

더 쉬우면서 보기 간편한 경제 정보 사이트는 없을까요? 있습니다. 바로 '네이버금융'입니다. 모바일에서는 '네이버증권'으로 서비스되고 있습니다.

네이버금융만 잘 살펴봐도 그날 주요 경제 뉴스와 주가, 원자재 지표, 외국인과 기관의 수급 상황까지 한 번에 살펴볼 수 있습니다. HTS나 MTS가 '거래'에 초점이 맞춰져 있다 보니 이런 정보를 찾기까지 익숙해지는 시간이 필요합니다. 반면 네이버금융은 몇 번 클릭이나 터치만으로도 한 번에 볼 수 있습니다.

물론 거시경제를 보는 사이트는 민간·공공 사이트 등 여럿이 있습니다. 증권거래소나 한국은행, 금융감독원 통계 페이지, 금융투자협회, 은행연합회, 여신전문협회 등입니다. 공시 등을 볼 수도 있습니다. 그러나 한 번에 여러 정보를 동시에 보기란 쉽지 않습니다.

그러나 각종 거시경제 지표를 비롯해 상품정보, 증권사 애널리스트들의 리서치 자료까지 쉽게 찾아볼 수 있는 곳은 국내에 네이버금융을 따라올 사이트가 없다시피 합니다. 네이버금융을 보면서 거시경제와 시장 지표에 대한 감을 익힐 필요가 있습니다.

네이버금융에서
꼭 찾아봐야 할 것들

네이버금융 첫 화면에 들어가면 금융홈이 있고 차례대로 주요 뉴스와 톱종목, 오늘의 증시, 업종 상위, 테마 상위, 해외 증시 등이 나열되어 있습니다. 메뉴 카테고리에는 '금융홈' '국내증시' '해외증시' '시장지표' '펀드' '리서치' '뉴스' 'MY' 항목이 있습니다.

금융홈은 그날 전체 시황과 내가 찾아본 종목의 주가 상황이 나와 있습니다. 이 페이지 하나만으로 이날 증시가 어땠는지 알 수 있고 외국인과 기관 간의 수급 차이, 미국과 중국, 일본 등의 해외 증시까지 알아볼 수 있습니다. 화면을 밑으로 내리면 환율도 볼 수 있습니다. 원자재 시황도 살펴볼 수 있습니다. 거시경제 지표와 관련된 부분을 한 번에 볼 수 있는 것입니다.

■ 네이버 금융 홈화면 캡처 ■

국내 증시로 들어가면 코스피, 코스닥, 코스피200 차트와 함께 주요 시세 정보가 담겨 있습니다. 시황 뉴스 등도 빠짐없이 들어가 있습니다.

시황을 살펴보는 데 있어 빠짐없이 봐야 하는 게 투자자별 매매 동향인데 외국인이 코스피에서 어떤 종목을 순매수했는지, 어떤 종목을 순매도했는지 살펴볼 수 있습니다. 기관 매매 현황도 볼 수 있습니다.

증시자금 동향에서 투자 대기 수요를 가늠해볼 수 있습니다. 고객 예탁금이나 신용잔고가 늘어나는 추세라면 증시가 향후 계속 오를 수 있다는 얘기가 됩니다.

차트 분석에 있어 필수 요소인 '갭 상승'이나 '이격도' '투심 과열' 종목 등도 볼 수 있습니다.

뭐니뭐니 해도 네이버금융의 장점은 내가 알고 싶거나 관심 있는 종목을 빠르게 검색해 찾아볼 수 있다는 점입니다.

최근 주가 동향은 물론 실적, 관련 뉴스, 커뮤니티 내 어떤 의견이 오가는지도 볼 수 있습니다. 인터넷쇼핑몰에서 뭘 살지 검색해보는 것처럼 네이버금융에서 관심 있는 종목을 골라보는 것도 좋은 투자 습관 중 하나입니다.

 금융 초보자를 위한 꿀팁!

초보 투자자들은 각 종목의 시황, 밸류체인을 알아보기가 쉽지 않습니다. 증권사에서 무료로 제공하는 리포트나 보고서 등이 있지만 일일이 찾아보기도 어렵습니다. 그런데 네이버금융 종목분석 리포트에 들어가면 초보자 수준에서 여러 정보를 손쉽게 찾아볼 수 있습니다. 경제분석 리포트 등을 차근차근 찾아보면 많은 정보를 얻을 수 있습니다. 특히 미국경제 등에 대한 분석 리포트도 나와 있습니다. 초보 투자자들에게 도움이 되는 자료들입니다.

8장

주식투자로
돈 버는 방법은
따로 있다

시장을 주도하는 대표주를 주도주라고 할 수 있습니다. 시장 금리가 낮아 주식시장에 돈이 몰릴 때는 미래 성장이 기대되는 성장주가 많이 오릅니다. 반대 상황이 되면 견고한 실적을 꾸준하게 올리는 가치주가 각광을 받습니다.

세련된 투자가는 분산투자로 투자 리스크를 줄입니다. 금리의 흐름을 살펴보면서 미국 시장 동향도 모니터링합니다. 정부정책의 항방을 따져보는 것도 좋은 투자 공부법입니다.

주도주에 올라타야 돈을 벌 수 있는 건가요?

주도주는 장의 상승과 하락에 직접적인 영향을 주는 종목입니다. 시대가 변하면 인기 스타도 변화하듯이 시장 상황이 바뀌면 주도주도 달라집니다. 이를 예측하고 주도주를 매수해 놓으면 주가 상승에 올라탈 기회를 잡게 됩니다.

특정 업종의 인기가 높다고 해서 그 업종의 모든 종목이 반드시 주도주가 되는 것은 아닙니다. 비교적 장기간 우상향 흐름을 타면서 그 산업을 대표하는 기업의 종목인 경우가 많습니다. 업종별·시장별로 주도주가 다르기도 합니다.

돈의 힘이 세면 '유동성 장세', 기업 실적이 호재면 '실적 장세'

주도주는 시장이 만듭니다. 장 분위기에 따라 환영받는 주도주와 그렇지 못한 종목으로 나뉘기 때문입니다. 우선은 정부의 경기부양책에 따라 늘어난 돈이 주식시장에 들어온 것인지, 기업과 업종의 호황 때문에 주가가 오르는지 살펴볼 필요가 있습니다. 또는 산업 트렌드의 변화가 시장에 반영된 것인지도 봐야 합니다.

지난 2020년은 전형적인 유동성 장세로 볼 수 있습니다. 한국은행이 5월 기준 금리를 0.5%로 인하하면서 은행 예·적금 금리도 줄줄이 1% 밑으로 떨어졌고 대출 금리 인하로 대출받기 쉬워졌습니다. 평소 주식을 쳐다보지도 않던 이들이 예·적금을 빼는 것에서 모자라 신용대출까지 받아 주식을 사기 시작했습니다. 주식시장에 돈이 몰려드니 주가가 올라가는 것은 자연스러운 순서입니다.

경기가 좋지 않은데 유동성(현금)이 밀려 들어오는 장세에서는 미래 유망주들의 주가가 오릅니다. 앞으로 올 호황기에 매출이 급증할 것으로 기대되는 성장주입니다. 특히 배터리, 바이오, 인터넷, 게임 업종 등에서 주가 상승률이 높게 나타납니다.

시장 금리 상승 등으로 주식시장에서 돈이 빠져나갈 때는 대형주와 우량주가 주도주로 올라서기도 합니다. 먹고사는 데 빠질 수 없는 유통과 소비재의 주가가 올라가는 것입니다. 이들 종목은 하락장에서 굳건히 버티곤 합니다.

2019년 연말 코스피 시총 상위 종목

순위	기업명	시가총액(조원)
1	삼성전자	333.1
2	SK하이닉스	68.5
3	NAVER	30.7
4	삼성바이오로직스	28.6
5	현대차	25.7
6	현대모비스	24.4
7	셀트리온	24.4
8	LG화학	22.4
9	POSCO	20.6
10	삼성물산	20.6

참고: 2019년 12월 30일 종가기준(우선주 제외)
자료: Dataguide, 삼성증권

2020년 현재 코스피 시총 상위 종목

순위	기업명	시가총액(조원)
1	삼성전자	291.0
2	SK하이닉스	59.2
3	삼성바이오로직스	40.9
4	NAVER	37.9
5	셀트리온	29.1
6	LG화학	26.6
7	삼성SDI	23.1
8	LG생활건강	21.8
9	카카오	21.5
10	현대차	20.2

참고: 2020년 5월 22일 종가기준(우선주 제외)
2019년 말 대비 시총이 증가한 기업은 음영 표시

출처: 삼성증권

트렌드의 변화가
어떻게 일어나는가도 관건입니다

시장 트렌드가 변화하면서 새로운 주도주가 나타나곤 합니다. 특히 산업군의 재편 때마다 주도주는 바뀌곤 합니다. 최근 4~5년 한국 시장을 놓고 봤을 때 2015년에는 화장품 등 중국 수출주가 주식시장을 이끌었습니다. 2017년에는 제약·바이오에 대한 기대감이 높아졌고, 2020년에는 제약 업종이 재조명 받기도 했습니다. '언택트'로 불리는 기술주들의 주가가 오르기도 했습니다.

2020년 말과 2021년 상반기에는 인플레이션 우려에 따른 금리 상승이 주식시장 내 주요 변수로 작용했습니다. 금리가 상승하면 은행과 보험 등 금융 관련주의 수익성이 좋아지고 이는 금융주의 주가 상승으로 이어집니다.

인플레이션 우려에 따른 조기 기준 금리 인상 예상까지 나오면서 주식 시장을 비롯한 금융시장은 가파르게 움직였습니다.

이런 산업 트렌드를 읽고 상승 초기에 투자할 수 있다면 높은 수익률을 기대할 수 있습니다. 결국 사람들의 관심이 많이 몰릴 수밖에 없는 업종이 주도주로 올라서게 됩니다. 시장 변화에 따라 사람들은 어떤 것에 흥미를 느끼는지, 살펴볼 필요가 있습니다.

 금융 초보자를 위한 꿀팁!

주도주는 시장과 시대 상황에 맞게 바뀌곤 합니다. 돈의 힘으로 움직이는 시장이라면 미래 가치 상승이 기대되는 종목이 환영받지만, 주가가 답보상태를 보인다거나 시장 금리가 높은 상황이라면 꾸준하게 실적을 내는 내수주나 수출주가 인기를 얻곤 합니다.

가치주와 성장주, 각각의 장단점은 무엇인가요?

주가는 미래 가능성을 먹고 자랍니다. 가치주와 성장주도 이 미래 가능성이 크냐 적냐에 따라 구분할 수 있습니다.

가치주는 미래보다는 현재가치에 기대가 높은 주식이고, 성장주는 지금보다 미래 성장가치에 관심이 높은 주식입니다. 그러다 보니 이익을 훨씬 많이 내는 가치주보다 성장주의 주가가 높을 때가 많습니다. 미래에 이익이 늘어날 가능성이 있어 주가에 미리 반영된 것입니다.

투자자들의 기대감을 먹고 자라는 게 성장주이다 보니, 이 기대가 실망으로 바뀌면 주가가 빠르게 하락하기도 합니다.

반면 가치주는 단기적으로 봤을 때 주가 움직임이 꾸준할 때가 많습니다. 안정적으로 이익을 내기에 배당 등에 있어서도 후한 편입니다.

카카오는 돈 잘 버는 KB금융보다
왜 주가가 높을까요?

대표적인 가치주로 금융주가 있습니다. 이 중에서도 KB금융은 금리 인상기의 주도주라고 할 수 있습니다.

이런 KB금융의 2020년 당기순이익*은 3조 4,552억 원으로 그해 주가수익비율(PER)이 4.81입니다. 만약 KB금융이 매해 올리는 당기순이익을 약 5년간 한푼도 쓰지 않고 모으면 KB금융 하나를 살 수 있다는 뜻(시가총액 기준)입니다. 이는 다시 말해 KB금융이 올리는 이익과 비교해 기업의 가치(시가총액)와 주가는 높지 않다는 얘기입니다. KB금융의 사례는 가치주들의 전형적인 예입니다.

	KB금융	카카오
2020년 당기순이익	3조 4,552억 원	4,847억 원
PER(2020년 기준)	4.81	87.81
주가(2021년 3월 9일)	5만 2,600원	36만 1,500원
시가총액	21조 8,715억 원	39조 1,070억 원

반면 카카오는 2020년 당기순이익이 4,847억 원으로 PER이 87.81에 달합니다. 카카오의 당기순이익을 약 88년은 모아야 카카오를 살 수 있다는 얘기입니다. 카카오의 기업가치가 지나치게 고평가되어 있다는 얘기가

302

나올 만합니다. 건실하게 이익을 내는 KB금융과 비교해보면 더 극명하게 대비됩니다.

성장주의 주가는 먼 미래에 있을 기대 실적에 기반을 두고 있습니다. 이런 기대가 무너지면 주가는 바로 하락합니다. 2000년대 초반의 닷컴버블 붕괴는 인터넷기업이 시장 기대만큼 돈을 못 벌 것이라는 우려가 시작점이었습니다.

전기차 분야의 주도주인 테슬라에 공매도 세력이 끈덕지게 붙어 있는 것도 이런 학습효과에서 기인합니다. 주가와 비교해 테슬라가 벌어들이는 돈이 적고 기대만큼 성장하지 못할 것이라는 생각이 깔려 있는 것입니다.

반면 가치주는 금융위기처럼 전체 주식시장이 폭락할 때를 제외하고는 갑작스러운 급락이나 급등이 없습니다. 꾸준하게 이익을 내고 배당도 적잖게 해주고 있으나 지금보다 더 많은 이익을 낼 것이라는 기대감이 적기 때문입니다.

■ 최근 3년간 KB금융 주가 추이 ■

출처 : 네이버금융

가치주는 기업 분석을 해야 하고,
성장주는 트렌드를 읽어야 합니다

대표적인 가치주 투자자로 알려진 워런 버핏은 탄탄한 매출 구조를 갖고 있으면서 상대적으로 저평가된 종목을 발굴해 투자해왔습니다. 기업에 대한 재무분석뿐만 아니라 꾸준하게 성장할 그 기업의 가능성을 엿봤던 것입니다.

실제 버핏의 대표적인 투자 종목에는 뱅크오브아메리카, 코카콜라 등이 있습니다. 버핏은 이들 종목이 꾸준히 매출을 내고 있지만, 저평가됐다고 판단해 자신의 포트폴리오에 추가했습니다.

성장주는 빠르게 변화하는 트렌드를 읽어야 합니다. 1990년대 후반과 2000년대 초에는 초고속 인터넷망을 기반으로 한 인터넷 기업이, 2010년대에는 모바일 기업들이, 2020년대에는 모바일 기업들과 함께 친환경 트렌드에 힘입어 전기차와 배터리 관련주들이 기대를 모으고 있습니다.

 금융 초보자를 위한 꿀팁!

성장주는 현재 실적은 별로지만 미래 성장성이 기대되는 종목, 가치주는 미래 실적에 대한 기대는 적지만 현재 꾸준하게 이익을 내는 종목입니다. 증시가 활황일 때는 성장주들이 시장 분위기를 이끌어갑니다. 그러나 하락장에서는 상대적으로 견고한 가치주들이 버텨냅니다.

질문 TOP 57

공모주 청약, 돈 버는 비법이 있을까요?

공모주는 공모 대상이 되는 주식을 뜻합니다. 투자자를 '공개 모집'하기 위해 새롭게 발행하는 주식이 대부분입니다. 공모주 청약은 이 공모주를 사겠다고 신청하는 일련의 과정을 의미합니다. 아파트 분양을 받을 때 '오를 것'이라고 기대하는 것처럼 공모주를 청약하는 투자자들도 '앞으로 주가가 오를 것이니 싸게 사자'라는 생각을 합니다.

공모주의 첫 가격을 공모가라고 하는데 기업공개(IPO) 주관사 등에서 시장 수요를 예측해서 정합니다. 성장 기대감이 높을수록 공모가는 높아지기 마련입니다.

공모주는 성장하는 기업의 주식을
싸게 살 수 있어요

주식을 코스피나 코스닥 등 공개된 시장에 상장하는 것을 이른바 '기업공개'라고 합니다. 신규 발행하는 주식 일부를 시장에서 유통되도록 팔고, 공개적으로 주주들을 모집하는 것입니다. 여러 새 주인을 모시기 위해서는 우리 주식이 어떤 가치를 가졌는지, 앞으로 우리 기업이 어떻게 성장할 것인지, 실적 등 여러 정보를 공개해야 합니다. 그래서 '기업공개'라는 말을 씁니다.

기업공개를 하기 전에 주식의 예상 가격을 평가하는 작업이 필요합니다. 공개된 주식회사의 주식은 시장의 거래에 따라 가격이 평가되지만, 비상장기업의 주식 가격은 정해진 기준이 없습니다. 따라서 주식 공모를 하면서 발행 가격을 정합니다.

참고로 기업공개와 상장이 별개로 갈 수도 있습니다. 상장이란 것은 어디까지나 기업이 요구하는 자금을 확보하기 위해서, 자신의 기업 지배권 일부를 나누는 것입니다. 훗날 상장하기로 하고 자금 조달만 할 때도 있습니다. 이를 '프리IPO'라고 부릅니다.

공모주 청약,
알고 보면 쉽습니다

평소 관심 있던 기업이 상장한다면 먼저 공모주 주관사에 계좌를 개설해야 합니다. 예컨대 2021년 3월 10일 상장한 SK바이오사이언스는 NH투자증권, 한국투자증권, 미래에셋대우 등 6곳의 증권사에서 공모주 청약을 받았습니다. 이 안에서도 주된 주관사 역할을 했던 NH투자증권에 배정된 공모주의 수가 더 많았습니다.

계좌를 만들었으면 청약증거금을 입금해야 합니다. 인기 있는 공모주는 모이는 청약증거금 규모도 큽니다. 공개된 시장에서 팔리는 공모주는 한정되어 있는데 청약 경쟁이 치열해지면, 증거금을 많이 내고도 주식을 몇 주 받기 힘든 일도 있습니다. 청약 경쟁률이 1천 대 1이라면, 1천 주를 청약해도 실제 되는 청약은 1주에 지나지 않습니다.

예컨대 청약 경쟁률이 1,524대 1이었던 카카오게임즈의 공모주 1주를 받으려면 최소 1,524주를 청약해야 했습니다. 청약증거금률이 50%였다는 점을 고려해도 9,600만 원으로 8천 주를 청약하고 그 후에 5주를 받는다는 뜻입니다.

이러다 보니 증거금에 비례해서 공모주를 배정하는 방식은 큰손들에게 지나치게 유리하다는 반발이 나왔습니다. 2020년 들어 공모주 청약이 워낙 뜨거워진 탓도 있었기에 2021년부터는 공모주 청약 방식이 바뀌었습니다. 바로 '균등배정'입니다.

이 방식은 최소 청약 물량인 10주에 해당하는 증거금(청약액의 50%)을 넣은 투자자 모두에게 청약 물량을 고르게 배정합니다. 따라서 SK바이오사이언스는 최소 청약 물량인 10주를 청약하고 증거금의 50%인 32만 5천 원을 내면 적어도 1주를 청약받을 수 있습니다. 기존 방식이었다면 어림없는 수준이었습니다.

공모주 전부가
따상(더블상한가)으로 가지는 않습니다

2020년 10월 6일 방탄소년단이 소속된 빅히트엔터테인먼트 상장에는
58조 원의 증거금이 몰렸습니다. 1억 원의 청약 증거금을 넣어도 2주가량
밖에 못 받았습니다. 빅히트의 공모가는 13만 5천 원이었습니다.

일부에서는 '비싸다'라는 의견도 냈지만, 주관사들은 그대로 밀어붙였습
니다. 대형 K팝주라는 기대감이 컸기 때문입니다.

■ 빅히트 주가추이 ■

출처: 네이버금융

이런 걱정은 얼마 지나지 않아 현실이 됐습니다. 2020년 10월 15일 13만 5천 원에 상장한 빅히트 주가는 처음 2분 정도만 '따상'가인 35만 1천 원을 기록한 후 16일 20만 500원으로 장을 마감했습니다. 이후로도 공모가에서 살짝 높은 수준에서 거래되었습니다. 제2, 제3의 BTS가 나와야 기대만큼 주가가 오를 것으로 보입니다.

 금융 초보자를 위한 꿀팁!

공모주는 비교적 저렴한 가격에 성장하는 기업의 주식을 살 수 있다는 점에서 많은 주목을 받습니다. 실제 상장 후 첫 거래에서 2~3배 오르는 일이 흔합니다. 다만 시장에서 기대하는 만큼의 결과를 보여주지 못하면 금방 사그라들 수도 있습니다.

분산투자로 위험을 줄이려면 어떻게 해야 하나요?

사람의 예측이 늘 맞을 수 없습니다. 수익을 볼 때가 있으면 손실을 볼 때도 있다는 얘기입니다. 장기간 투자를 하기 위해서는 손실에 대비하는 투자 방식도 필요합니다. 바로 분산투자입니다. 몰빵투자보다 수익률은 적을 수 있어도 장기간 안정적으로 자신의 투자금을 운용할 수 있다는 장점이 있습니다.

더 나아가 벌어들인 자산을 안전-중립-위험자산 군으로 나눠 배분하는 것도 장기투자로 가는 한 방법입니다. 자산가들은 꾸준하게 금융사의 투자재무 전문가와 만나 자산 배분 방식을 의논하곤 합니다.

분산하면 할수록
손실의 정도는 적어집니다

꼭 맞는 것은 아니지만 투자금 배분은 크게 4가지로 볼 수 있습니다.

첫 번째가 한 종목에 전략적으로 투자해서 단기 수익을 얻는 몰빵투자입니다. 주가 상승의 호재가 있거나 차트 상에서 강한 상승이 예상될 때 몰빵투자를 합니다. 잘 알려진 투자의 대가들은 장기적으로 성장할 소수의 종목에 투자를 하곤 합니다.

두 번째가 분산투자입니다. 이 분산투자도 비슷한 여러 종목에 걸쳐서 투자하는 방식과 성장주와 가치주로 나눠 투자하는 방식 등으로 볼 수 있습니다. 예컨대 바이오테크주에만 투자한다면 분산투자라고는 하지만 몰빵투자와 크게 다를 게 없습니다.

■ 자산 배분에 따른 투자 방식 ■

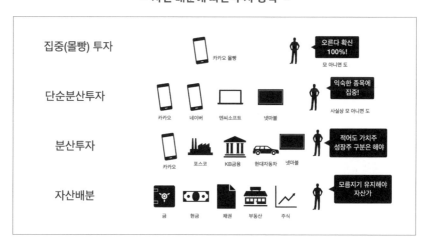

그래서 주가 상승이 기대되는 성장주와 꾸준한 실적을 내는 가치주를 나눠 투자하는 것도 한 방법입니다.

어느 정도 자산이 마련되면 종류별 배분 전략도 생각하는 게 필요합니다. 이른바 부동산을 비롯해 채권이나 원자재, 금 등 다양한 자산에 배분하는 것입니다.

이런 자산 배분 전략은 시장의 단기적이고 급진적인 변화로부터 내 재산을 지켜주는 역할을 합니다. 자산가로서 장기투자를 할 수 있는 여건을 만들어놓은 것입니다. 만약 채권에 투자해놓았다면 주식시장 폭락 상황에서 손실을 최소화할 수 있습니다.

몰빵투자 vs. 분산투자, 여전한 논쟁

몰빵투자 vs. 분산투자, 투자 업계의 논쟁거리 중 하나입니다. 몰빵투자라고는 하지만 사실은 수익률을 극대화할 수 있는 투자 방법이라고 할 수 있습니다. 개인 투자자라고 무조건 배척만 할 수는 없습니다. 다만 그에 따르는 리스크를 감당할 수 있는가가 관건입니다. 정확한 정보와 기업 분석력에 근거할 수 있다면 이 같은 투자로 높은 수익률을 올릴 수 있습니다.

투자자 대부분은 주가 상승이나 하락을 점칠 수 없습니다. 투자의 세계에서는 아무도 내일을 장담할 수 없습니다. 이 부분에 있어서 분산투자는 분명한 매력이 있습니다. 선택에 따른 실패 리스크를 상당히 줄여줍니다.

그리고 분산투자를 하는 데 있어 시장의 변화에 따라 리밸런싱(재조정)

을 해줘야 합니다. 리밸런싱은 투자 자산 간 비중을 조정해주는 일을 뜻합니다. 상승장이 예상된다면 성장주 비중을 늘리고 가치주 비중을 줄입니다. 주식시장이 답보상태거나 하락장으로 전환했을 때는 성장주를 줄이고 가치주를 늘리는 식입니다.

주식시장 자체가 하락할 것으로 보일 때는 채권 등 안전자산의 비중을 늘려놓거나 현금을 다량 확보하는 것도 방법 중 하나입니다.

■ 레이 달리오가 제시한 올웨더(All Weather) 포트폴리오* ■

	경제성장	물가 상승률
상승	주식 신흥국채권 회사채 금 원자재 부동산	금 원자재 신흥국채권 물가연동채권 부동산
하락	선진국 국채 물가연동채권	선진국 국채 주식

🐷 **금융 초보자를 위한 꿀팁!**

자본금이 적은 개인은 수익률 극대화를 위해 소수의 종목에 집중투자하는 몰빵투자를 할 수 있습니다. 그러나 그만큼 손실의 위험도 큽니다. 운용하는 자산이 늘수록 분산투자와 자산배분을 하면서 '지키는 투자'를 해야 합니다.

금리의 흐름으로
주식시장의 미래를 알 수 있나요?

▶ 저자직강 동영상 강의로 이해 쏙쏙
QR코드를 스캔하셔서 동영상 강의를 보시고
이 칼럼을 읽으시면 훨씬 이해가 잘됩니다!

　　금리는 돈의 흐름을 바꿉니다. 만약 은행에서 높은 예금이자를 준다면 시장의 돈은 은행으로 빨려 들어갑니다. 주식시장에 있는 돈도 마찬가지입니다. 반대로 은행 예금이자가 적다면 돈은 더 많은 이익을 내는 투자시장으로 갑니다. 주식시장에 돈이 몰립니다.

　　금리의 흐름은 기준 금리의 추이로 읽을 수 있습니다. 한국은행의 기준 금리가 오를 것 같다면 시중의 돈은 은행으로 향하게 되고, 기준 금리가 떨어지게 되면 시중의 돈은 주식시장으로 향합니다.

금리가 떨어지면
증시는 활황을 달립니다

금리가 떨어지면 왜 주식시장으로 돈이 몰릴까요? 원리는 간단합니다. 은행 예금이나 채권에서 얻는 수익이 적어 원금 손실의 위험을 감수하고서라도 주식시장으로 사람들이 가는 것입니다.

이런 경향은 2020년 3월 이후 극적으로 일어났습니다. 한국은행이 긴급하게 기준 금리를 낮췄고 5월 들어 0.5%로까지 낮췄습니다. 예금 금리도

■ 코스피 주봉 차트 ■

출처 : 네이버금융

기준 금리 인하가 있던 2020년 5월 26일 이후 급격한 상승세를 보인 것을 알 수 있습니다.

순차적으로 떨어져 2020년 말에는 0.9%까지 하락합니다. 우리나라 물가 상승률이 1%대라는 점을 고려하면 사실상 마이너스 수익률이나 마찬가지였던 것입니다.

금리 하락은 예금이자의 하락도 의미하지만 대출이자의 하락도 의미합니다. 돈을 빌릴 때 이자 부담이 덜해진다는 뜻입니다. 급기야 대출을 받아서 주식에 투자하는 이들까지 늘었습니다. 은행에 있던 돈이 주식시장으로 몰리면서 주가는 계속 올라갑니다.

이런 예는 금리가 제로 수준에 가까운 미국이나 유럽 증시에서도 비슷하게 나타났습니다. 코로나19에 따른 경기 침체 여파를 이겨내기 위해 각국 정부들이 금리를 낮추고 돈을 푸는 정책을 사용했고 시장에는 돈이 넘쳤습니다. 이 돈의 일부가 주식시장에 흘러갔습니다. 기업의 실적과 상관없이 시장에 풀린 돈만으로 주식시장이 강하게 상승하는 것을 '유동성 장세'라고 흔히 얘기합니다.

미 국채 수익률 상승에
흔들린 우리나라 증시

시장에 돈이 많이 풀리면 물가가 오릅니다. 이를 인플레이션 현상이라고 합니다. 돈의 가치가 떨어지게 되는 것이지요. 물가가 너무 많이 오르면 국민 생활이 힘들어집니다. 정부와 중앙은행은 금리를 올리고 시중의 돈이 다시 은행으로 돌아가도록 하는 정책을 씁니다. 금리 인상 정책입니다.

이는 주식시장에 들어와 있는 기관 투자자들의 머니무브*를 초래할 수 있습니다. 상대적으로 가격이 떨어진 채권을 사기 위해 기관 투자자들이 채권시장으로 몰려가고, 개인 투자자들은 대출을 상환하고 예금을 합니다. 주식시장에 들어와 있던 돈이 빠져나가는 효과가 나타나게 됩니다.

정부가 개입하지 않아도 금리가 상승할 때가 있습니다. 채권 가격이 떨어지면서 금리가 올라갈 때입니다. 특히 경기 회복기에 장기채의 금리가 오르는 현상이 나타나곤 합니다. 장기채는 만기 5년 이상 되는 장기채권을 뜻하는데, 주로 투자 목적으로 발행되곤 합니다. 경기에 대한 긍정적인 예상을 할 때 장기채가 많이 발행됩니다. 채권이 많이 발행되면 채권 가격은 떨어지고 금리는 높아집니다.

따라서 추세적으로 봤을 때 금리 상승기에는 주식시장이 박스권에 갇히거나 하락 장세를 보이게 됩니다. 반면 금리가 떨어지는 시기에는 주식시장에 돈이 몰려오는 현상이 발생해 주가가 오르게 됩니다.

실제 미국 S&P500 지수는 미 재무부 국채 10년물 수익률과 매우 강한 반비례 관계를 보이고 있습니다. 이 점은 우리나라도 비슷한 양상입니다.

 금융 초보자를 위한 꿀팁!

주식시장 시황은 금리 상승기와 금리 하락기로 나눠볼 수 있습니다. 금리가 하락하는 시기에는 주식시장에 돈이 몰리기 시작합니다. 그러나 금리가 상승하는 시기에는 채권이나 은행 예금 등의 자산이 빠져나가는 머니무브가 일어나곤 합니다.

質問TOP

미국 FOMC 동향을 아는 것이 왜 중요한가요?

미국 연방공개시장위원회(FOMC)를 이해하기 위해서는 미국의 연방준비제도를 비롯해 중앙은행 시스템이 어떻게 조직되어 있는지 살펴봐야 합니다. 연준 의장을 비롯한 연준 이사들의 한마디가 시장에는 매우 중요하게 작용합니다. 연준 의장이 '세계경제를 움직이는 진짜 대통령'이란 말이 괜한 말이 아닙니다.

우리는 이미 경험적으로 연준의 결정 사항이 세계경제에 어떤 영향을 미치는지 알고 있습니다. 특히 우리나라처럼 수출 의존도가 높은 나라일수록 연준이 결정하는 금리 향방에 큰 영향을 받곤 합니다. 일부 개발도상국은 경제가 흔들릴 정도로 타격을 받기도 합니다.

연준은 중앙은행 역할을 하는
미국의 민간조직입니다

연준은 미국의 중앙은행과 같은 역할을 하는 조직이라고 볼 수 있습니다. 경제신문을 보면 흔하게 나옵니다. 경제전문가들은 '연준' '연방준비제도' '페드(fed)'라고 부릅니다. 영어로는 Federal Reserve System이라고 합니다. Federal이 연방, Reserve가 준비금 혹은 예비금으로 번역할 수 있습니다. System은 조직 혹은 제도를 뜻합니다. 준비금 제도를 운용하는 연방조직이라는 뜻에서 '연방준비제도'라고 부릅니다.

Fed와 혼용해서 쓰는 단어가 있는데 FRB입니다. 이건 '연방준비이사회'라고 하며, Federal Reserve Board라고 합니다.

■ 미국의 12개 연방준비은행 ■

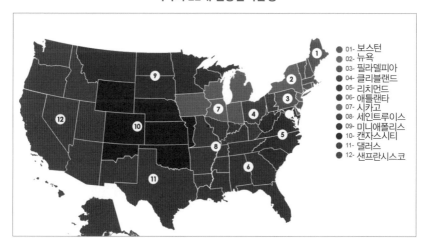

01- 보스턴
02- 뉴욕
03- 필라델피아
04- 클리블랜드
05- 리치먼드
06- 애틀랜타
07- 시카고
08- 세인트루이스
09- 미니애폴리스
10- 캔자스시티
11- 댈러스
12- 샌프란시스코

출처: 연방준비제도(Fed) 홈페이지

'연방준비은행'이란 뜻에서 FRB가 있는데 Federal Reserve Bank라고 합니다. 미국 연방내 지역별 준비은행을 뜻합니다. 미국 전역에 12개가 있습니다. 이 12개 은행들이 모여 연방준비제도를 이룹니다.

연방준비제도는 중앙은행처럼 물가와 통화량을 조절합니다. 산하 연방 은행들은 각 지역 은행들을 관리 감독합니다. 그러나 연준은 은행들이 모여 이룬 민간조직입니다. 미 연방 은행들이 모여 만든 조직이라는 점에서 민간 사기업이지만 미국 행정부의 강력한 통제를 받는다는 점에서 중앙은행의 역할을 합니다. 연방준비제도이사회는 대통령이 임명하고 상원의 인준을 거친 7명의 이사로 구성됩니다. 이 7명 중에서 대통령이 의장을 임명합니다. 이사회는 정부에서 독립된 조직이며, 연방금리 등 주요 정책은 연방공개시장위원회(FOMC)에서 결정합니다.

연준의 강력한 힘은 달러를 발행한다는 데 있습니다. 기준 금리 조절을 통해 달러의 가치를 조절합니다. 예컨대 연준이 기준 금리를 올린다면 달러 가치의 상승을 일으킵니다. 전 세계 통화가 달러에 물려 있기 때문에 달러 가치의 변동은 전 세계 자산 시장의 판도를 바꿉니다.

만약 미국 내 이자율이 올라간다고 가정해봅시다. 달러를 갖고 미국 내 자산에 투자한다면 더 많은 수익률의 상승을 기대할 수 있습니다. 전 세계에 퍼져 있는 달러가 세계최강 경제대국 미국으로 몰려들게 됩니다. 이는 경제규모가 작은 신흥국의 외화 유출로 이어집니다. 이들 나라의 경제는 큰 타격을 입게 됩니다.

연준 이사들의 말 한마디가
전부 뉴스입니다

연준내 의사결정은 연방공개시장위원회(FOMC, Federal Open Market Committee)에서 결정됩니다. 기준 금리를 조정하거나, 시장에 있는 채권을 사들이며 시장에 달러를 공급하기도 합니다. 앞서 언급했다시피 연준의 정책에 따라 미국 자본시장은 물론 세계경제의 판도가 달라질 수 있어 FOMC의 결정사항이나 내부 이사진들의 발언은 중요성이 큽니다.

한 가지 특징은 이들 이사진 발언의 강도와 시장 친화적인 여부를 놓고 비둘기파와 매파로 나뉜다는 점입니다. 매파의 발언이 강해진다면 연준은 본래 임무 중 하나인 인플레이션을 잡기 위해 금리를 올리고 시중 통화량을 흡수하는 정책을 쓸 가능성이 커집니다. 비둘기파의 발언이 강해지면 금리를 낮추는 등의 완화 정책을 쓸 것으로 짐작할 수 있습니다. 시장은 이에 대비해 움직이게 됩니다.

연준 의장의 발언도 상당히 중요하게 받아들여지게 됩니다. 앞으로 시장에 대한 정책을 어떻게 세울지 힌트를 주는 식으로 시장에 변화를 줄 수 있습니다. '마음의 준비를 하고 있어라'라는 의미가 될 수 있기 때문입니다. 미리 힌트를 준다는 의미에서 '포워드 가이던스(foward guidance)'라고 합니다.

예를 들면 시장 금리가 치솟아 주식시장의 변동성이 커졌다고 가정해봅시다. 연준 의장은 공개석상에서 "연준은 이 같은 상황을 묵과하지 않겠다"고 말합니다. 시장에서는 '연준에서 뭔가 과감한 액션을 취할 것 같다'라는 기대를 하게 되고 시장은 안정을 찾습니다.

이보다 더 시장에 영향을 주는 것은 FOMC에서 이사들이 나눈 말입니

잭슨홀 미팅

1978년부터 열린 연례 경제정책 심포지엄입니다. 미국 와이오밍주 잭슨홀에서 캔자스시티 연방은행 주최로 열립니다. 주요국 중앙은행 총재와 재무부 장관, 경제학자들이 참석합니다. 연준 의장이 주된 연사로 나와 공개 발언을 해서 전 세계가 주목하는 경제 행사로 인정받고 있습니다.

다. 시장이 불안할수록 FOMC에서 연준 이사들이 어떤 결정을 내릴지에 대해 관심이 큽니다.

이런 FOMC는 연 8회 개최되며, 이사들이 나눈 회의록은 어느 정도 시간이 지난 후 공개됩니다. FOMC 외에도 연준 의장이나 이사진이 참여하는 공개된 자리 혹은 잭슨홀 미팅*도 큰 관심을 받곤 합니다.

 금융 초보자를 위한 꿀팁!

연방준비제도는 세계 최강경제 대국 미국의 중앙은행 역할을 합니다. 달러를 찍어내는 발권력이 있어 세계경제에 미치는 영향력이 매우 큽니다. 이 때문에 연준의 정책 향방은 많은 관심을 받습니다. 연준 이사들의 결정과 의견 한마디가 모두 시장에 영향을 미칩니다.

투자자로서 정부 정책을 어떻게 살펴봐야 하나요?

정부는 기업과 가계와 함께 경제주체 3요소 중 하나로 꼽힙니다. 경제를 움직이는 주요 플레이어라는 뜻입니다. 정부가 가계와 다른 점은 정책이란 강력한 힘이 있다는 점입니다. 이 정책은 예산의 뒷받침을 받아 시행됩니다. 정부는 정책의 힘을 통해 경제 흐름을 바꿀 수 있습니다. 예컨대 경기가 안 좋을 때 정부 재정을 늘려 내수 수요를 진작시키는 등의 일입니다.

혹은 정부의 강력한 무기인 예산을 사용해 특정 산업을 일으키는 정책을 쓸 수도 있습니다. 기업과 가계가 갖지 못한 힘입니다. 1990년대 후반 정부가 벤처 붐을 일으키기 위해 정책적 지원을 아끼지 않았던 예를 들 수 있습니다. 당시 통신 인프라 관련 업체와 인터넷 업체들은 주도주로 올라설 수 있었습니다.

정부의 정책을 읽으면
주도주가 보입니다

정부 정책이 갖는 힘은 어느 정도일까요? 2008~2009년 이명박 정부가 계획해 발표했던 신재생에너지 정책을 보면 알 수 있습니다. 당시 정부는 새로운 성장 동력 산업으로 친환경 신재생에너지 산업을 봤고 태양광과 풍력 등의 산업을 진흥하는 정책을 씁니다. 전기 사용량 절감을 위해 LED조명을 정책적으로 도입합니다. LED는 빛을 내는 반도체로 백열등은 물론 형광등과 비교해도 에너지 사용량이 적습니다. 이론상 수명도 길다는 호평도 받았지요.

정부가 조명을 LED조명으로 바꾸겠다고 하자 관련 기업들의 주가가 올랐습니다. 삼성전기, LG이노텍, 서울반도체 등의 LED 관련 기술주의 주가가 올랐습니다. 수많은 코스닥 기업들이 LED조명 기업으로 전환을 선언했고 일부 업체는 대규모 수출 소식을 알렸습니다.

박근혜 정부에서는 '창조경제'를 강조하면서 IT나 소프트웨어주가 수혜를 입습니다. 연구개발(R&D) 확대 등을 강조하면서 LG유플러스나 SK텔레콤 같은 통신주가 올랐습니다. 콘텐츠 기업 육성도 강조하면서 코스닥에서는 엔터테인먼트주 등이 떴습니다.

문재인 정부도 앞선 정부와 크게 다르지 않았습니다. 정책적으로 특정 산업군을 지원하겠다고 발표했고 예산을 썼습니다. 2020년 코로나19에 따른 경기 침체 우려가 커지자 문재인 정부는 '한국판 뉴딜' 정책을 발표합니다. 인공지능(AI), 데이터, 청정에너지, 친환경 자동차 등의 산업 진흥 정책을 발표합니다. 관련주들이 또 주도주로 올라섭니다.

▪ 한 신재생에너지 기업의 주가 차트 ▪

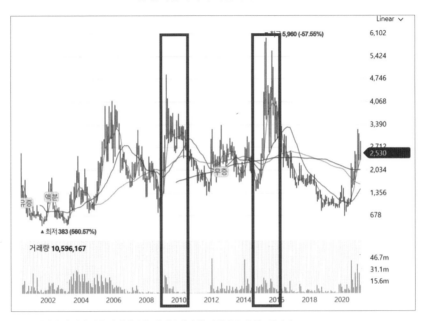

신재생에너지 산업의 진흥 정책이 나올 때 상승했던 한 기업의 주가 차트입니다.

정부 정책 주도주가 갖는
한계는 명확합니다

　정부 정책 주도주의 한계는 명확합니다. 우선은 정부 정책의 실효성과 지속성입니다. 정부의 예산이 옳게 쓰여 실제 기업을 키우는 데 활용되기도 하지만 상당 부분은 예산 낭비로 끝나기도 합니다. 이른바 예산만 노리고 오는 일부 기업들 때문입니다.

　기술 개발보다 정부 정책을 호재로만 이용하려는 기업들도 있습니다. 이

스타트업

시작한 지 얼마 안 되는 창업기업을 뜻합니다. 매출은 적거나 없지만, 미래 성장성을 무기로 사업 아이디어를 구체화하는 단계에 있는 경우가 많습니다.

런 기업들의 문제는 고질적으로 나타나고 있습니다. 이 중 일부는 소리소문 없이 시장에서 사라지거나 상장폐지에 이르기도 합니다.

박근혜 정부 때 기치로 내세웠던 '창조경제'도 문재인 정부 들어 사실상 폐기됐습니다. 대기업들의 출자를 받아 세웠던 지역 스타트업* 육성 센터인 '창조경제혁신센터'에 대한 지원도 예전만 못해졌습니다.

정부 정책에만 의존하다 보면 정치 테마주가 양산되는 부작용을 낳기도 합니다. 주가를 고의로 부양시켜 시장을 교란하는 작전세력의 재료가 되기도 합니다.

 금융 초보자를 위한 꿀팁!

주요 경제주체인 정부가 갖는 강력한 힘은 예산을 갖고 정책을 운용한다는 점입니다. 돈을 대규모로 쓸 수 있다는 뜻이지요. 정권 초기 각 정부는 경제 성장을 촉진하기 위한 산업 진흥책을 발표합니다. 이 정책의 혜택을 받는 종목은 시장 주도주로 올라서곤 합니다.

ESG 사회책임투자에 주목해야 하는 이유가 뭔가요?

'착한 기업'이 지속해서 성장합니다. 코로나19가 우리 사회를 강타하면서 착한 기업에 관한 관심이 더 높아졌습니다. ESG 경영도 주목받습니다.

ESG는 환경(Environment), 사회(Social), 기업지배구조(Corporate Governance)를 모아 만든 단어입니다. 친환경적이면서 기업의 사회적 책임을 추구하고 투명한 경영을 하겠다는 뜻입니다. 이런 생각은 우리나라에서 2005년에 등장해 최근 ESG라는 단어로 집약됐습니다.

착한 기업에 대한 중요성이 높아지면서 기업 투자를 위한 가치 판단에서 ESG가 활용되도록 국가들이 이를 공시하고 있습니다. ESG 평가지수가 높은 회사에 투자 관심도가 높아지고 있습니다.

착한 기업은
위기 때 강합니다

착한 기업이 빛을 발할 때는 위기 때입니다. 국민들의 사랑을 받는 기업이라면 기업을 살리기 위해 노력할 것입니다. 브랜드의 가치도 높아 쉽게 망하지 않을 것이라는 가정이 가능합니다. 대표적인 경우가 유한양행과 미국 킴벌리사가 합작해 만든 유한킴벌리입니다. 유한킴벌리는 IMF구제금융 때 인위적인 구조조정을 하지 않았고, 전 사원이 고통분담을 하며 IMF를 이겨냈습니다.

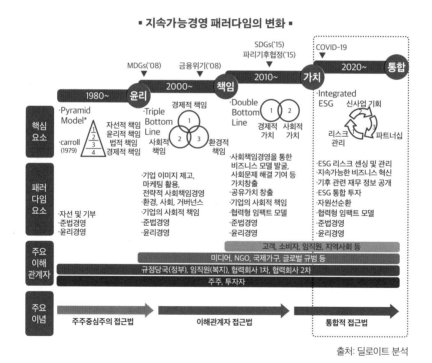

■ 지속가능경영 패러다임의 변화 ■

출처: 딜로이트 분석

코로나19로 더 중요해진
ESG 경영

2020년 들어 ESG 경영이 환영받는 이유는 '어려운 시기'와 관련이 있습니다. 대부분 기업이 지속 가능한 경영을 고민하는 상황에서 윤리적이고 착한 기업, 즉 국민의 사랑을 받는 기업이 살아남을 것이라고 기대할 수 있습니다. 실제 코로나19 위기에 따른 여파로 기업 가치에 대한 평가 관점이 환경, 인권과 안전, 환경에 연계된 리스크가 중대 이슈로 드러났습니다. 기업들은 고객과 투자자로부터 투자와 수익, 매출이라는 실적과 함께 ESG 관련 리스크와 경영 체계 등에 대해 요구받고 있습니다. 제품 개발부터 유통, 판매까지 지속 가능 경영에 대한 재조명이 부각된 것입니다.

예컨대 콘텐츠 및 유통 기반의 스마트 비즈니스, 의료 부문에서의 특허·핵심 기술 기반의 중장기 잠재 성장력이 좋은 회사, 비즈니스 공급망 관리 리스크가 높지 않으면서 수익성이 좋은 기업, 친환경 기반의 비즈니스 포트폴리오를 확대하는 기업이 환영받는 식입니다.

 금융 초보자를 위한 꿀팁!

위기의 시대에 빛을 발하는 기업이 착한 기업, 윤리적인 기업입니다. 최근 ESG 경영이 환영받는 이유도 어려워진 시기와 관련이 있습니다.

질문 TOP
63

하락장을 예상한다면 어떻게 투자해야 하나요?

하락장에서 돈을 버는 방법이 여럿 있습니다. 정확히 말하자면 손실을 줄이고 더 나아가 이익을 보는 방법이라고 할 수 있겠습니다. 기관이나 외국인처럼 대형 투자자들은 공매도를 쓸 수 있습니다. 때로는 선물을 매도해 차익을 실현할 수 있습니다.

개인 투자자는 하락장이 예상될 때에는 미리 하락 종목을 매도하거나 인버스 ETF를 매수하는 게 쉬운 방법입니다. 증권사에서 주식을 빌려와서 팔고 되돌려주는 '대주거래'를 할 수 있습니다.

혹은 하락장에 강한 종목을 매수하는 것도 한 방법입니다. 아예 주식시장에서 채권시장으로 돈을 옮겨 넣는 것도 방법이 될 수 있습니다. 주식시장과 채권시장은 서로 반대로 움직이는 경향이 있습니다.

전문가들은 하락장이 예상될 때
어떻게 투자를 할까요?

하락장이 예상될 때 전문투자자들이 하는 방법은 선물매도입니다. 선물은 미래 어떤 가격에 사겠다는 약속입니다. 현물 가격이 내려간 것에 대한 벌충을 선물매도로 할 수 있는 것입니다. 이때는 선물을 매도 포지션으로 잡았다고 합니다.

기관 투자자들은 공매도를 할 수 있습니다. 증권예탁결제원 등에서 주식을 빌려와서 되파는 '대차거래'를 하는 것입니다.

개인 투자자가 하락장에서 선택할 수 있는 일은 인버스 ETF 상품 매입입니다. 인버스 ETF는 일종의 공매도 기법을 활용합니다. 미리 선물을 팔았다가 지수가 떨어지면 되사와 수익을 보는 구조입니다. 인버스 상품에서 선

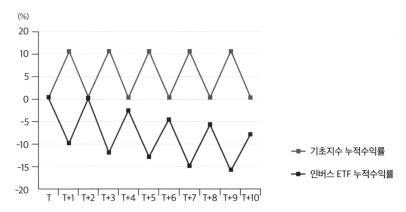

▪ 인버스 ETF와 기초지수 누적수익률 격차 추이 ▪

출처: 미래에셋증권

물을 공매도하는 것은 현물 공매도가 쉽지 않기 때문입니다.

이런 방법으로 설계된 상품이 'KODEX 코스닥 150선물 인버스'와 'TIGER 코스닥150 선물 인버스' 등과 같은 인버스 상품입니다. 이 중에는 레버리지까지 활용하는 '2X 인버스' 상품이 있습니다. 지수 하락 폭의 두 배 수익을 주는 것입니다.

다만 이들 인버스 상품의 수익 기준은 딱 하루입니다. 예컨대 지수가 일주일 동안 100에서 80까지 크게 떨어졌다고 칩시다. 그러면 투자자 입장에서는 40%(20%×2) 수익률을 받아야 할 것 같지만 실상은 그렇지 못합니다. 매일의 수익률이 플러스일 수도 있고, 마이너스일 수도 있어 다르고, 누적적으로 더해지기 때문입니다. 결과적으로 기대치에 못 미치는 수익을 받게 됩니다. 이 때문에 인버스 상품은 장기투자할 상품이 아니라고 보고 있습니다.

대개 투자 포트폴리오 조정은
하락장이 예상될 때 합니다

하락장이 예상될 때 투자운용 전문가들은 투자 포트폴리오 조정에 들어갑니다. 주식 비중을 줄이고 대신 채권 비중을 높이는 식이지요. 주식과 채권시장은 서로 역방향으로 움직이는 경향이 높습니다. 주식시장이 활황을 달리고 있으면 채권시장이 상대적으로 위축되고, 경제위기 등으로 주식시장에 대한 하락 우려가 커지면 안전자산으로 분류되는 채권시장에 돈이 몰리는 식입니다.

금리 인상 등으로 주식시장의 하락장이 예상될 때에는 채권 등 안전자산에 대한 투자 비중을 늘립니다. 다가올 겨울을 대비하는 식이지요.

주식시장 내에서 종목 간 조정도 할 수 있습니다. 상승장에서는 상승 폭이 크지만, 하락장에서도 하락 폭이 큰 성장주 비중을 줄이고 불경기에도 매출을 꾸준히 내는 가치주에 대한 투자 비중을 늘리는 식입니다. 불경기에 더욱 빛이 나는 주식시장의 대표적인 가치주로는 식품과 같은 내수주를 들 수 있습니다.

금리가 높아지는 시기에는 주식시장이 하락하는 와중에 금융주의 인기가 올라갑니다. 금리가 높아지면 그만큼 금융회사들이 벌어들이는 수익이 늘어나기 때문입니다.

 금융 초보자를 위한 꿀팁!

주식시장의 하락장이 예상될 때에는 특정 종목에 대한 공매도를 하거나 선물 매도를 하는 방법이 있습니다. 개인 투자자 입장에서는 인버스 ETF 등의 상품에 투자하는 방법이 가장 편리합니다. 다만 인버스 ETF는 당일 추세에 따른 지수 움직임에 따라 수익률이 결정됩니다. 폭락장이 아닌 이상 장기투자할 만한 상품은 아닙니다.

작전 세력들은 어떻게 시장을 흔드나요?

▶ 저자직강 동영상 강의로 이해 쏙쏙
QR코드를 스캔하셔서 동영상 강의를 보시고
이 칼럼을 읽으시면 훨씬 이해가 잘됩니다!

　　작전 세력은 주식 시세를 조종해 이익을 챙기려는 이들을 뜻합니다. 작전의 대상이 되는 주식이 작전주입니다. 주식값을 폭등시켜 이익을 챙기려고 증권 중개인과 대주주 등이 공모해 매수를 합니다. 호가를 띄우기 위한 목적입니다.

　　작전주의 대상이 되는 주식은 대부분 시가총액 1조 원 미만의 기업입니다. 코스피 기업보다는 코스닥 상장 기업들, 동전주로 분류되는 주식들이 대상이 됩니다. 이들 주식들은 비교적 적은 액수(일반 개인에게는 큽니다만)로 작전의 대상이 되는 주식을 들었다 놓았다 할 수 있습니다.

　　때로는 우선주가 동원되기도 합니다. 2020년 9월 폭등했던 삼성중공업 우선주를 예로 들 수 있습니다. 삼성중공업의 우선주 시가총액은 300억 원 정도입니다. 보통의 코스닥 기업보다도 시가총액 규모가 작습니다. 시세조작에 이용되기 너무나 쉽습니다. 실제 삼성중공업 우선주의 가격은 2020년 한때 1,000% 가까이 넘게 올라가기도 했습니다.

개인 투자자들이 작전주에 쉽게 말리는 이유는 '혹시나' 하는 마음 때문입니다. 작전 세력에 농락되는 주식의 주가가 워낙에 싸고, 몇 백 원만 올라도 수익률 기준 수십 퍼센트에서 수백 퍼센트까지 나갈 수 있기 때문입니다. 조그마한 호재 하나에도 쉽게 움직이곤 합니다.

작전의 시작은
매집부터입니다

작전의 개요는 작전의 대상이 되는 주식의 매집부터 시작합니다. 얼마간의 자금을 갖고 주식을 꾸준히 사들입니다. 잡주 혹은 동전주로 분류되는 업체들의 주식이 타깃이 됩니다. 이들 기업들의 실적 등 펀더멘털과 상관없이 매수세의 유입만으로도 주가가 올라갑니다.

일전에 언급했다시피 주가는 매수세와 매도세력 간의 균형점에서 정해집니다. 평소 거래량이 많지 않던 주식에 매수세가 몰리게 되고 가격이 오르게 되면 개인 투자자들이 합세합니다. 차트 상으로 주가가 오른다는 확신이 들었기 때문입니다.

물론 단순히 반복적으로 매수 주문을 내 주가를 끌어올리는 방법은 한국거래소나 금감원에 적발되기가 쉽습니다. 고전적인 수법에 속하기 때문입니다.

작전을 위해 루머 혹은 주가 관련 뉴스도 곧잘 동원됩니다. 가장 흔하게 사용되는 게 테마주입니다. 대권 주자나 유력 정치인과 연관됐다고 소문을 내는 것입니다. 이런 정보의 유통은 소셜네트워크서비스나 카카오톡 등의 주식방을 통해 유통됩니다.

일반 매체의 뉴스도 동원됩니다. 영화 〈작전〉에서 보듯이 실제 기자가 작전 세력에 매수되어 이들에게 적극 협력하는 경우도 있지만, 일부는 '보도자료' 등을 통해 배포되는 것을 관성적으로 쓰는 경우도 있습니다. 애널리스트 등의 분석 리포트를 활용하는 방법도 있습니다.

최근에는 유튜브가 작전세력의 허위 정보 공유의 루트로 쓰이기도 합니다. 대개의 방법은 일반적인 주식투자론에 대한 설명을 하고 회원제 주식방에 가입하는 것을 유도하는 식입니다. 단순히 주식 정보를 공유하는 경우도 있지만 작전에 동원하기 위해 고의로 투자 정보를 주식방에 흘리기도 합니다. 주가가 오를 만한 그럴듯한 이유를 만드는 식입니다.

어느 정도 주가가 올라갔다는 판단이 들면 투매를 합니다. 이에 따른 폭락의 손실은 고스란히 개인 투자자들이 안게 되는 것입니다.

작전세력이 노리는 것은
개미들의 쌈짓돈입니다

작전의 성공은 얼마만큼의 개미 투자자들을 끌어모을 수 있는가에 달렸습니다. 개미들이 작전의 대상이 되는 주식에 충분히 매력을 느낄 수 있을 만한 이유를 만들어줘야 합니다. 정말 그럴싸한 이유가 만들어지고 개인 투자자들이 모이게 되면 그 손해는 고스란히 개인 투자자들이 안게 됩니다. 그야말로 개인 투자자들의 피눈물을 딛고 수익을 챙기는 것이지요.

더 악질적인 세력도 있습니다. 멀쩡한 기업에 기생해 현금 등의 자산을 빨아먹고 빈 껍데기로 만들어 놓는 식입니다.

특히 무자본으로 코스닥 기업을 인수한 뒤 오너들이 회삿돈을 빼내 빌린 돈을 갚거나 억지로 채무를 얹게 하는 경우입니다. 혹은 경영자가 변질되거나 회사 수익에 눈이 멀어 기업을 '말아먹는' 경우입니다. 창업자나 경영진의 도덕성이 특히 중요한 이유입니다.

 금융 초보자를 위한 꿀팁!

작전세력을 적발하는 사람들은 거래소와 금감원입니다. 한국거래소 시장감시부는 작전 종목을 찾는 일을 합니다. 주가 부양을 위한 허위 공시 등을 판별하는 역할을 합니다. 시장심리부 등에서 이들 종목의 움직임을 분석하고 거래 주체들의 인적 사항과 거래내역 등을 파악합니다.

적발된 이들을 직접 검찰에 고발하거나 금감원 등에 신고합니다. 금감원 관계자에 따르면 웬만한 작전주의 움직임은 다 포착이 된다고 합니다. 이미 많은 수법들이 알려져 있기 때문입니다.

9장

투자의 대세는 ETF(상장지수펀드)이다

ETF는 펀드와 주식의 장점을 고루 갖고 있습니다. 펀드처럼 환매 수수료가 없고, 펀드매니저에 지급하는 수수료도 매우 적은 편입니다. 시장 주도주를 찾기 힘들 때, 종목보다 유망한 업종을 선택하고 싶을 때 이를 추종하는 ETF에 투자하면 됩니다.

직접투자하기 힘든 미국 주식이나 중국 주식도 ETF를 통해서라면 손쉽게 할 수 있습니다. 개인 투자자는 접근조차 할 수 없는 원자재 선물 등도 ETF나 ETN으로 투자할 수 있습니다.

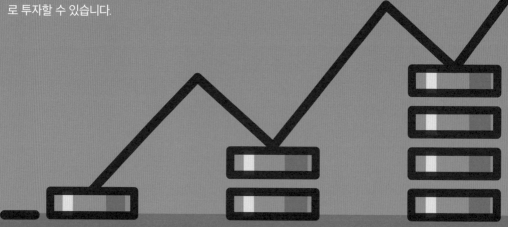

▶ 저자직강 동영상 강의로 이해 쏙쏙
QR코드를 스캔하셔서 동영상 강의를 보시고
이 칼럼을 읽으시면 훨씬 이해가 잘됩니다!

    상장지수펀드인 ETF는 주식이나 원자재 등 가격의 지수를 추종하는 상품입니다. 지수가 올라가면 수익을 내고 지수가 떨어지면 수익이 줄거나 손실을 내는 형태의 상품입니다.

    여기서 지수를 흔히 인덱스라고 부릅니다. 코스피가 대표적인 주가지수이자 주가 인덱스인 셈입니다. 코스피 상장 기업 중 상위 200개 업체의 주가를 합쳐 지수화한 코스피200도 대표적인 코스피 지수입니다.

    우리나라에서 지수를 만드는 기관은 한국거래소와 에프앤가이드, 이렇게 두 곳입니다. 한국거래소가 국내 유가증권을 거래하는 유일한 유가증권 시장이다보니 대부분의 지수가 이곳 한국거래소에서 만들어집니다.

    주가지수 외 국제 원자재 가격을 추종하는 ETF, 채권 등의 증권의 가격을 따라가는 ETF 등이 있습니다. 직접투자하기 힘든 해외 채권이나 원자재 등을 간접투자할 수 있습니다. 이름은 펀드인데 사고파는 것은 주식처럼 할 수 있다는 장점이 있습니다.

믿을 수 있는 자산의 지표가
ETF로 만들어집니다

한국거래소가 발표하는 지수 중에서 ETF가 되려면 지수를 구성하는 종목이 10개 이상이어야 하고, 지수를 구성하는 1개 종목이 전체 지수의 30%를 초과하지 않아야 합니다. 또 지수를 구성하는 종목 중 시가총액 순으로 85%에 해당하는 종목은 시가총액이 150억 원 이상이고 거래대금이 1억 원 이상이 될 것 등의 조건이 있습니다.

주식이 아닌 채권이나 원자재일 경우에는 가격 정보가 매일 신뢰 가능한 가격으로 발표되는 자산을 우선으로 합니다. 특히 공신력 있는 기관에 의해 산출되는 가격 또는 지수 정보여야 합니다.

ETF 상품이 등장하던 초기에는 주식지수를 추적하는 ETF가 대다수였습니다. 그러나 지금은 통화, 부동산, 원유, 금은, 채권 등 다양한 상품의 지수를 추종하고 있습니다. 따라서 특정 자산에 투자하고 싶다면 ETF가 가장 쉬운 선택지가 됩니다. 계좌에서 주식처럼 사면 됩니다.

이런 이유로 ETF도 매도 후 이틀 뒤 대금이 입금됩니다. 주식을 사고팔 때와 동일합니다. 현금이 당장 필요한 투자자라면 적어도 이틀 전에 매도를 해야 합니다.

출처: 네이버금융

ETF는 일반 주식처럼 거래소에 상장되어 있습니다. 종목마다 코드번호가 부여됩니다. 증권 회사를 통해서 거래할 수 있습니다. HTS나 MTS로 사고 팔 수 있습니다.

ETF에 대한 정보를 알고 싶다면 네이버금융 내(국내증시 〉 ETF)에서 찾아볼 수 있습니다. 상장된 ETF와 거래량, 최근 가격 추세 등을 볼 수 있습니다. 산업군별 테마별 ETF도 찾아볼 수 있습니다.

ETF 거래,
이렇게 시작하면 됩니다

ETF는 주식과 동일하게 거래되기 때문에 증권사 계좌만 있으면 쉽게 살 수 있습니다. 계좌를 개설할 증권사를 선택하면 됩니다. 증권사에 방문할 수도 있고, 모바일로 비대면 가입도 가능합니다. 요새 증권사들의 모바일 앱이 편리해졌기 때문에 MTS만 깔고도 충분히 거래가 가능합니다.

증권사 외 은행에서도 ETF 상품을 살 수 있습니다. 은행의 ETF 거래 수수료는 대략 0.015%입니다. 증권사 수수료가 보통 0.25% 정도라는 점을 고려하면 굉장히 싼 편입니다.

은행은 수수료가 싸고 증권사는 왜 좀 비쌀까요? 서비스의 차이입니다. 증권사가 투자자들에게 제공하는 리포트 등의 자료가 많습니다. 증권계좌도 CMA계좌 성격이라 기본 이자율이 은행 보통예금보다 높은 편입니다. 거래가 빈번하지 않다면 증권사 ETF를 좀더 고려해볼 수 있습니다.

 금융 초보자를 위한 꿀팁!

ETF는 주식이나 채권, 원자재 가격 등의 지수를 추종하는 '주식 성격의 펀드' 상품입니다. 지수의 변동에 따라 수익과 손실이 결정되기 때문에 초보자가 비교적 이해하기 쉬운 상품에 들어갑니다. ETF의 특징은 주식처럼 거래할 수 있다는 점인데, 은행의 거래 수수료가 증권 수수료보다 더 쌉니다.

질문 TOP
66

ETF와 펀드는
무엇이 다른가요?

ETF도 펀드의 일종입니다. 기초자산의 지수를 추종한다는 점에서 파생상품의 범주에 들어갈 수 있습니다. 그러면서 주식의 성격도 갖고 있습니다. 언제든 사고팔 수 있는 장점이 있습니다.

펀드와 다른 점,
ETF는 수수료가 적어요

ETF의 수익률 결정은 다른 펀드 상품과 비교하면 단순한 편입니다. 살 때보다 지수가 올라가면 수익이 나오는 것이고 지수가 떨어지면 손실을 보는 식입니다. 매수 때와 매도 때의 가격 결정이 비교적 투명하고 단순하게 결정되어 초보 투자자들에게 안성맞춤인 투자 상품입니다.

반면 일반 공모펀드는 입금과 환매* 시 하루에 한 번 공시되는 '기준가격'에 따라 가격이 결정됩니다. 이 가격이 어떻게 결정되는지 투자자가 알기 힘듭니다. 폐쇄적인 구조로 운용되는 사모펀드는 더 알기 힘듭니다.

ETF의 운용 수익은 지수의 움직임에 따라 결정되기 때문에 돈을 굴려주는 펀드매니저의 역할이 클 필요가 없습니다. '잘 운용했다'고 수고료를 지급할 필요가 적으니 수수료가 저렴한 편입니다. ETF의 수수료는 0.15%~0.5% 정도입니다. 일반 펀드가 1.5~3%란 점을 고려하면 훨씬 저렴합니다.

■ ETF vs. 주식형펀드 ■

	ETF	주식형펀드
상장 여부	증권 시장 상장	상장 안 됨
거래 편의성	높음(실시간 거래 가능)	다소 불편 (실시간 거래 불가)
시세 확인	실시간	정해진 시간에 확인
운용 보수	0.1~0.4%	1.5~2.0%
중도환매수수료	없음	3~6개월 내 환매하면 이익금의 30~70%
소득세	해외 및 상품ETF만 배당소득세 15.4%	배당 및 이자 소득세 15.4%

펀드 운용비용이나 수수료율은 처음에는 크게 느껴지지 않습니다. 하지만 운용 규모가 커지고 기간이 길어지면 적지 않은 비용 부담으로 옵니다.

게다가 일반 펀드는 가입 이후 일정 기간 이내에 환매하면 중도환매수수료를 내야 합니다. 6개월 이내 환매하면 수익금의 3분의 2를 수수료로 내야 할 수도 있습니다.

이런 부분에서 언제든 실시간으로 사고팔 수 있다는 점은 ETF의 매력포인트입니다. ETF 역시 매도할 때는 매매수수료(0.014~0.5%)를 부담합니다. 주식 거래 때 붙는 증권거래세(0.25%)는 면제됩니다.

이런 이유로 증권사나 은행에서 ETF를 적극적으로 홍보하지는 않습니다. 증권사가 떼어갈 수 있는 수수료가 적기 때문입니다. 그만큼 금융사보다 금융소비자에게 더 유리한 상품이라는 얘기입니다.

주식처럼 ETF를
거래할 수 있어요

ETF의 장점은 주식처럼 거래할 수 있다는 데 있습니다. 일반 주식을 매매해본 사람은 누구나 쉽게 사고팔 수 있습니다. 장 정규시간인 오전 9시부터 오후 3시 30분까지 실시간으로 주문이 가능합니다. 시간외 주문으로 오후 6시까지도 할 수 있습니다.

또한 ETF는 일반 주식처럼 거래소에 상장되어 있습니다. 종목을 고르듯이 코드번호로 골라볼 수 있습니다. HTS나 MTS로 거래할 수 있습니다. 환매를 하면 주식처럼 이틀 뒤에 돈이 입금됩니다. 그러나 일반 펀드는 환

KODEX200

주식시장을 대표하는 200여 개 종목으로 구성되어 있습니다. 삼성자산운용의 ETF 상품으로 2002년 10월 상장된 한국 최초의 ETF 상품이라는 상징성이 있습니다.

시 현금화까지 4~7일 정도 걸립니다. 해외펀드라면 더 늦어질 수 있습니다.

ETF는 추종하는 지수에 편입된 종목 다수를 매수하고 매도합니다. 예컨대 코스피200 지수를 추종하는 KODEX200* ETF는 코스피200에 편입된 종목을 매수하고 포트폴리오를 짭니다. 코스피 대장주인 삼성전자를 비롯해 다수의 종목을 삽니다. 결과적으로 적은 금액으로 우량주에 분산투자할 수 있다는 뜻입니다. 특정 종목에 몰빵투자하는 것과 비교하면 분산투자의 효과가 있습니다.

KODEX200 ETF를 매수했다면 배당금도 받을 수 있습니다. KODEX200에 편입된 종목에서 배당을 하면 운용사는 펀드 운용 등에 들어간 비용을 제외하고 분배합니다. 이를 분배금이라고 합니다.

 금융 초보자를 위한 꿀팁!

ETF의 장점은 운용수수료가 적고 실시간 거래가 가능하다는 점입니다. 중도환매 수수료 등도 없습니다. 실시간 거래가 가능한 주식의 장점과 분산투자를 하는 펀드의 장점이 한데 모인 금융상품이 바로 ETF입니다.

ETN과 ELS와 ETF, 어떻게 다른가요?

　　개인 투자자가 가장 흔하게 접할 수 있는 간접투자 상품 삼총사가 ETN·ELS·ETF입니다. ETN과 ETF는 형태가 거의 비슷합니다. 투자자 입장에서는 주식처럼 투자했다가 수익을 볼 수 있는 상품입니다. ELS는 이해하기 쉽게 설명하자면, 예금과 펀드 상품의 성격이 조금씩 섞여 있습니다. 지수가 약속대로 움직이면 계약한 대로 수익(이자)을 지급합니다.

　　3개 상품의 공통점을 꼽자면 추종하는 자산에 따라 수익이 갈린다는 점입니다. ETN과 ETF는 추종하는 기초자산의 지수가 등락한 만큼 수익과 손실이 결정됩니다. ELS는 추종하는 지수가 약속된 범위 안에서 움직이면 수익이 발생합니다.

ETF와의 닮은꼴이
ETN입니다

ETN은 Exchange Traded Note, 상장지수증권이라고 번역해 씁니다. ETF의 끝부분 F가 펀드를 뜻하는 것이라면, ETN의 끝 부분 N, Note는 증권을 뜻합니다. 우리나라에는 2014년 도입됐습니다. 증권사가 만들어 상장하는 파생결합증권상품이라고 보면 됩니다. ETN은 기초자산의 지수를 추종하는 증권이지만 투자자는 ETF와 거의 차이를 못 느낄 정도입니다.

결정적인 차이 하나를 꼽으라면 ETN은 만기가 있다는 점입니다. 그래서 채권에 가까운 증권 상품입니다. ETN의 만기는 최소 2년에서 최장 20년까지 갑니다. 만기가 되면 자동 매도가 되어 투자자의 계좌에 입금이 됩니다. 장기투자를 하려는 투자자에게는 아쉬운 부분입니다. 그래서 ETN 상품을 투자하기 전에는 꼭 만기일을 살펴봐야 합니다.

또한 ETN은 신용 리스크가 존재합니다. ETN 상품을 상장한 증권사가 망하면 휴지 조각이 되는 것입니다. 이는 ETN이 가진 특징에서 기인합니다. ETN은 증권사가 발행한 채권의 한 종류라고 보면 됩니다. 투자자에게 '이 지수가 움직이는 만큼 수익을 드릴게요'라고 약속을 한 뒤 돈을 빌려온 것입니다. 따라서 'WTI원유선물 ETN'이라고 하면 증권사가 이 상품을 팔면서 받은 돈을 따로 운용하고 수익을 냅니다. 매수나 매도를 원하는 투자자에게는 WTI원유선물 가격에 맞춰 팔거나 사면 됩니다.

ETN의 장점은 다양한 자산에 게임하듯 투자를 할 수 있다는 점입니다. 예를 들면 구리선물처럼 자산운용사가 실제 보유해 운용하기 쉽지 않은 자산에 대해서도 파생금융상품을 만들어 투자자들에게 공급할 수 있다는 점입니다. '나도 국제 구리 선물에 투자하고 싶은데'라는 생각을 가진 투자자들에게 다양한 간접투자의 기회를 주는 것이지요.

반면 ETF는 지수에 속한 종목을 펀드매니저가 매수해 이를 신탁기관에 보관하기 때문에 설령 투자운용사가 망한다고 해도 돌려받을 수 있습니다. 자산이 실제로 보관되고 있기 때문입니다.

■ ETN vs. ETF ■

구분			ETN (Exchange Traded Note)	ETF (Exchange Traded Fund)
공통점	상품유형		지수추종형 상품	
	시장관리		거래소 상장 상품	
	수익구조		기초자산 가격변화 추종형 선형 수익구조	
			(단 ETN 일부 옵션 포함상품 제외)	
차이점	법적성격		파생결합증권	집합투자증권
	발행주체		증권사	자산운용사
	신용위험		있음	없음(신탁재산으로 보관)
	기초 지수	성격	맞춤형 지수	시장추종형 지수
		구성 종목수	5종목 이상	10종목 이상
		제한영역	시가총액 가중 방식의 시장대표지수, 섹터지수	-
	상품구조		약정된 기초수익 제공	운용실적 등에 따라 수익 상이
	만기		1~20년	없음

출처: 신한금융투자

ELS는 조건이 맞으면
수익을 줘요

ELS는 주식연계증권(Equity Linked Securities)의 약자입니다. 국내주식이나 해외주식 혹은 특정 기업이나 업종의 지수를 섞거나 채권 등의 상품을 적절히 섞어 만듭니다. 특정 조건에 맞으면 수익률이 발생하도록 설계했습니다.

은행 등에서는 ELS를 안전성이 높은 상품으로 추천했습니다. 투자금의 절반 이상은 손실 위험이 적은 국공채에 투자해 일정 비율의 원금을 보장합니다. 나머지는 옵션 등의 상품에 투자합니다.

ELS는 기초자산으로 삼은 주가지수가 많이 오른다고 해서 수익을 많이 주는 구조는 아닙니다. 예컨대 '기초자산으로 삼은 주가지수가 6개월 내 50% 미만으로 떨어지지 않는다면 약속했던 이율 5%를 드려요'라는 식입니다. 시장이 박스권에 있을 때는 추가 수익을 얻을 수 있지만 주가 변동이 클 때는 손실 위험이 존재합니다.

 금융 초보자를 위한 꿀팁!

ETF와 ETN은 투자자가 보기에 닮은꼴입니다. 지수의 움직임에 따라 수익과 손실이 결정되고 모두 거래소에 상장되어 있습니다. 주식처럼 사고팔 수 있습니다. 그러나 ETN은 만기가 있고 채권과 같은 성격이라서 발행사가 파산을 하면 돈을 받을 수 없는 위험성이 있습니다만 물론 그 가능성은 낮습니다.

ETF를 이해하기 위해 알아야 할 개념들이 있나요?

ETF의 주요 개념들은
숙지해야 합니다

ETF는 주식처럼 거래할 수 있습니다. HTS나 MTS의 일반 호가창에서 주식을 사듯 ETF 상품을 살 수 있습니다. 다만 다른 점은 NAV라든가 괴리율, 유동성공급자(LP) 등의 단어가 있습니다. 이들 단어를 알아놓으면 내가 사놓은 ETF가 시장에서 어떤 가치로 평가받는지 혹은 내일 오를 수 있을지 등을 볼 수 있습니다.

ETF 정보창으로
보는 용어

아래 화면은 우리나라의 대표적인 ETF 상품인 KODEX200 상품의 MTS 화면입니다. KODEX는 ETF 브랜드입니다. 삼성자산운용에서 만든 ETF 상품에는 KODEX가 들어갑니다.

ETF 브랜드 중에서는 TIGER도 있습니다. 미래에셋자산운용에서 만든 ETF입니다. 예컨대 TIGER200은 코스피 상위 200개 종목을 한 바스켓에 넣어 미래에셋자산운용이 운용하는 ETF 상품입니다.

KBSTAR는 KB자산운용이 만든 ETF 상품, ARIRANG은 한화자산운용이 만든 ETF 상품입니다. 종목 수로는 미래에셋자산운용의 TIGER가 많고 순자산 규모로는 KODEX가 큽니다.

참고로 ETF 상품 중에 이름이 긴 것이 있습니다. 예컨대 'KODEX200 선물인버스2X'입니다. 코스피200 선물을 거꾸로 추종하는데 2배 레버리지가 있는 ETF 상

■ **KODEX200 상품의 MTS 화면** ■

품이라는 뜻입니다.

KODEX 미국FANG플러스(H)가 있는데, 여기서 H는 환율 헤지를 한 상품을 말합니다.

42,185는 거래 가격을 뜻합니다. 이날 4만 2,185원에서 거래 가격이 형성됐다는 뜻입니다. 전날보다 0.88% 올라 4만 2,185원이 됐네요.

'증 20%'는 증거금률을 뜻합니다. 미수거래 시 총 가격의 20%는 당일 선납을 해야 거래가 체결된다는 뜻입니다.

'신 45%'는 신용거래 시 신용거래 증거금률을 의미합니다. 결제대금의 45%만 내고 나머지는 신용대출을 받아서 살 수 있다는 뜻입니다. 신용거래로 대출받은 금액을 갚지 못하면 미수금 연체이자처럼 연체이자를 내야 합니다.

기본 정보를 누르면 'KOSPI200'과 'F202106'이 있습니다. KOSI200 옆 숫자는 코스피200의 시가, F202106은 만기가 2021년 6월인 코스피200 선물의 시가를 의미합니다. 선물과 현물 모두 올랐네요.

NAV는 순자산가치(Net Asset Value)입니다. KODEX200 ETF가 편입하고 있는 주식과 현금, 배당 등 모든 자산에서 부채와 비용 등을 뺀 순자산을 발행한 증권수로 나누게 되면 NAV가 산출됩니다. 현재 거래되는 가격이 NAV보다 높게 거래되면 적정 가치보다 고평가되어 있다는 뜻이고 낮게 거래되면 저평가되어 있다는 뜻입니다.

이 창에서는 NAV보다 거래 가격이 낮게 형성되어 있습니다. 적정 가치보다 저평가되어 있다는 뜻입니다.

ETF는 지수를 추종하기 때문에 이론적으로 거래 가격과 NAV가 같아야 합니다. 즉 ETF에서 올라오는 수익률과 지수가 상승하면서 나오는 수익 증가율이 일치해야 한다는 뜻입니다. 이 사이의 간격이 벌어지는 것을 '괴리도가 높아진다'고 표현하고, 이를 수치화한 게 괴리율입니다.

괴리율 계산은 '괴리율(%)=(현재가-NAV)/NAV×100'로 합니다.

추적오차율은 NAV와 기초지수의 차이를 추적하는 지표입니다. 이 값이 작을수록 지수와의 차이가 적다는 뜻입니다.

참고로 알아둬야 하는 게 있습니다. 바로 LP라고 불리는 유동성 공급자(Liquid Provider)라고 합니다. ETF 가격과 실제 자산 가격 간 격차를 줄여주고 거래를 활성화하는 역할을 합니다.

거래가 너무 없어 ETF 가격이 지수 기준보다 떨어질 것 같으면 ETF 운용사는 최소 100주 이상씩 매수·매도 물량을 공급해 가격을 유지합니다. ETF 운용사는 이를 잘 관리해서 괴리율이 커지지 않도록 해야 합니다.

 금융 초보자를 위한 꿀팁!

ETF 종목명은 제일 처음에 각 자산운용사가 운용하는 ETF의 브랜드, 그 다음에 추종하는 자산의 명칭이 나옵니다. 이후에 '인버스'(지수가 떨어지면 수익이 발생)나 'H'(환율헤지) 등의 옵션이 붙습니다.
ETF 투자 시에는 NAV와 괴리율을 봐야 합니다. 괴리율이 지나치게 커지면 자산운용사가 유동성공급자로서 제대로 관리를 하지 않는 것입니다.

레버리지 ETF와 인버스 ETF,
두 상품의 차이가 뭔가요?

하락이 예상되는 장에서도 개인 투자자가 돈을 벌 수 있는 기회가 있습니다. 증권사로부터 주식을 빌려와서 팔고 돌려주는 대주거래를 하거나 인버스 ETF를 매수하는 경우입니다. 하락장을 대비한 헤지수단이 될 수도 있습니다. 이 인버스의 수익을 늘린 것을 속칭 '곱버스'라고 부릅니다. 주로 '인버스2X'로 표기합니다. KODEX200 선물인버스2X가 예인데요, 코스피 200 선물이 하락할 때 수익을 2배 준다는 의미입니다.

이와 반대 개념이 레버리지 ETF입니다. 지수가 올라갈 때 수익을 2배 준다는 뜻입니다. KODEX200은 단순히 코스피200 지수를 추종하지만, KODEX200레버리지는 코스피200의 일일 변동률을 2배로 추종합니다. 당일 1% 오르면 레버리지 ETF 가격이 2% 오릅니다. 대신 손실도 2배입니다.

하락장에서도
수익을 낼 수 있어 좋아요

주식시장이 고점을 지나 하락세로 돌아설 것으로 예상될 때 코스피200 선물을 매도해 투자금을 미리 회수하는 것도 좋은 방법이지만 인버스ETF를 매수하는 방법이 있습니다. 인버스 ETF는 일반 주식과 동일하게 거래가 가능합니다. 개인 투자자가 쉽게 접근할 수 있는 상품이다보니 증시 하락이 예상될 때면 인버스 ETF의 거래가 활발해집니다.

인버스의 운용 원리는 하루 단위 공매도라고 해도 무방합니다. 쉽게 말해 추종하는 자산을 팔았다가 다시 사오는 형태로 해서 수익을 올립니다. 만약 지수가격이 100인 인버스 ETF를 1개 샀다고 가정해봅시다. 그러면 이 ETF는 100원에 이 자산을 팝니다. 이후 이 ETF는 다시 이 자산을 사들입니다. 만약 가격이 90원으로 떨어졌다면 그날 하루 10원의 이익을 본 것입니다. 만약 110원으로 올랐다면 10원의 손해를 본 것입니다. 100원에 팔아 110원에 사온 꼴이 됐으니까요.

이런 원리는 선물 상품을 추종하는 인버스 ETF도 해당됩니다. 코스피200 선물 가격이 200이었다고 쳤을 때 미리 선물을 매도하고 선물 가격 200을 받아둡니다. 선물 만기가 됐을 때 주가가 하락해 선물 가격이 180이 됐다고 칩시다. 코스피200 선물 만기가 되면 20(200-180)만큼의 차익을 벌 수 있습니다. 인버스 ETF도 10% 수익이 생긴 것입니다. 만약 주가가 상승했다면 반대로 10% 손실을 보게 되는 구조입니다.

그런데 이 인버스 ETF는 2020년 하반기와 같은 강한 상승장일 때는 손실이 커질 수 있습니다. KODEX200인버스의 2021년 3월 기준 수익률은

−56.68%를 기록했습니다.

게다가 꾸준하게 하락하지 않고 오르락내리락하는 장세가 계속되는 동안 누적 손실이 발생할 수 있습니다. 수익 계산을 하루 기준으로 하기 때문입니다. 100에서 90으로 떨어지면 10% 수익이 발생합니다. 그러다 90에서 10이 다시 올라가게 되면 −11.1%의 손실을 보게 됩니다. 같은 10포인트가 움직였지만, 수익 폭보다 손실 폭이 더 큰 것입니다. 이런 상황이 누적되면서 수익률이 줄어들게 됩니다.

시장 변동성이 클수록, 투자 기간이 길어질수록 기초지수의 누적 수익률과 인버스 ETF 간 격차가 커집니다. 자산운용사에서도 단기적인 시장 전망에 따라 매매하는 것이 바람직하다고 보고 있습니다.

레버리지 ETF도
꼭 2배만큼의 수익을 주진 않아요

레버리지 ETF는 추종하는 자산의 변동에서 2배만큼 수익을 줍니다. 주가가 1% 상승하면 수익률이 2%가 되고, 주가가 1% 하락하면 수익률이 −2%가 되는 것이지요. 그런데 레버리지 ETF도 수익과 손실 기준을 하루 동안의 지수 변동 폭으로 보고 있습니다.

예컨대 코스피200지수가 지난 2020년 3월 11일 257.01였다가 3월 한때 199.28로 떨어졌고 4월 들어 255.02로 회복했다고 가정해봅시다. 예전 지수를 거의 회복했고 전체 손실률은 0.8%만 내린 것입니다. 이론상 −1.6% 수익률이 나와야 하는데, KODEX200 레버리지 가격은 6.7% 떨어졌습니다. 하루 단위로 정산하는 복리 효과 때문입니다.

결과적으로 봤을 때, 인버스 ETF나 레버리지 ETF는 투자자보다는 증권사나 운용사에 더 유리한 형태의 투자상품입니다. 물론 거의 모든 투자상품이 금융사에 더 유리한 편이긴 합니다. 그렇다고 해도 이들 상품은 장기 보유하기에는 투자자에게 매우 불리한 상품이라고 볼 수 있습니다.

하락장을 대비한 장기투자 혹은 하락장에 따른 손실을 대비하기 위해서라면, 채권이나 금 등 증시가 부진할 때 강세를 띄는 상품에 투자해놓는 것이 더 좋은 방법일 수 있습니다.

 금융 초보자를 위한 꿀팁!

하락장이 예상될 때 인버스 ETF, 강력한 상승장이 예상될 때 레버리지 ETF를 활용하면 수익률을 더 높일 수 있습니다. 하지만 하루 단위로 손실과 수익이 정산되다보니 장기간 보유하고 있으면 기대한 수익률에 못 미칠 수 있습니다. 그리고 수익이 높아지는 만큼 손실 위험도 큰 것이 바로 인버스 ETF와 레버리지 ETF입니다.

ETF의 수수료와 세금은 어떻게 되나요?

ETF의 강점 중 하나가 바로 저렴한 수수료입니다. ETF도 운용자산에 투자하고 거기서 나오는 수익을 얻습니다. 펀드니까 운용 비용이 필요한 것이지요. 하지만 연 0.15~0.5%의 수수료라서 매우 싼 편입니다. 일반 펀드 수수료가 1.5~3%인 점을 고려하면 매우 저렴합니다.

ETF는 추종하는 자산에 따라 세금이 붙는 게 다릅니다. 주식형 ETF에는 매매 차익에 따른 세금이 붙지 않습니다. 주식 거래와 같은 맥락에서 보는 것이지요.

채권이나 해외지수, 원자재 ETF 등에는 매매 차익에 따른 15.4%의 배당소득세율이 적용됩니다. 해외상장 ETF는 매매 차익에 대해 22%의 양도소득세가 부과됩니다.

구분	국내상장 ETF		해외상장 ETF (역외ETF)
	주식형 ETF	기타 ETF	
상품	코스피200, 코스닥150, 운송, 바이오, 고배당 등	레버리지, 인버스, 골드선물, 구리, 원유 등	SPDR S&P500 ETF(SPY) Invesco QQQ Trust ETF 등
ETF 매도 시	과세 안 됨	배당소득세 15.4%	양도소득세 22%
분배금	배당소득세 15.4%	배당소득세 15.4%	배당소득세 15.4%

■ 국내상장 ETF vs. 해외상장 ETF ■

ETF는 저렴한 수수료가
강점입니다

ETF를 운용하는 데 있어 수수료와 여러 비용이 들어갑니다. 일반 펀드와 비교해 싸다고는 하나 거래에 따른 수수료, 운용 보수 등이 지출됩니다.

ETF도 거래 수수료가 있습니다. 증권사마다 차이가 있지만, 국내 ETF라면 매매 가격의 0.01~0.02%가 거래 수수료가 됩니다.

투자자에게는 직접 받지 않지만, ETF 유지를 위해 들어가는 비용이 있습니다. 운용 보수와 환 헤지 비용 등입니다. 운용 보수는 ETF 상품을 운용하고 관리를 하는 비용, 판매회사에 대한 보수, 신탁업자 보수 등이 있습니다. 이 보수는 순자산가치(NAV)에서 계산됩니다.

다음 화면은 KODEX200의 투자정보인데 펀드보수가 연 0.15%로 되어 있는 것을 볼 수 있습니다.

■ 코덱스200 정보창 ■

투자정보	호가10단계
시가총액	4조 9,263억원
상장주식수	117,700,000
52주최고 | 최저	45,370 | 20,190
기초지수	코스피 200
유형	국내주식형, 대표지수
상장일	2002년 10월 14일
펀드보수	연 0.150%
자산운용사	삼성자산운용
NAV	**41,982**
1개월 수익률	- 2.16%
3개월 수익률	+12.80%
6개월 수익률	+31.90%
1년 수익률	+111.21%

펀드 보수가 연 0.15%에 불과하다

원유 선물처럼 선물 상품을 기초로 하는 ETF는 별도의 비용이 추가됩니다. 롤오버 비용입니다. 예컨대 4월 만기 원유 선물의 인도가 끝나면 7월물이나 8월물 등으로 갈아끼우는 비용입니다. 만기에 가까워진 선물을 팔고 만기가 많이 남아 있는 선물을 사는 것이지요. 이때 나오는 비용차가 롤오버 비용입니다. 보통은 현물보다 선물이 더 비싸기 때문에 롤오버 시 비용이 발생합니다.

해외에 상장된 해외 ETF도 수수료가 있습니다. S&P500을 추종하는 ETF인 SPY(SPDR S&P500 ETF)의 수수료는 0.09%입니다. 해외 ETF 역시 일반 펀드와 비교하면 수수료율이 낮습니다.

ETF는
세금도 저렴해요

ETF는 주식과 펀드의 장점이 고루 섞인 금융상품입니다. ETF를 거래할 때는 증권사에 내는 거래 수수료는 주식과 동일합니다. 그러나 ETF를 매도할 때 붙는 0.25% 거래세가 붙지 않습니다.

주식처럼 사고팔 수 있는 주식형 ETF는 매매 차익에 대한 세금이 붙지 않습니다. 파생형, 채권형, 해외주식형, 원자재 상품형 등 주식형을 제외한 ETF도 주식처럼 사고팔 수 있지만 매매 차익에 대한 세금이 붙습니다. 금융 자산에서 나온 소득으로 보기 때문입니다. 이 ETF 상품에서 나온 매매 차익과 배당소득이 다른 금융소득과 합산해 2천만 원을 초과하면 금융종합과세 대상이 됩니다.

국내 자산운용사가 내놓은 ETF가 아니라 해외 운용사가 해외증시에 상장한 ETF 상품은 현지 국가의 주식 거래 세금 체계에 맞춰 세금이 부과됩니다. 미국 ETF 세금 체계는 미국 주식과 같이, 크게는 양도소득세와 배당소득세가 부과됩니다. 미국 ETF의 양도소득세는 250만 원까지 기본 공제됩니다. 그 다음부터 생기는 수익에 대해 15.4% 배당소득세가 부과됩니다.

🐷 금융 초보자를 위한 꿀팁!

주식형 ETF는 주식처럼 사고팔 수 있고 매매 차익에 대한 소득세가 붙지 않습니다. 해외상장 ETF는 양도소득세 22%가 붙습니다. ETF의 세금과 수수료가 일반 펀드보다는 싸다고는 하나 전혀 없는 게 아니기 때문에 투자 시 잘 살펴봐야 합니다.

돈 되는 ETF는
어떻게 고를 수 있나요?

　　주식과 비교해 ETF의 장점은 다양한 자산에 투자할 수 있다는 점입니다. 특정 테마나 자산에 집중 투자할 수도 있습니다. 예컨대 배당주에 고르게 투자하고 싶다면 배당 ETF에 투자할 수 있습니다. 국제 농산물 가격이 앞으로 오를 것으로 예상하면 국제 농산물 가격 ETF를 담는 식입니다.

　　ETF는 잘만 활용하면 투자 포트폴리오를 다양하게 구성하는 데 큰 도움이 됩니다. 미국 연방준비제도가 돈 푸는 정책을 그만할 것으로 예상된다면 달러 자산에 투자하는 ETF에 대한 투자 폭을 늘리면 됩니다. 관련 상품도 많아 소액으로 적립하듯 살 수 있습니다.

　　코로나19 회복 예상에 여행 관련 주식들이 살아날 것 같다면, 여행 관련 테마주를 모은 ETF와 원유 관련 ETF에서 좋은 투자 기회를 엿볼 수 있습니다. 글로벌 경제의 흐름을 대충이라도 짐작할 수 있고 이를 실행에 옮길 수 있다면 ETF를 통해 더 많은 투자 기회를 만나볼 수 있습니다.

대표주의 어깨에
올라타는 ETF

ETF도 그 안에 대장주 역할을 하는 상품이 있습니다. 코스피200을 추종하는 상품입니다. 삼성자산운용의 KODEX나 미래에셋대우의 TIGER 등의 ETF 브랜드들도 각자 코스피200을 추종하는 ETF 상품을 출시하고 있습니다.

이들 코스피200을 추종하는 ETF는 순자산 규모와 거래량 면에서 시장 주도주라고 할 수 있습니다. 대표 코스피200 ETF인 KODEX200은 순자산 총액은 3월 20일 기준 4조 9,263억 원이 됩니다. 하루 거래대금 규모만 3천억 원대에 이릅니다. 2020년 주식 호황에 따라 1년 수익률(2020년 3월~2021년 2월)이 111.21%가 됩니다.

이외에도 코스피100, 코스피50이 있습니다. 코스닥 계열 대표지수에는 코스닥150 등이 있습니다. 이들 종목 모두 국내 증시 호황으로 꽤 높은 수준의 수익률을 기록했습니다.

슈퍼사이클
PC, 스마트폰 등에 들어가는 반도체 가격이 크게 오르는 호황 구간을 뜻합니다.

특정 분야에 대한 집중 투자도 할 수 있습니다. 예컨대 반도체 업종의 슈퍼사이클*이 예상될 때 삼성전자 주식을 살 수도 있지만, 반도체 업종을 테마로 한 ETF에 투자할 수도 있습니다.

특히 강세장으로 접어드는 초기에 이들 테마주를 사 놓으면 시장지수 수익률보다 높은 수준의 수익을 얻을 수 있습니다.

KRX은행

한국거래소가 만든 은행업종 지수

금리 인상이 예상되는 시기에 금융주가 강세를 보일 것 같으면 KRX은행*을 추종하는 ETF 상품이나 금융 관련 ETF를 매수하면 됩니다. 경기가 위축될 것으로 예상될 때에는 전력, 통신, 식품, 의약 등 경기와 상관없이 꾸준하게 실적을 내는 경기방어주 ETF를 고를 수 있습니다.

정부 정책에 따라 주도주가 바뀔 때도 ETF는 유용합니다. 2000년대 이후 새 정부가 들어서면 IT와 바이오, 친환경 산업에 대한 투자 방침을 밝히곤 합니다. 이때마다 바이오, 헬스케어, IT와 콘텐츠 관련 산업에 대한 투자 방침이 발표되곤 합니다. 헬스케어, 신재생에너지 등 다양한 ETF에 선제적으로 투자할 수 있습니다.

돈의 흐름을 살피면
투자할 ETF가 보입니다

자산시장은 크게 채권, 금, 달러와 같은 안전자산, 신흥국 채권, 주식과 같은 위험자산으로 나뉩니다. 경기가 상승세에 있고 시장 유동성이 풍부할 때는 안전자산보다는 수익률을 극대화할 수 있는 위험자산으로 돈이 몰립니다. 코로나19 위기 이후 각국의 증시가 유동성 장세를 타고 호황을 누릴 때가 대표적인 예입니다.

그러나 어떤 나라 정부도 무한정 돈을 공급할 수 없습니다. 시장에 과도하게 돈이 모여 있으면 인플레이션 우려가 커집니다. 각국 정부는 금리를 올리는 등 경기를 식히는 정책을 쓰는데 이럴 때 또 머니무브가 일어납니다. 위험자산에서 안전자산으로 이동하는 때입니다.

이때 경기방어주 ETF나 채권형 ETF를 활용할 수 있습니다. 특히 채권형 ETF에는 소액으로도 채권에 투자한 효과를 낼 수 있습니다. 채권형 ETF는 채권 자산을 주식처럼 거래할 수 있는 형태로 만들어놓은 것입니다. 채권형 ETF에 투자하면 채권에서 생기는 이자 수익과 가격 상승에 따른 차익을 기대할 수 있습니다.

경기 회복에 대한 기대감이 시장에 반영되는 때도 있습니다. 원자재 시장에 온기가 돌 때인데요, 원유나 구리 등 제조업에 많이 쓰이는 원자재 가격이 올라가곤 합니다. 특히 원유 선물 ETF는 지난해 3~4월 바닥을 찍은 후 꾸준히 상승하는 모습을 보였습니다.

경제의 흐름을 읽을 줄 알면 이를 ETF 투자에 응용해 수익을 올릴 수 있는 것입니다.

 금융 초보자를 위한 꿀팁!

ETF를 통해 수백%의 수익을 단기간에 얻기란 불가능에 가깝습니다. 그렇지만 쉽게 보이는 주도주를 찾아 투자하거나 돈의 흐름을 읽어 ETF 투자에 응용한다면 꾸준한 투자 수익을 올릴 수 있습니다.

ETF로 미국과 중국에도 투자할 수 있는 건가요?

ETF를 활용하면 해외주식, 특히 미국과 중국 주식을 빠르고 쉽게 간접 투자할 수 있습니다. 해외주식을 국내 증권사 계좌를 통해 직접 매수할 수 있고, 해외주식형 펀드에 투자할 수도 있습니다. 그러나 바쁜 직장인에게 있어 실시간 매수와 매도, 환율 위험 분산이 쉽지 않습니다. 해외주식 공부에 많은 시간을 들이기 힘든 투자자들에게 ETF가 해답이 될 수 있습니다.

이와 함께 해외주식 ETF에 투자한다면 분산투자의 효과를 누릴 수 있습니다. 특히 애플이나 아마존과 같은 미국 테크 기업의 주식 가격은 비싼 편입니다. 만약 미국 테크주를 담은 ETF에 투자한다면 소액으로 이들 기업들의 주식을 분산투자하게 됩니다.

마찬가지로 중국 유망기업도 소액 ETF 투자로 분산투자할 수 있습니다.

해외주식 ETF의 장점,
저렴한 비용에 있습니다

해외지수 ETF는 운용 보수가 0.3~0.6%로 적은 편입니다. 중도환매 수수료도 없는 게 장점입니다. 소액으로도 해외주식에 직접투자할 수 있는 효과를 기대할 수 있습니다.

일반 투자자가 직접 매수하기 힘든 중국 주식에 대한 투자는 ETF를 통해서 가능합니다. 중국 주식은 기본 100주 이상 매수해야 합니다. 대형 우량주를 사려면 1천만 원이 넘는 돈이 필요합니다.

국내 자산운용사가 출시한 주요 중국 증시지수 ETF는 TIGER차이나CSI레버리지, TIGER차이나CSI30, KINDEX중국본토CSI300 지수 등이 있습니다. 공통으로 CSI300* 지수를 추종하고 있습니다.

CSI300

상하이거래소와 심천거래소에 상장된 A주(원칙적으로 내국인만 거래 가능) 300개 종목으로 구성된 지수

아직은 초기 단계지만 중국본토기업 주식을 직접투자하는 ETF도 있습니다. KINDEX중국본토CSI300 ETF입니다. 한국의 코스피200에 직접투자한 ETF인 셈입니다. 중국본토대형주를 담은 ETF는 KBSTAR 중국본토대형주CSI100 등이 있습니다.

국내 자산운용사가 아닌 해외 자산운용사가 운용하는 ETF도 있습니다. 해외 자산운용사들이 운용하는 ETF는 자산 규모가 크고 보다 다양한 중국 기업들이 포함되어 있다는 장점이 있습니다.

대표적인 중국기업 ETF로는 세계 1위 자산운용사 블랙록(Black Rock)에서 운영하는 iShares MSCI China ETF(MCHI), iShares China Large-

■ 중국기업 ETF ■

Symbol	ETF Name	Total Assets*	YTD	Avg Volume	Previous Closing Price	1-Day Change	Overall Rating
* Assets in thousands of U.S. Dollars. Assets and Average Volume as of 2021-03-18 20:13:04 -0400							
MCHI	iShares MSCI China ETF	$6,693,760.00	4.10%	4,169,954.0	$84.29	-0.95%	🔒
KWEB	KraneShares CSI China Internet ETF	$4,047,710.00	8.75%	1,912,023.0	$83.51	-2.35%	🔒
FXI	iShares China Large-Cap ETF	$3,982,850.00	3.34%	16,737,148.0	$47.98	-0.89%	🔒
ASHR	Xtrackers Harvest CSI 300 China A-Shares Fund	$2,658,610.00	-2.82%	3,333,972.0	$38.93	-1.27%	🔒
GXC	SPDR S&P China ETF	$1,950,130.00	3.79%	109,611.0	$135.15	-1.17%	🔒
CQQQ	Invesco China Technology ETF	$1,760,020.00	6.40%	314,654.0	$87.60	-0.90%	🔒
CXSE	WisdomTree China ex-State-Owned Enterprises Fund	$934,544.00	2.17%	214,587.0	$67.20	-1.21%	🔒
KBA	KraneShares Bosera MSCI China A Share ETF	$824,090.00	-3.44%	198,716.0	$44.31	-0.69%	🔒
CHIQ	Global X MSCI China Consumer Discretionary ETF	$736,351.00	0.70%	477,869.0	$35.83	-1.54%	🔒
CNYA	iShares MSCI China A ETF	$669,542.00	-3.27%	155,375.0	$41.18	-0.94%	🔒
PGJ	Invesco Golden Dragon China ETF	$339,565.00	10.49%	51,220.0	$70.57	-2.19%	🔒

출처: etfdb.com

Cap ETF(FXI) 등이 있습니다. 인베스코에서 운용하는 Invesco China Technology ETF(CQQQ)는 중국 대표 기술주들이 담겨 있습니다.

이들 ETF 상품은 미국 주식을 사듯 매수할 수 있습니다. 대표적인 MCHI(iShares MSCI China ETF)는 나스닥에 상장되어 있습니다. 증권계좌가 있다면 나스닥에 올라가 있는 종목처럼 주문하면 됩니다.

블랙록이 운용하는
중국 주식 ETF 상품 호가 창 ▪

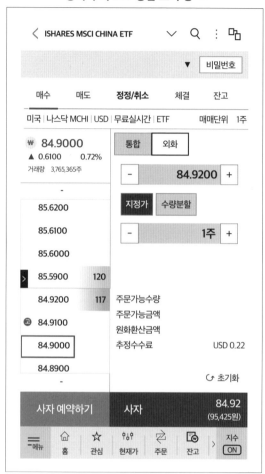

미국 ETF에 투자하면
분산투자 효과를 누릴 수 있어요

상대적으로 미국 ETF는 투자할 종목이 풍부한 편입니다. 국내 자산운용사들도 미국 채권과 S&P500 지수를 추종하는 ETF 상품을 많이 만들어 운용하고 있습니다. 중국 기업보다 미국 기업에 대한 정보가 더 많고 투명성도 높을뿐더러 거래하기도 쉬운 이점이 있기 때문입니다. 게다가 미국 증시는 2009년 이후 줄곧 상승 가도를 달려왔습니다. 2020년 3월 코로나19에 따른 패닉으로 일시적인 폭락을 겪었지만 곧 회복했습니다.

한국 기업들은 배당에 인색한 편이지만 미국 기업들은 배당에 후합니다. 코카콜라처럼 오랜 업력을 자랑하면서 꾸준한 수익을 내는 기업들은 매 분기 높은 수준의 배당액을 지급하기도 합니다. 블랙록의 iShare Core High Dividend ETF(HDV)는 대표적인 배당주 ETF입니다. 코카콜라, 존슨앤존슨, 화이자, 웰스파고 등의 주식을 담고 있습니다.

 금융 초보자를 위한 꿀팁!

직접 매수가 힘든 중국 주식에 ETF로 투자할 수 있습니다. 우리나라 외 다른 나라 자산운용사들도 중국 관련 ETF 상품을 많이 판매하고 있습니다. 비용과 시간 측면에서 많은 부담을 덜 수 있습니다.

ETF로 종목을 넘어 산업에 투자할 수 있나요?

ETF 투자를 하면서 얻는 가장 큰 효과는 '분산투자'입니다. 자산운용사들은 특정한 주제의 업종을 선정하고 그 지수에 맞춰 수익이 나오도록 운용합니다. 지수에 편입된 종목을 투자 바스켓 안에 넣고 운영하는 것이지요. 따라서 ETF 한 주를 샀다고 해도 그 안에는 수십, 수백 개의 종목이 들어있기 마련입니다.

이런 맥락에서 반도체, 2차전지 등을 주제로 만든 ETF를 통해 투자자들은 관련 업종의 다양한 종목을 분산투자할 수 있습니다. 앞으로 성장이 기대되는 업종인데 개별 종목에 대한 정보가 부족하다면, ETF를 통해 간접투자하는 것도 방법이 될 수 있습니다.

유망 종목에 대한
분산투자가 가능합니다

섹터지수 ETF는 내가 원하는 업종에만 투자하는 방식입니다. 업종 기준으로 봤을 때는 '몰빵투자'의 한 형태지만, 그 안에서 분산투자가 되는 형태입니다. 개별 기업에 투자했다가 발생하는 위험을 피할 수 있지만, 개별 업종의 명운에 따라 수익률이 갈리기 때문에 공격적인 투자법이라고 할 수 있습니다.

섹터지수 ETF에서 어떤 종류가 있는지 잘 모르겠다면 네이버금융을 열어보면 나옵니다. '국내증시 → ETF'로 들어가서 '국내 업종/테마'를 누르면 각 테마별 ETF가 나옵니다. 거래량과 최근 3개월 수익률 등이 나옵니다.

여기서 거래량을 보면 최근 투자자들이 어떤 업종의 ETF를 집중적으로 매수하고 있는지 나옵니다. 2021년 3월 20일 현재 2차전지산업과 은행업에 대한 ETF의 거래량이 많은 축에 들어갑니다. 2차전지산업은 전기자동차 대중화를 앞두고 가장 큰 기대를 모으는 업종이고, 은행업은 금리 인상기에 주목받는 업종입니다.

밑으로 내려가 보면 산업재와 IT, 여행업종의 거래량이 많은 것을 볼 수 있습니다. 앞으로 크게 오를 종목들에 대한 기대감이 나타난 것입니다.

해외주식을 담는 ETF에서도 전기차 관련 업종이 거래량 1위를 달리고 있습니다. 두 번째가 원유생산기업 ETF입니다. 미국 S&P500에 등록된 원유 관련 기업들은 2020년 잔뜩 움츠렸지만 2021년 경기 회복에 대한 기대감을 안고 매수세가 높아진 종목들입니다.

주도업종에 투자하면
수익률을 더 높일 수 있습니다

　최근 환영받는 ETF는 2차전지 관련 상품입니다. KODEX 2차전지산업 수익률은 올해 들어 16.26%인 것을 알 수 있습니다. 코스피200을 추종하는 ETF 상품의 3개월 수익률이 12.8%이고, 코스피를 추종하는 ETF도 이와 비슷한 수익률을 보이는 것과 비교하면 높은 수준의 수익률입니다. 이런 주도 업종은 짧게는 1년, 길게는 4년 이상 지속됩니다. 주도주 초입에 투자를 하면 시장보다 높은 수익을 기대할 수 있습니다.

　반면 주도업종에서 벗어난 섹터지수 ETF에 투자하면 평균 이하의 수익을 기록할 수도 있습니다. 또한 고점을 찍고 내려오는 섹터지수 ETF에 투자했다가 손해를 볼 수도 있습니다. 예컨대 2020년 한창 올랐던 바이오주가 2021년 초반 코스피가 잠시 주춤하면서 하락 추세를 보인 것을 예로 들 수

■ 거래량 기준 국내 업종/테마 ETF 상위 업종 ■

전체	국내 시장지수	국내 업종/테마	국내 파생	해외 주식	원자재	채권	기타
종목명	현재가	전일비	등락률	NAV	3개월수익률	거래량	거래대금(백만)	시가총액(억)
KODEX 2차전지산업	17,515	▼ 110	-0.62%	17,599	+16.26%	877,607	15,241	11,437
KODEX 은행	7,025	▲ 25	+0.36%	7,061	+13.40%	835,203	5,876	2,122
TIGER KRX2차전지K-뉴딜	15,035	▼ 185	-1.22%	15,046	+13.00%	624,692	9,302	7,818
KODEX 건설	3,230	▲ 5	+0.16%	3,227	+13.53%	563,403	1,810	559
TIGER 2차전지테마	16,140	▼ 10	-0.06%	16,140	+14.02%	429,753	6,853	7,763
TIGER TOP10	14,785	▼ 225	-1.50%	14,794	+15.28%	410,327	6,065	8,671
TIGER 200 산업재	6,360	▲ 70	+1.11%	6,364	+24.22%	322,808	2,031	76
TIGER 200 IT	38,785	▼ 460	-1.17%	38,803	+20.58%	246,634	9,518	8,308
TIGER 여행레저	5,000	▼ 20	-0.40%	5,009	+15.74%	229,450	1,141	419
KODEX 삼성그룹	9,860	▼ 70	-0.70%	9,889	+7.58%	213,818	2,100	17,186

출처: 네이버금융

있습니다.

이런 주도주나 산업 섹터를 찾는 일은 평소에도 해야 합니다. 틈틈이 경제신문을 보면서 어떤 산업이나 종목이 주목을 받는지 관심을 가져야 합니다. 아주 쉽게는 네이버금융에 접속해 주기적으로 업종과 테마 ETF의 수익률을 살펴보고, 좀더 관심을 갖는다면 해외 ETF 소식을 찾아보는 것도 추천할 만한 방법입니다. 시간을 들인 만큼 경제를 보는 안목이 넓어지고 그만큼 여러분이 선택할 수 있는 ETF의 종류도 많아지게 됩니다.

 금융 초보자를 위한 꿀팁!

섹터지수 ETF 투자는 개별 종목에 대해서는 분산투자를 하지만 오를 만한 유망 종목에 대한 집중투자를 하는 방식입니다. 주도업종을 발굴해 상승 초기에 진입하면 시장지수보다 높은 수준의 수익률을 얻을 수 있습니다.

▶ 저자직강 동영상 강의로 이해 쑥쑥
QR코드를 스캔하셔서 동영상 강의를 보시고
이 칼럼을 읽으시면 훨씬 이해가 잘됩니다!

    글로벌 증시에서 공포감이 커질 때 주목받는 지수가 있습니다. VIX(Volatility Index)입니다. 이 지수는 2001년 9월 11일 당시 9·11테러나 2008년 리먼브라더스사의 파산, 2020년 3월 16일 코로나19 팬데믹에 따른 패닉 장세마다 치솟았습니다. 시장 내 공포감이 커질 때마다 이 지수가 치솟는다는 점입니다. 흔히 '공포지수'라고 합니다.

    한국에서도 이런 공포지수를 응용해 만든 VKOSPI(Volatility index of KOSPI200)가 있습니다. 글로벌 금융위기를 혹독하게 겪던 2009년 4월 증시 공포지수에 대한 필요성을 느꼈기 때문입니다.

VIX는 시장이 느끼는 공포를
그대로 보여줍니다

VIX는 S&P500지수 옵션 가격이 앞으로 30일 동안 어떻게 움직일지 예상치를 나타냅니다. 1993년부터 시카고옵션거래소에서 실시간으로 제공하고 있습니다. 미국 듀크대학의 로버트 E. 웨일리 교수가 미국 주식시장의 변동성을 나타내기 위해 만들었습니다.

이 지수는 숫자로 표기됩니다. VIX가 20이라고 하면 앞으로 한 달간 S&P500 옵션 가격의 변동폭이 20%나 될 것이라고 예상한 투자자들이 많다는 뜻입니다. 이 지수가 50을 넘는다면 주가가 반토막 날 것이라고 예상한 투자자가 많다는 뜻으로도 읽을 수 있습니다.

지난 2020년 3월 16일 코로나19 패닉에 따른 뉴욕 증시 폭락 때 이 지수가 66.04를 기록했습니다. 2020년 2월 10일 13.68이었고, 2019년 이

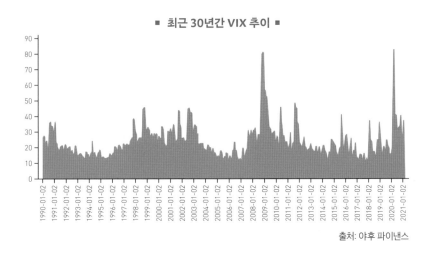

■ 최근 30년간 VIX 추이 ■

출처: 야후 파이낸스

지수가 20 미만이었다는 점을 고려하면 한 달 사이 지수가 400% 가까이 뛴 것입니다. 그만큼 시장에서 느꼈던 공포가 컸다는 얘기지요.

이 VIX는 시장 공포 심리에 따라 움직이기 때문에 역사적인 폭락장세에 극적으로 뛰곤 합니다. 10년에 한 번씩 지수가 튑니다. 장단기금리 역전이 '위기의 전조를 알리는 신호'라고 한다면 VIX는 '위기를 바라보는 시장의 공포 수준'이라고 볼 수 있습니다.

보통 VIX는 20 이하에서 유지되곤 합니다. S&P500이 꾸준하게 우상향 움직임을 보일 때입니다. 시장이 혹시라도 하락할 것으로 예상되면 VIX 지수는 올라가곤 합니다. 따라서 혹자는 VIX가 올라갈 때 주식을 매도하고 VIX가 떨어질 때 주식을 매수하기도 합니다.

또 다른 투자자는 10년에 한 번 오는 패닉 장세를 대비한 위험회피 수단으로 VIX 파생상품에 투자하곤 합니다. 강세장보다는 약세장, 특히 폭락장에서 VIX의 변동성이 크기 때문에(수익을 얻는 것보다 손실을 내는 것에 대한 심리적 압박과 충격이 더하기 때문), 이때 VIX 파생상품으로 얻을 수 있는 수익률도 따라서 커집니다.

국내 개인 투자자들도
VIX ETN 상품을 살 수 있습니다

국내 투자자도 VIX ETN 상품에 투자할 수 있습니다. ETN은 ETF와 성격은 비슷하지만, 증권사가 발행하는 채권입니다. 투자자로부터 돈을 빌리는 대신, VIX 지수의 변동성에 따라 이자 대신 수익을 제공하는 것이지요.

개인 투자자가 살 수 있는 국내 증권사 VIX ETN 상품은 '신한 S&P500 VIX S/T 선물 ETN C' '삼성 S&P500 VIX S/T 선물 ETN(H) C' 'QV S&P500 VIX S/T 선물 ETN C'가 있습니다. 3개 상품 모두 코스피에 상장되어 있고 주식투자하듯이 살 수 있습니다. 참고로 이들 상품에 알파벳 'C'가 붙어 있습니다. 앞서 동일한 상품명의 ETN이 상장되어 있었다는 뜻입니다. 이 상품과의 구분을 위해 'C'를 붙여 놓은 것이지요. C가 붙은 이들 상품의 만기가 끝나고 새로운 만기의 VIX ETN 상품이 상장된다면, 이들 상품에는 알파벳 'D'가 붙게 됩니다.

이들 상품은 하루에도 변동폭이 5~6%가 될 때가 많습니다. 시장 상황이 전체적으로 좋을 때는 하락폭도 큽니다. 투자 시기를 잘못 선택하면 계속 손실을 볼 수 있습니다.

이들 상품은 ETN이다보니, '장기간 버티기'도 어렵습니다. 만기가 있는 채권이기 때문입니다. 앞서 언급한 3개 상품은 만기가 2023년 4월 20일로 되어 있습니다. 만기가 되면 증권사는 당일 지표가치(IV)를 기준으로 수수료와 보수 등을 제외하고 투자자에 상환합니다.

 금융 초보자를 위한 꿀팁!

최악의 위기에 대비한다는 점에서 VIX ETN 상품은 충분히 매력이 있고, 폭락장에서 수익률이 높게 나타납니다. 하지만 만기가 2년 정도로 짧고 매수 시점을 잘못 선택한다면 적지 않은 손실을 입을 수 있습니다. 이런 점에서 고위험 상품으로 분류됩니다.

10장

이제 가상화폐를 모르고서 금융을 이해할 수 없다

가상화폐는 사이버머니를 총칭하는데, 우리가 생각하는 비트코인과 같은 화폐는 암호화폐라고 부릅니다. 암호화 기술이 적용되어 복제하거나 조작할 수 없기 때문입니다. 비트코인은 기존 금융체계에 대한 회의감에서 고안됐고, 블록체인 기술이 이를 실용화해주었습니다.

일부 암호화폐는 투기 자산으로 분류됩니다. 그렇다고 해서 암호화폐가 갖는 미래 성장성까지 부정할 수는 없습니다. 법정 화폐가 힘을 잃은 일부 나라에서는 암호화폐가 돈 역할을 합니다.

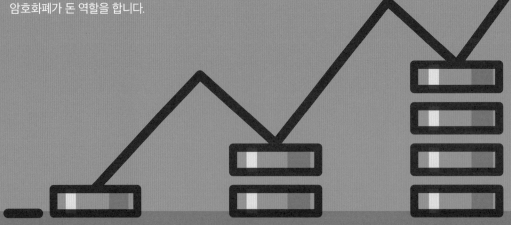

가상화폐란 건
도대체 무엇인가요?

가상화폐(virtual curency)에 대한 용어 정의는 여기저기 다릅니다. 사이버머니와 혼용해 쓰기도 하고, 디지털 신호로 표기된 모든 화폐를 가상화폐 범주에 넣기도 합니다.

따지고 보면 신용카드를 쓸 때마다 적립되는 포인트도 가상화폐에 포함될 수 있습니다. 실물은 존재하지 않지만 '가상' 공간에서 '존재'하고 있고, 믿을 수 있는 기업이 보증하는 '돈'과 같은 것이니까요. 따라서 가상화폐는 포괄적인 개념입니다. 2017년을 기점으로 비트코인이 대중적으로 알려지면서, '가상화폐=비트코인과 같은 전자화폐'라고 보고 있지만, 엄밀히 보면 가상화폐는 '사이버머니' '카드포인트' 등을 모두 포괄하는 큰 개념입니다.

코인 시장에서는 비트코인이나 이더리움 기반 코인 등을 '암호화폐' 혹

■ 지속가능경영 패러다임의 변화 ■

	가상화폐(가상자산)		실물화폐
	암호화폐	사이버머니	현금
발행기관	특정 없음	기업 혹은 기관	중앙은행
발행규모	사전에 결정	소비자 수요	중앙은행 재량
화폐교환단위	독자 단위	현금과 동일	-
교환가치	수요-공급	현금과 일정 비율로 교환	-
사용처	특정 없음	발행 기업 내 사이트	특정 없음
기반기술	암호화 기술블록체인	중앙서버 방식	제지, 인쇄술중앙서버방식 (모바일 송금 등)

은 '암호화화폐'라고 부릅니다. 비트코인 등의 코인만 지칭할 때는 '암호화폐'로 표현하는 게 더 적합합니다. 외국에서도 비트코인과 같은 가상자산을 '크립토커런시(Cryptocurrency)'라고 부릅니다. 암호화된 가상화폐라는 뜻입니다.

기존 사이버머니와 암호화폐의 차이점은 탈중앙화

사이버머니와 암호화폐를 구분 짓는 가장 큰 요소는 '탈중앙화'입니다. 탈중앙화라는 얘기는 한국은행처럼 통화를 직접 관리하는 기관이나 기업이

386

없다는 뜻입니다. 암호로 표기된 코드로 유통이 되며 화폐로서 교환 가치를 가질 수 있습니다.

특정 물건이 화폐로서 가치를 가지려면, 누군가는 그 물건이 가치 있는 재화와 교환될 수 있도록 보증해야 합니다. 사람들이 믿을 만한 보증기관이나 단체, 혹은 약속이 없는 상황에서는 제아무리 금이라고 해도 화폐가 될 수 없었습니다.

더욱이 디지털 세계에서 디지털 신호는 쉽게 복제됩니다. 복제된 데이터는 돈으로서 교환 가치를 가질 수 없습니다. 이러다 보니 사이버머니는 발생자의 사이트 밖에서는 쓸모가 없었습니다.

암호화 기술의 발달과 컴퓨팅 능력의 향상은 사이버머니의 경계를 허물었습니다. 누군가 보증하지 않아도 '복제되지 않았다는 믿음'을 암호화 기술과 블록체인이 구현해 준 것이지요. 블록체인은 가상장부, 암호화 기술은 그 안에 담긴 정보를 아무나 열지 못하게 만드는 자물쇠와 같다고 보면 됩니다.

블록체인은 어떤 원리로 암호화폐의 신뢰성을 높여줬을까요? 분산원장, 즉 다수가 같은 내용의 장부를 공유하는 시스템입니다. 예컨대 100명이 동시에 가진 장부에 있는 '내용'이 동일하다면, 그 내용은 믿을 수 있습니다. 블록체인은 여러 대 혹은 수십, 수백, 수천 대의 컴퓨터에 가상의 장부를 만들고, 그 안에 내용이 동시에 기록되게 합니다. 해커가 이 내용이 담긴 컴퓨터 전부를 해킹하기는 불가능에 가깝습니다.

암호는 진실성이 검증된 앞선 장부(블록)가 있으면 쉽게 해독이 됩니다. 새 장부를 연결해 만들 수 있는 계기가 됩니다. 암호화폐 개발자들은 기본적으로 이런 구조로 계속 블록이 생성되고 그 안에 거래 기록이 담기도록 합니다.

채굴이란 개념은
블록을 유지하기 위한 수단에 가깝습니다

채굴이란 개념은 블록체인을 유지하기 위해 컴퓨팅 자원을 나눠주는 것으로 볼 수 있습니다. 2000년대 초반 P2P음원 사이트 '소리바다'를 생각하면 됩니다. 소리바다에 접속해서 다른 이들의 음원을 다운받는 동안, 내 컴퓨터 자원을 소리바다에 제공합니다. 이런 식으로 암호화폐 개발자들은 블록체인의 가상장부가 유지되도록 합니다. 소리바다에서 음원을 다운받았다면 암호화폐 채굴자들은 코인을 지급받는 것입니다.

그러나 모든 코인이 순수하게 탈중앙화되어 운영되지는 않습니다. 대부분은 발행 주체가 정해져 있고 편의에 따라 블록체인 기술과 중앙 서버 방식을 섞어 쓰곤 합니다.

대신 채굴의 개념을 다르게 변용합니다. 서비스를 유지하기 위해 열심히 노력하면 코인을 보상으로 주는 것이지요. 예컨대 한때 국내에서도 유행했던 '스팀잇'이라는 사이트에서는 글을 열심히 쓰거나 댓글을 달아 응원하는 이들에게 코인을 지급했습니다. 코인 발행사들이 하는 사업에 적극 참여하는 이들에게 보상을 코인으로 주는 것입니다.

코인 발행사들은 각자의 사업 아이템과 코인 채굴법 등을 담은 사업계획서 같은 것을 발표합니다. 이를 백서(white paper)라고 합니다. 이 백서 안에 서비스 계획과 비전 등이 담겨 있습니다.

발행된 코인은 보통 거래소에 상장되어 거래가 됩니다. 비트코인처럼 사려는 사람이 많으면 가격은 천정부지로 올라가고 사려는 사람이 없으면 가격은 한없이 떨어집니다.

사실 코인은 앞서 언급했다시피 블록체인 생태계를 유지하기 위한 보상 수단이었습니다. 그런데 블록체인 서비스보다는 거래에만 집중하는 코인도 상당수 있는 편입니다. 거래소에 상장되어 있다는 이유만으로 의미없이 거래되고 있는 것입니다.

이런 코인은 사실상 쓸모가 없다고까지 할 수 있습니다. 단지 거래가 있고 그에 따른 가격만 형성될 뿐입니다. 언제든 폭락과 폭등을 거듭할 수 있습니다. 실제 2013년 장난삼아 개발된 도지코인(Doge Coin)은 일론 머스크 테슬라 자동차 창업자의 트윗 몇 번에 폭등하면서 관심을 받기도 했습니다.

 금융 초보자를 위한 꿀팁!

비트코인과 같은 블록체인 기반 탈중앙화 화폐가 암호화폐입니다. 암호화 기술이 걸려 있어 아무나 복제하거나 열어보지 못하게 해놓았기 때문입니다. 가상화폐는 기존 사이버머니까지 포함한 큰 개념입니다.

암호화폐에는
어떤 것들이 있나요?

비트코인 다음은
이더리움입니다

암호화폐(정부 공식용어로는 '가상자산'이 많이 쓰이지만 업계에서 '암호화폐'
라는 단어를 쓴다는 점을 고려해 '암호화폐'로 쓰겠습니다)는 크게 두 가지로 나
뉩니다. 비트코인과 알트코인입니다. 비트코인과 그 외 코인이라는 뜻입
니다.

비트코인이 암호화폐 중에는 원조급이고 시가총액 기준으로 봤을 때도
가장 크고 거래량도 많습니다. 하지만 비트코인은 거래 체결 속도가 느리
고 가격도 수백~수천만 원에 이르다 보니 실제 화폐로 쓰기 어렵습니다. 이

■ 비트코인과 알트코인 ■

디지털 자산			기간별 상승률	시가총액	
			시가총액▲	거래대금(24H)▲	업비트거래
1	Ⓑ	비트코인	7,408,831 억원	424, 180 억원	거래하기▼
2	◆	이더리움	2,816,730 억원	282,327 억원	거래하기▼
3	☀	에이다	483,392 억원	28,322 억원	거래하기▼
4	Ⓓ	도지코인	370,673 억원	26,626 억원	거래하기▼
5	✕	리플	355,752 억원	39,545 억원	거래하기▼
6	℗	폴카닷	170,169 억원	15,813 억원	거래하기▼
7	🦄	유니스왑	117,846 억원	4,695 억원	거래하기▼
8	[ⓞ]	비트코인캐시	109,231 억원	20,344 억원	거래하기▼
9	Ⓛ	라이트코인	107,013 억원	24,161 억원	거래하기▼
10	◉	체인링크	93,454 억원	11,435 억원	거래하기▼

출처: 업비트

를 개선하기 위해 나온 수많은 코인이 바로 알트코인입니다. 알트코인은 얼터너티브 코인(Alternative coin)의 줄임말입니다. 알트코인은 알려진 종류만 9,000여 개에 이를 정도로 많습니다.

스캠코인이란 것도 있습니다. 제대로 된 사업계획도 없이 나온 코인입니다. 투자자들의 돈을 갈취하기 위한 목적으로 나온 사기성 코인이라는 뜻입니다.

또한 모든 코인이 '채굴'을 하는 것은 아닙니다. 리플과 같은 비채굴형 코인도 있습니다. 송금 등의 특정한 사업 목적을 갖고 나온 코인들이 주로 비채굴형 코인으로 운영됩니다(업비트에서 거래되는 상위 10개 코인. 비트코인을 제외한 다른 코인을 알트코인이라고 합니다).

알트코인(비트코인이 아닌 다른 코인) 1위 주자는 이더리움입니다. 시가총액 기준으로 비트코인 다음입니다.

이더리움은 단순히 코인이라기보다는 블록체인 기술을 보다 효과적으로 사용하기 위해 고안된 플랫폼이라고 할 수 있습니다. 비트코인이 화폐와 자산에 더 방점을 두고 있다면 이더리움은 계약서, 이메일, 전자투표 등의 애플리케이션을 투명하게 운영하는 데 집중하고 있습니다.

리플은 비채굴 코인 중 가장 많이 쓰이는 암호화폐입니다. 리플 운영사가 실시간으로 자금을 송금하기 위한 용도로 만들었습니다. 누구나 사용할 수 있는 '퍼블릭 블록체인'입니다. 이를 위해 1,000억 개의 리플이 일괄 생산되어 있습니다. 발행량이 많다 보니 투자하는 코인으로서의 가격은 낮은 편입니다.

실제 화폐처럼 쓰이는 코인도 있습니다. 대시(Dash)입니다. 디지털(digital)과 현금(cash)를 합한 말입니다. 송금 등의 속도가 빨라 교환 수단으로서 많이 쓰이고 있습니다. 자국 화폐 가치가 널뛰듯 하는 남미에서는 대시가 결제 수단으로도 쓰이고 있습니다. 스마트폰이 아닌 피처폰(구형전화기)에서도 사용이 가능해 인기가 많습니다.

국산 코인으로는 '페이코인' '보라코인' 등이 있습니다. 페이코인은 국내 전자결제대행(PG) 업체 다날의 자회사 다날 핀테크가 발행한 암호화폐입니다. 보라코인은 블록체인 기반의 게임 회사인 웨이투빗이 발행하는 코인입니다. 카카오의 블록체인 자회사인 그라운드엑스(X)가 발행하는 '클레이'도 있습니다.

이들 코인은 비트코인 붐을 타고 가격이 동반 급등했습니다. 명확한 호재가 없는데도 단지 암호화폐라는 이유만으로 급등한 것이지요. 이를 노리고 투자자들의 돈만 노리는 사기 코인도 적지 않습니다.

돈만 노리는 사기 코인인
'스캠코인'을 주의하세요

코인을 발행하는 과정을 ICO라고 합니다. 기업공개의 영어 약자가 IPO
인 것처럼 Initial Coin Offering이라고 합니다. 새로운 코인을 공개하고 공
개적으로 판매에 들어가는 것입니다. 이때 코인 발행사는 앞으로의 사업계
획서를 담은 백서(white paper)를 같이 공표합니다. 시스템은 어떻게 구현하
고 어떻게 코인을 활용할지 등입니다. 그리고 코인 공개를 통해 확보한 자
금을 어떻게 쓸지도 같이 알려야 합니다. 투자자들은 대부분 이들 코인이
훗날 크게 가격이 오를 것으로 기대하고 ICO에 참여합니다.

그런데 이를 노리는 사기꾼들이 있습니다. 거짓으로 백서를 만들고 자금
조달만 하는 것이지요. ICO를 규제하는 특별한 법이 없다는 것을 악용한 것
입니다.

이런 스캠코인은 해외에도 많고 우리나라에도 수두룩합니다. 삼성전자
와 관련 없는 '삼성코인'이나 코인으로 금괴 보물선 인양 비용을 조달하겠
다고 냈던 '신일골드코인' 등도 대표적인 스캠코인으로 불리고 있습니다.

> 🐷 **금융 초보자를 위한 꿀팁!**
>
> 암호화폐는 크게 비트코인과 비트코인이 아닌 코인으로 구분됩니다. 이들 코인
> 중에서는 비트코인의 불편함을 해소하기 위해 나온 것도 있고 독자적인 생태계를
> 꾸리기 위해 나온 코인도 있습니다. 투자자를 현혹시키는 코인도 있기 때문에 싸
> 다고 해서 아무 코인이나 매수해서는 안 됩니다.

암호화폐 중 하나인 비트코인은 무엇인가요?

글로벌 금융위기와 함께
세상에 나온 비트코인

암호화폐의 역사는 비트코인이 열었다고 해도 과언이 아닙니다. 시가총액으로 봤을 때도 비트코인은 전체 코인에서 절반 이상을 차지합니다. 가격도 코인 중에서 가장 비쌉니다. 널뛰는 가격 변동성으로 투기 자산으로 분류되지만 '암호화폐의 대장주'로 충분히 불릴 만합니다.

비트코인은 암호화폐 시대를 열었지만 블록체인 기술에 대한 실증성을 입증했다는 데도 의미가 있습니다. 기존 금융 시스템의 대안점을 모색한 계기를 마련했다는 점에서 비트코인은 후세 역사에 기록될 것입니다.

비트코인은 '사토시 나카모토'라는 천재적인 익명 개발자가 고안했습니다. 그가 누구인지 밝혀지지 않았습니다. 이 때문에 진짜 사람 이름이라기보다는 '기존 금융 시스템을 배격하고자 했던 개발자 집단이 아니었을까'라는 추정을 하고 있습니다.

비트코인의 탄생은 2008년 글로벌 금융위기와 맥을 같이 합니다. 당시에 기존 금융 시스템과 월스트리트의 탐욕에 회의감을 느끼며 나온 것이 바로 탈중앙화 화폐 비트코인입니다.

■ 비트코인 백서 ■

비트코인: 개인 대 개인 전자화폐 시스템

Satoshi Nakamoto satoshin@gmx.com www.bitcoin.org Translated into Korean v1.2 from bitcoin.org/bitcoin.pdf by Mincheol Im imc@live.co.kr | encodent.com/bitcoin

초록. 순수한 개인 대 개인 버전 전자화폐는 금융기관을 거치지 않고 한 쪽에서 다른 쪽으로 직접 전달되는 온라인 결제(payments)를 실현한다. 전자 서명은 부분적인 솔루션을 제공하지만, 만일 이중지불(double-spending)을 막기 위해 여전히 신뢰받는 제3자를 필요로 한다면 그 주된 이점을 잃게 된다. 우리는 개인 대 개인 네트워크를 사용해 이중지불 문제를 해결하는 솔루션을 제안한다. 이 네트워크는 거래를 해싱해 타임스탬프를 찍어서 해시 기반 작업증명(proof-of-work)을 연결한 사슬로 만들고, 작업증명을 재수행하지 않고서는 변경할 수 없는 기록을 생성한다. 가장 긴 사슬은 목격된 사건의 순서를 증명할 뿐 아니라, 그게 가장 광대한 CPU 파워 풀에서 비롯했음을 증명하기도 한다. 과반의 CPU 파워가 네트워크 공격에 협력하지 않는 노드에 통제되는 한, 그 힘은 가장 긴 사슬을 만들어내며 공격자를 압도한다. 이 네트워크 스스로는 최소한의 구조만을 요구한다. 메시지는 최선의 노력을 다해(on a best effort basis) 퍼져나가고, 노드는 자기가 빠진 사이에 벌어진 거래의 증명으로 가장 긴 작업증명 사슬을 채택함으로써 뜻대로 네트워크를 떠났다가 재합류할 수 있다.

출처: encodent.com/bitcoin

사토시 나카모토라는 익명의 개발자 집단은 소수 은행가들의 탐욕으로 얼룩진 기존 금융 시스템을 평등한 구조로 바꾸고자 했습니다. 소수의 독점화된 금융을 배격하고 누구의 감시나 관리가 없어도 화폐로서 기능을 작동하도록 한 것입니다. 2008년 11월 나온 비트코인 백서 '비트코인 : 개인 대 개인 전자화폐 시스템(Bitcoin : A peer-to-peer Electronic Cash System)'의 초록 첫 문장에 이런 취지가 잘 나옵니다. '순수한 개인 대 개인 버전 전자화폐는 금융 기관을 거치지 않고 한 쪽에서 다른 쪽으로 직접 전달하는 온라인 결제를 실현한다.'

기존 금융 시스템에 대한 회의감은 2009년 1월 3일 생성된 비트코인의 첫 블록(제네시스 블록)의 첫 문장에서도 나타납니다. '은행을 위한 두 번째 긴급 구제방안 발표 임박, 더 타임즈, 2009년 1월 3일(Chancellor on brinks of second bailout for banks, The Times, 03/Jan/2009)'라고 기록되어 있습니다. 정부와 은행에 의한 통화 정책을 비판하는 내용을 담고 있으며, 정부와 중앙은행의 간섭에서 벗어나겠다는 비트코인의 시대정신이 반영된 내용입니다.

사토시 나카모토는 앞으로 100년간 2,100만 개의 비트코인이 채굴되도록 했습니다. 지금까지 약 1,600만 개가 채굴됐을 것으로 보입니다.

비트코인은 경제위기 때마다
관심을 받습니다

탈중앙화라는 시대정신을 기치로 내세운 덕에 비트코인은 초기부터 '익명성'을 내세웠습니다. 이론상 감시하고 관리하는 이들이 없고 익명으로 모든 거래가 이뤄지기 때문입니다. 바꿔 말하면 정부가 비트코인 소유주를 추적할 가능성이 낮다는 뜻입니다. 범죄 조직이 비트코인을 요구하는 것도 이런 맥락에서입니다.

이런 익명성 덕분에 2013년 비트코인은 관심을 받게 됩니다. 중국 내 숨은 재산가들이나 러시아 부호와 마피아들이 검은 돈을 은닉하기 위해 비트코인을 사면서부터입니다. 특히 유로존 경제위기로 지중해 금융 중심지 키프로스가 구제금융을 받게 되면서 더 많은 검은돈이 비트코인으로 몰렸습니다. 조세 회피처였던 키프로스에 대해 IMF가 내정간섭에 가까운 강력한 통제를 했기 때문입니다.

2013년 2월 키프로스 금융위기 전까지만 해도 비트코인 하나에 40달러 정도였습니다. 2013년 말이 되면서 1,200달러로 폭등합니다. 〈월스트리트저널〉 등 경제신문에서도 이를 보도할 정도로 글로벌 투자업계에서는 큰 관심을 모았습니다.

이즈음 한 불운한 남자의 이야기도 전해집니다. 영국 웨일즈에 사는 제임스 하웰즈인데, 7,500개의 비트코인이 있는 컴퓨터의 하드디스크를 무심코 버려 화제가 된 사람입니다. 비트코인이 채굴되기 시작한 2009년 이후 약 280만 개의 비트코인이 분실됐다고 합니다.

 금융 초보자를 위한 꿀팁!

비트코인의 탈중앙화시스템은 기존 금융 시스템의 탐욕성을 거부하고자 나왔습니다. 글로벌 금융위기가 비트코인의 탄생 배경이 되는 것입니다. 비트코인은 금과 함께 금융위기 때마다 주목받는 자산이 됐습니다.

질문 TOP
78

암호화폐는
어디서 거래를 하나요?

암호화폐를 거래할 수 있는 방법은 크게 두 가지가 있습니다. 첫 번째는 개인 간 직접거래입니다. 상대방의 지갑에 직접 송금하는 방식입니다. 두 번째는 거래소를 활용하는 방법입니다. 개인 투자자라면 거래소를 이용하는 게 가장 손쉽고 간편합니다.

코인 거래소를 이용한다면 되도록 대형 거래소를 이용하는 것을 추천합니다. 거래 물량이 충분해 언제든 원하는 코인을 사고팔 수 있고 보안 등에 있어서도 방비가 잘 되어있기 때문입니다.

비트코인 초창기에는
개인 거래로 했습니다

암호화폐는 어디에 보관되어 있을까요? 지갑입니다. 정확히는 비트코인 주소에 접속해 저장된 비트코인을 인출할 때 필요한 개인 키가 저장돼 있는 공간입니다. 이 키를 잊어버리거나 분실하면 비트코인을 분실하는 꼴이 됩니다.

비트코인 전자지갑의 유형으로는 PC, 모바일, 웹(온라인) 등이 있습니다. 아예 QR코드를 종이에 새겨놓는 종이 지갑도 있습니다.

초창기 비트코인 거래는 개인 간 거래가 많았습니다. 직접 상대방의 지갑에 송금하는 방식이었는데, 분실 위험도 있고, 사기꾼을 만날 수도 있다는 우려도 있었습니다. 팔거나 살 때 그 가격이 맞는지도 알 수 없었고요. 또 거래하는 두 사람이 동시에 인터넷에 접속되어 있어야 합니다. 실제 입금됐는지, 출금됐는지 확인해야 했기 때문입니다. 개인들로서는 불편한 부분이었습니다.

이런 불편함을 해소하기 위해 거래소가 생깁니다. 대부분의 거래소는 암호화폐 거래를 중개하지만 암호화폐 키를 보관하는 지갑 서비스도 제공하고 있습니다.

비트코인 초창기에는 거래소가 해커에 해킹을 당하거나 거래소가 회원의 비트코인 지갑을 탈취하는 등의 사건이 있었습니다. 거래소가 사설인데다 법의 보호를 받는 금융사가 아니라서 생긴 사건들이었습니다.

2017년 한창 비트코인 붐이 불면서 정체불명의 거래소가 생겨났다가 가라앉았습니다. 이러는 와중에 거래소 간 옥석이 가려지기도 했습니다. 우리나라에서 대표적인 거래소로는 빗썸, 업비트, 코인원 등이 꼽힙니다.

이들 거래소에 개설된 거래소 지갑은 일종의 증권사 계좌와 같습니다. 개인이 각자 은행 계좌에서 증권사 계좌로 돈을 입금하고 그 돈으로 주식을 사고팔 듯이, 개인 암호화폐 지갑에서 거래소 내 지갑으로 암호화폐를 보내고 거래하는 것입니다.

거래소 내에서의 거래 과정은 굉장히 빠른 편입니다. 실제 블록체인에 기록되어 이동하는 게 아니라 거래소가 보관하고 있는 거래소 지갑 서버에서 내부 수치가 변경되는 것입니다.

예컨대 판매자 A가 다른 구매자 B에게 이더리움 1개를 판다면, 실제 A의 지갑에서 이더리움 1개가 B의 지갑으로 이동하는 게 아닙니다. 거래소 내 판매자 A의 지갑에서 거래소 내 구매자 B의 지갑으로 숫자만 옮겨지는 것입니다.

이런 방식은 굉장히 빠르고 편리합니다. 그러나 거래소가 해킹을 당하거나 파산을 하게 되면 자칫 거래소 지갑 속 내 자산을 잃을 수도 있습니다.

대형 거래소를
골라야 하는 이유

대형 거래소를 골라야 하는 또 다른 이유는 이들이 충분한 거래량을 확보하고 있다는 점입니다. 1~2분 사이에도 암호화폐 가격이 요동치는 상황에서는 잠깐의 거래 지체에도 투자자는 손실을 볼 수 있습니다.

거래하기로 마음먹은 거래소를 골랐다면, 거래소와 연결되는 은행 계좌

	빗썸	업비트	코인원	코빗
설립시기	2014년	2017년	2014년	2013년
수수료율	0.25% (정액제 쿠폰 0.04~0.2%)	0.05%	0.2% (대형 종목 0.1%)	0.15%
2021년 1월 비트코인 거래량	33만 1,000개	50만 2,000개	12만 3,863개	1만 3,410개
2020년 1월 비트코인 거래량	13만 6,000개	15만 1,000개	6만 1,928개	5,374개

출처 : <전자신문(2021년 2월 1일)>, '비트코인 열풍… 국내 거래소 실적도 훈풍'

를 만들어야 합니다. 특히 대형 거래소를 골랐다면 실명 은행 계좌 연동은 반드시 해야 합니다. 업비트는 케이뱅크, 빗썸과 코인원은 농협은행, 코빗은 신한은행과 제휴를 맺고 있습니다. 업비트 거래소를 이용하기로 했는데 케이뱅크 계좌가 없다면 케이뱅크 계좌를 새롭게 만들어야 합니다.

거래소에서는 원화(원화마켓)나 비트코인(BTC마켓) 등을 통해 다른 코인을 살 수 있습니다. 비트코인이 달러처럼 기축통화 역할을 하는 것입니다.

 금융 초보자를 위한 꿀팁!

개인이 암호화폐를 거래할 수 있는 가장 편리한 곳은 거래소입니다. 잘 알려진 대형 거래소일수록 보안성이 높고 거래도 잘 이뤄집니다.

▶ 저자직강 동영상 강의로 이해 쏙쏙
QR코드를 스캔하셔서 동영상 강의를 보시고
이 칼럼을 읽으시면 훨씬 이해가 잘됩니다!

투자 자산으로서 암호화폐에 대한 생각은 전문가마다 다릅니다. 대체로 기존 금융권에 있는 전문가들은 암호화폐에 대해 부정적인 시각을 갖고 있습니다. 눈에 보이지 않는 암호화된 코드의 나열일뿐더러 투기적인 요소가 강하다는 이유 때문입니다.

반면 암호화폐의 미래에 대해 긍정하는 사람들은 암호화폐 인프라라고 할 수 있는 블록체인에 대한 기대감이 높습니다. 장차 지금의 금융체계를 블록체인이 대체할 것이라고 보고 있습니다. 비트코인의 탄생 배경이 기존 금융권에 대한 회의감에서 비롯된 것처럼 탈중앙화된 화폐 시스템인 암호화폐가 새로운 대안이 될 수 있을 것이라는 생각입니다.

암호화폐는
화폐로서 미래가 없다?

에릭 로즌그렌 보스턴 연방은행 총재는 "중
앙은행들이 발행할 디지털화폐(CBDC)*가 통용
되는 시대가 곧 올 것인데 비트코인은 마약 범죄
외에 쓸 데가 어딨겠냐"고 말했습니다. 재닛 옐
런 미국 재무장관은 "비트코인을 취급하는 기관
을 규제하고 책임을 지우겠다"고까지 했습니다.

만약 암호화폐가 기존 통화 체계를 어지럽히

> **디지털화폐(CBDC)**
>
> 우리가 쓰는 지폐를 직접 찍는
> 게 아니라 암호화된 코드로 발
> 행하는 것입니다. 암호화폐와
> 다른 점은 중앙은행의 서버가
> 이를 직접 관리한다는 데 있습
> 니다.

게 된다면 당국이 규제에 나설 것이라는 강력한 시사인 셈입니다. 이들 금
융권 관계자들은 암호화폐가 가진 익명성과 투기성을 우려하고 있습니다.

실제 초창기 비트코인은 검은돈의 은닉처로 활용됐습니다. 해킹집단도
피해자에게 비트코인을 요구하기도 했습니다. 익명에 기반하기 때문에 추
적하기 어렵기 때문입니다.

비트코인의 시세가 널뛰듯한다는 점도 비트코인이 교환 수단으로 쓰이
기 어렵다는 점을 뒷받침해줍니다. 비트코인이 교환 수단으로 쓰인다고 해
도 그 과정이 복잡하고 느립니다. 혹자는 비트코인이 자산으로서의 가능성
은 보여줬지만 화폐 가치로서는 여전히 한계가 많다고 보고 있습니다.

암호화폐가 탈중앙화를 표방하고 있다고 하지만 실상은 소수의 대형 보
유자들이 가격 등을 쥐락펴락하고 있습니다. 암호화폐 업계에서는 이들을
'고래'라고 부릅니다. 초기에 많은 암호화폐를 구매해 보유하게 된 사람들
입니다. 이들이 기존 금융업자나 자본시장 내 큰손들과 비교해 더 윤리적이

라고 보기 힘듭니다.

　탈중앙화를 꿈꾸며 나온 암호화폐지만, 이것도 결국 인간 사회가 갖는 계층·계급화의 한계를 벗어나지 못한다는 뜻입니다. 토지와 자본을 가진 소수 계급이 그렇지 못한 계층을 착취하듯 암호화폐 세계에서도 고래들이 지배 계층으로 군림하고 있습니다.

　정부의 규제를 받지 않아 불법적인 일도 자행되곤 합니다. 거래소의 일탈행위 등입니다. 2015년 파산한 비트코인 거래소 마운틴곡스가 사실은 해킹당한 게 아니라 고의로 투자자들이 맡긴 비트코인을 빼돌린 것이라는 의심을 받고 있습니다. 결국 '암호화폐 생태계도 약육강식의 계급사회와 다르게 없다'라는 의견도 있습니다.

나무를 보지 말고 산을 보세요, 암호화폐 시대가 옵니다

　암호화폐를 옹호하는 사람들은 초창기 몇몇 사건으로 암호화폐를 폄훼하지 말라는 생각입니다. 특히 블록체인은 소수 기업가들에게 독점되어 있는 인터넷 생태계를 바꿔줄 신기술이라고 보고 있습니다.

　예컨대 페이스북이나 유튜브를 들 수 있습니다. 페이스북과 유튜브 등 플랫폼 사업자들이 플랫폼을 만들어 놓고 사용자들의 노력에 무상으로 기생하고 있다고 보는 사람들도 있습니다. 플랫폼 기업들이 거대화된 독점 사업자로 사용자들이 올린 콘텐츠로 이득을 보고 있다는 얘기입니다. 콘텐츠를 생산한 사용자들의 노력의 대가가 제대로 배분되지 않는다는 것입니다.

결국 이들 거대 플랫폼 기업은 주주들의 배를 불릴 뿐 플랫폼 안에서 활동하는 사용자들이 어떻게 되든 상관하지 않는다는 것입니다.

반면 블록체인 플랫폼은 탈중앙화된 시스템이기 때문에 잘 만든 콘텐츠에 대한 보상을 코인으로 받을 수 있습니다. 사용자들이 보인 '좋아요'나 '공유' 등의 숫자가 계산되고 이에 대한 보상이 이뤄지는 것이지요.

이들은 "블록체인에 대한 가능성에 주목해야 한다"고 말하고 있습니다. 블록체인이 중앙화된 인터넷을 대체할 새로운 인터넷이 될 것이라고 자신하고 있습니다. 암호화폐는 이 블록체인 생태계가 원활하게 움직이는 보상일 뿐이라는 얘기입니다.

실제 이더리움이나 리플 등은 일반 사람들이 이들 생태계 안에서 다양한 서비스를 만들도록 장을 마련해줬습니다.

암호화폐 자체가 화폐로서 기능을 작용할 수 있다고 보는 측면도 있습니다. 베네수엘라처럼 극심한 인플레이션에 시달리는 나라에서는 암호화폐가 법정화폐의 역할을 대신하고 있습니다. 이 부분만 놓고 봤을 때 암호화폐는 투자는 물론 교환 수단으로서 미래가 있습니다.

 금융 초보자를 위한 꿀팁!

기존 금융권의 기준으로 봤을 때 암호화폐는 진짜 화폐처럼 쓰이기에 부족한 면이 많습니다. 감시를 받지 않다 보니 사기와 사고에 연루될 때가 많고, 화폐 가치 또한 요동치곤 합니다. 그러나 블록체인 생태계의 보상 체계로서 암호화폐는 충분히 그 역할을 할 수 있습니다. 중앙은행 화폐가 제 역할을 못하는 남미 몇몇 국가에서는 암호화폐가 교환 수단의 역할을 하고 있습니다.

중앙은행이 발행하는 암호화폐인 CBDC란 뭔가요?

정부나 중앙은행이 발행하는 암호화폐가 있습니다. 지폐 대신 찍어내는 디지털화폐 'CBDC(Central Bank Digital Currency)'입니다. 암호화폐가 블록체인 위에서 구동되는 가상화폐라면, CBDC는 중앙은행 등 기존 은행들이 깔아놓은 인프라에서 유통되는 실제 화폐입니다. 본원통화(실물통화)에 속하는 것입니다.

이 CBDC는 암호화폐와 달리 중앙은행이 보증한다는 점에서 화폐로서의 기능을 합니다. 실물 지폐와 연동이 되어 있어 급격한 가격 변동도 없습니다. 최근 들어 암호화폐에 대한 반작용으로 이 CBDC에 대한 연구가 한창 진행되고 있습니다.

중앙정부가 CBDC를
발행하는 덴 이유가 있다

사실 우리는 이미 디지털 화폐 시대에 살고 있습니다. 현금 없는 사회가 바로 그것입니다. 신용카드, 큐알코드 결제, 앱 간 송금과 결제 등. 수억 원의 돈이 오가는 민간거래에서도 은행 앱을 통한 숫자가 왔다 갔다 합니다. 이미 우리 월급도 지폐가 아니라, 은행에 찍힌 숫자로 받게 되죠.

중앙은행이 물리적으로 보이는 지폐를 찍지 않고 본인들이 직접 관리하는 돈을 만들어 배포하는 것입니다. 어차피 현금은 은행 금고에 쌓여 있고, 실제 사용자들이 쓰는 것은 은행 앱이나 사이트에 찍힌 숫자입니다.

CBDC는 중앙정부 입장에서도 관리하기 편합니다. 5만 원짜리 지폐를 시장에 푼다고 가정해봅시다. 많은 수가 장롱 속 은닉 재산으로 들어갈 수 있습니다.

■ CBDC 유통 과정 ■

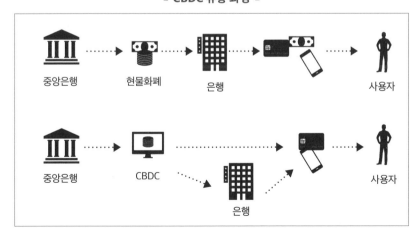

그런데 CBDC는 이것이 원천적으로 불가능합니다. 자동으로 추적되니 몰래 숨겨놓는 것이 불가능합니다.

돈의 사용과 흐름이 추적되다 보니 뇌물로 사용하는 것도 힘듭니다. 정부에서 뿌린 보조금이 실제 목적대로 잘 사용되는지 확인하기도 편합니다. 보다 투명한 사회가 될 수 있는 여건이 됩니다. 아구스틴 카르스텐스 국제결제은행(BIS) 사무총장은 디지털 화폐 발행은 거스를 수 없는 흐름이라고 발언했습니다.

CBDC에 적극적인 중국,
CBDC에 소극적인 미국

이런 상황에서 중국이 CBDC 발행에 적극적입니다. 중국 인민은행이 CBDC를 발행하고 상업은행이 이를 공급하는 형태죠. 구체적인 출시 일정이 아직 나오지 않았지만, 선전 등에서 시범적으로 운영될 것이라고 합니다.

반면 미국 연방준비제도는 CBDC에 소극적인 모습입니다. 달러화 체제가 단단한 상황에서 CBDC에 대한 필요성이 적기 때문입니다.

중국 정부는 왜 CBDC에 관심을 갖게 된 것일까요? 중국 정부가 노리는 디지털 정책의 핵심을 보면 이해가 가능합니다. 중국이 일당 독재국가이다 보니 국민들의 일거수일투족을 다 들여다보고 감시하길 원합니다.

자금의 흐름을 정말 투명하게 볼 수 있는 CBDC는 중국 정부 입장에서는 매력적입니다. 일당 독재체제의 골칫거리라고 할 수 있는 부패 등을 감시할 수 있고 국민이 어떻게 돈을 쓰는지 살펴볼 수 있습니다.

게다가 만약에 중국이 CBDC에서 주도권을 가져간다면, 달러 중심의 경제 체제를 흔들 수 있습니다. 이미 중국은 지난 수년간 위안화를 기축통화로 만들기 위한 작업을 해왔지만, 여전히 유로화나 엔화만큼 신뢰받지 못하고 있습니다. 경제는 컸지만, 폐쇄적인 금융구조 때문입니다. 효율성 높은 CBDC를 먼저 하게 된다면 이러한 불리함을 뒤집을 수 있다고 중국 정부는 보고 있습니다.

 금융 초보자를 위한 꿀팁!

중국 외 CBDC를 발행하겠다고 선언한 나라는 현금 사용이 적으면서 전자화된 신용화폐 거래가 많은 나라가 대부분입니다. 스웨덴, 튀니지, 에스토니아 같은 나라들입니다. 아직 한국은행은 연구 정도에서 CBDC를 보고 있는 것 같습니다. 앞으로 CBDC가 현금을 대체해 널리 통용될 것으로 보입니다. 진정 현금 없는 사회가 열리게 되는 것입니다.

참고 도서

곽해선(2019), 『경제기사 궁금증 300문 300답』 혜다

김수헌(2020), 『1일 3분 1공시』 어바웃어북

랜디 찰스 에핑(2020), 『세계경제가 만만해지는 책』 어크로스

백영(2021), 『주린이도 술술 읽는 친절한 주가차트책』 메이트북스

성희활(2020), 『자본시장법 강의』 캐피털북스

소재민(2020), 『모두의 주식』 책비

수미숨·애나정(2021), 『미국주식 처음공부』 이레미디어

시드니 호머·리처드 실라(2011), 『금리의 역사』 리딩리더

에드워드 챈슬러(2001), 『금융투기의 역사』 국일증권경제연구소

염승환(2021), 『주린이가 가장 알고싶은 최다질문 TOP 77』 메이트북스

윤재수(2020), 『ETF 투자 무작정 따라하기』 길벗

이민주(2011), 『대한민국 업종별 재무제표 읽는 법』 스프링

이장우(2020), 『당신의 지갑을 채울 디지털 화폐가 뜬다』 이코노믹북스

이태호(2020), 『시장의 기억』 어바웃어북

임경(2021), 『돈은 어떻게 움직이는가?』 생각비행

정희준(2009), 『투자사례를 중심으로 한 파생상품의 이해와 투자전략』 이패스코리아

최규찬(2009), 『선물옵션』 국일증권경제연구소

최정희·이슬기(2020), 『주린이도 술술 읽는 친절한 주식책』 메이트북스

펠릭스 마틴(2019). 『돈』 문학동네

하진수·안재민(2019), 『작전을 말한다』 참돌

한국거래소 채권시장부(2019), 『한국의 채권시장』 지식과 감성

홍춘욱(2020), 『디플레 전쟁』 스마트북스

참고 통계 사이트

분류	명칭	주소	내용
경제금융정보 종합 포털	네이버금융	finance.naver.com	주요 지표 및 종목 정보
	한국거래소 정보데이터 시스템	data.krx.co.kr	상장사 주요 지표 및 공시
금리 등 금융지표 검색 사이트	한국은행 경제통계시스템	ecos.bok.or.kr	통화, 금리, 물가 등 주요 지표
	e-나라지표	www.index.go.kr	물가 등 웬만한 지표 정보 검색 가능
	은행연합회 소비자포털	portal.kfb.or.kr	은행 예금, 대출 금리 정보
	금융투자협회 채권정보센터	www.kofiabond.or.kr	채권 금리 정보
	증권정보포털 (세이브로)	seibro.or.kr	주요 파생증권 금리 및 발행 현황
	여신금융협회 공시포털	gongsi.crefia.or.kr	신용카드, 리스할부 금리 및 공시
	금융상품통합공시	finlife.fss.or.kr	은행 예금, 대출 금리 정보
	트레이딩이코노믹스	ko.tradingeconomics.com	국내외 금리, GDP 등 지표 정보
금융사 통계 정보	금융통계정보시스템	fisis.fss.or.kr	국내 금융사 자산 등 정보
공시 포털	DART	dart.fss.or.kr	주식회사 공시